任意接種を接種できる年齢・月齢

定期接種を接種できる年齢・月齢

不活化ワクチン接種後は、接種間隔に制限はありません。

生ワクチン同士の接種間隔は、中27日間必要です。

その月齢になる日付や、予防接種を受けた日付を書き込んでください。

接種時期のおすすめ

1 接種回数

同時接種可能
※安全性は単独と変わりません

予防接種について、詳しくは本誌164〜180ページをご覧ください。

カ月	9カ月	10カ月	11カ月	1歳	1カ月	2カ月	3カ月	4カ月	5カ月	6カ月	7カ月	8カ月	9カ月	10カ月	11カ月	2歳	3歳

2

価(ロタリックス)は生後5カ月半になるまでに2回、
価(ロタテック)は生後7カ月半になるまでに3回接種します

4

1歳の早めに

4

小学校就学前に百日ぜきの感染予防の目的で、三種混合ワクチンと不活化ポリオワクチンの接種を推奨

4

第2期として、5歳から就学前に1回接種

の誕生日には
チンを忘れずに!
、おたふくかぜ、
、A型肝炎、ヒブ、
用肺炎球菌、
混合、日本脳炎は
て同時接種できます

1

3歳から就学前に2回目の接種を行います

2

1回目から3〜6カ月あけて2回目を接種

1 2
※2

1 2 3

第1期2回目接種の1年後をめやすに3回目を接種。第2期として、9〜12歳に1回接種します

1 2 3

子どもの事故防止チェックポイント

どんなに気をつけても、子どもの事故はあらゆる家庭で起こる可能性があります。ふとしたすきに最悪の事態を招かないためにも、発達段階に応じた安全対策を行いましょう。

ねんねのころ（0〜5カ月ごろ）

まだ動けない時期でも、油断は禁物。低月齢からしっかり対策しておきましょう。

- □車にのるときは、チャイルドシートを後部座席に装着。
- □ボタン電池、加熱式タバコ（紙タバコ）、アクセサリーなどの小物は赤ちゃんの手の届かない所に置く。
- □赤ちゃんを抱っこしているときは、常に足元に注意する。
- □赤ちゃんが寝ている周りには、物を置かない。
- □赤ちゃんを抱っこしたまま熱い飲みものは飲まない。

- □赤ちゃんを寝かせるときはあおむけにする。
- □ベビーベッドの柵は常に上げる。
- □短時間であっても自動車や家でひとりにしない。
- □ストーブやヒーター、扇風機など冷暖房の風が直接当たらないようにする。

まだ動けない時期であっても転落ややけど、窒息に注意

まず気をつけたいのは、枕ややわらかい布団による窒息。赤ちゃんの顔が埋まることのない硬めのものを選び、赤ちゃんの周りにぬいぐるみなどを置くのも避けましょう。また、赤ちゃんへの転落物や赤ちゃんの転落、保護者の転倒にも要注意。

寝返り〜はいはいのころ（6〜9カ月ごろ）

小さなものをつまめるようになったら、いよいよ誤飲への警戒が必要です。

- □加熱式タバコ（紙タバコ）や化粧品などは高さ1m以上の場所に置く。

- □ベビーベッドの柵は上げ、柵とマットレスの間をあけない。

- □ソファーに赤ちゃんをひとりで寝かせない。
- □ピーナッツや枝豆、あめ玉などは赤ちゃんの手の届かない所に置く。
- □階段の上下階や玄関などの段差がある所には柵を取りつける。
- □ポットや炊飯器などの置き場所は赤ちゃんの手の届かない所に（水蒸気に注意）。

- □テーブルクロスは使用しない。
- □ドアのちょうつがい部分（左図）には指をはさまないようにガードを。

生後6カ月になるころから誤飲事故が急増します

誤飲事故が急増する時期です。なかでも多いのは化粧品やタバコ、洗剤などの誤飲。加熱式タバコのスティックや紙タバコを舐めたり飲み込んだりする事故も増えています。また、ピーナッツや枝豆、あめ玉は、気管につまって窒息する恐れがあります。必ず手の届かない所に置きましょう。

覚えておこう！

ボタン電池／
防虫剤（樟脳
製品（灯油、

誤飲してしまっ

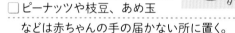

誤飲したら、すぐに医療機関を受診すべきもの

ちゃんが誤飲した場合、まずは「何を、いつ、どれだけの量」を飲んだか、などを
認することが重要。以下に挙げるものは、至急、医療機関を受診すべきものです。

加熱式タバコのスティック・紙タバコ(吸い殻、吸い殻液)／大人の医薬品／
、ナフタリン、パラジクロルベンゼン)／鋭利な異物(虫ピン、ピアスなど)／石油
マニキュア、除光液、殺虫剤)／塩素系漂白剤／強酸・強アルカリ性の製品

た場合の対処は→本誌192ページをチェック

誤飲・窒息の危険!

赤ちゃんが飲み込めるサイズ

実物大39mm

これよりも小さいものは危険です。

立っち〜伝い歩きのころ(10カ月〜1歳ごろ)

ひとり歩きができるようになると、家庭内での転倒や転落、やけどが起こりやすくなります。

- ☐ 熱い飲みものや食べものはテーブルの中央に置く。
- ☐ 立ち上がって転落しないよう、ベビーカーの安全ベルトは必ず締める。
- ☐ キッチンやお風呂、トイレには自由に出入りできないようにする。
- ☐ 包丁やはさみなどの刃物は使う度に収納し、取り出せないようにする。
- ☐ 洗濯機や浴槽にはふたをし、赤ちゃんが近づかないように注意する。
- ☐ テーブルの角などとがった所にはカバーをつけてガードする。
- ☐ バケツや洗面器などに水を入れたまま放置しない。
- ☐ スーパーなどのビニール袋をかぶらないように手の届かない所に収納する。

立っちができるようになったらおぼれ事故の対策も忘れずに

用心すべきは、お風呂でのおぼれ事故。浴槽のふたは入浴直前に外し、残し湯を絶対にしないこと。とくに洗い場から浴槽の縁までの高さが50cm未満の場合は転落しやすく危険です。そのほか、洗濯機や便器への転落も見られるので注意を。

歩けるようになるころ(1歳ごろ〜)

歩けるようになり、行動範囲が広がると屋外での事故も増えてきます。

- ☐ 歯ブラシや割りばし、フォークなどを口に入れたまま歩かせない。
- ☐ ベランダや窓際に踏み台になりそうなものを置かない。
- ☐ 自転車にのせるときはヘルメットを着用させる(運転者も必要)。
- ☐ 水遊びをするときは付き添い、目を離さない。
- ☐ 階段の上り下りの際は、大人が下側を歩き手をつなぐ。
- ☐ テーブルの上などに立ち上がらせないように注意する。
- ☐ 引き出しやドアを開け閉めして遊ばせない。
- ☐ つまずきやすいものや段差、滑りやすい所は避ける。
- ☐ すべり台やブランコの正しいのり方を教える。

バランスを崩しての転倒に注意し危険回避の方法も教えましょう

バランスを崩しての転倒が増えます。段差や滑りやすい所がないか確認しましょう。身近な危険や遊具の正しいのり方を子どもに教えることも大切です。ベランダや窓など高所からの転落事故にも要注意。植木鉢など、踏み台になるようなものは置かないで。

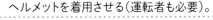

切りはなして使える！

3歳までの予防接種スケジュール

予防接種は、接種できる時期になったら速やかに受け、できるだけ早期に免疫をつけることが重要です。予防接種の多い3歳まではこのスケジュールを参考に計画的に進めていきましょう。

ワクチン名・種類		接種済みチェック	0歳	1カ月	2カ月	3カ月	4カ月	5カ月	6カ月	7カ月
B型肝炎	不活化ワクチン／定期	／ ／ ／	←		1	2 →				← 3
ロタウイルス	生ワクチン／定期	1価 ／ ／			1	2	→			
		5価 ／ ／ ／			1	2	3			→
ヒブ	不活化ワクチン／定期	／ ／ ／ ／			1	2	3	→		
小児用肺炎球菌（13価）	不活化ワクチン／定期	／ ／ ／ ／			1	2	3	→		
四種混合[※1]（三種混合・ポリオ）	不活化ワクチン／定期	／ ／ ／ ／			1	2	3	→		
BCG	生ワクチン／定期	／					←	1		→
MR（麻しん風しん混合）	生ワクチン／定期	／								
おたふくかぜ	生ワクチン／任意	／ ／								
水痘（水ぼうそう）	生ワクチン／定期	／ ／								
A型肝炎	不活化ワクチン／任意	／ ／ ／								
日本脳炎	不活化ワクチン／定期	／ ／								
インフルエンザ	不活化ワクチン／任意	毎年10～12月中旬に2～4週の間隔をあけ2回接種								

生後2～4カ月の同時接種が早期免疫の決め手！

個人接種の場合は、他のワクチンとの同時接種も可能

生後6カ月から定期接種として、3回接種できます

生後6カ月から接種できます

※1　2023年4月から、生後2カ月からの定期接種が開始となります。　※2　定期接種期間を過ぎると有料になりますので、注意が必要です

Hello! Baby & Kids

改訂新版

この1冊であんしん

はじめての育児事典

総監修
細部小児科クリニック院長
細部千晴 小児科専門医

朝日新聞出版

ママ＆パパの育児が超楽しくなる！

現役人気保育士

てぃ先生の育児相談室！

保育士歴15年以上の現役保育士として、テレビやSNSなどさまざまなメディアを通じて、子育てを楽しむこつを伝授しているてぃ先生。育児って実はとってもシンプル――。そう語る先生のお話を聞けば、育児がもっとラクになるはず。新生児を迎えて慣れないお世話に奮闘しているママも、育児の困ったに直面しているパパも必読です！

Profile

てぃ先生

子育てや保育に関する役立つ情報を発信するSNS総フォロワー数は150万人を超え、保育士としては日本一。NHK Eテレ『ハロー！ちびっこモンスター』など、テレビやラジオをはじめとしたメディアへの出演のほか、『てぃ先生の子育てのみんなの悩み、お助け中！』『てぃ先生の子育て○×図鑑』（ダイヤモンド社）など著書も多数。

Twitter https://twitter.com/_HappyBoy
YouTube https://youtube.com/c/tsensei

「子どもは"いるだけ"で愛される存在 やりたい気持ちを自由にのばして」

世の中にあふれる子育ての情報に、翻弄されているママパパも多いと思います。でも、子どもが小さなうちは、もっとシンプルな考えでいいと思っています。子どもの成長で一番大事なことは**「上手にできても失敗しても、どんなときでも自分は愛されていると信じられること」**。このようなママパパからの"無条件の愛情"が勇気を振り絞る原動力となり、新しいことに日々チャレンジできるようになります。世の情報に振り回されず、まずは子どもとの生活を楽しむこと。他の子と比較せず、目の前の子どもを愛すること。親の愛情が土台となり、子どもは自分で学び、すくすくと成長していきます。

それでも2歳、3歳と大きくなるに従って、お友達におもちゃを譲れなかったり、片づけられなかったり、「どうしてうちの子はできないの？」というような悩みも出てくると思います。でも、ちょっと考えてみて。自分が夢中になっていることを突然やめさせられたら、大人もいやですよね？ 小さな子どもが我慢できないのはあたり前。この時期の子どもに対して、大人がすることは、行動を抑制することではなく、**夢中になっていることを大人の都合で中断せず、できるだけやり抜けるようにさせること**。それが子どもの個性や特技をのばし、集中力を養うことにもつながっていきます。

パパとママで上手に役割分担。Wマザーになる必要はなし！

2022年の10月から「産後パパ育休」の制度が始まり、パパが育児参加しやすい環境が整ってきました。「パパ育児って何をしたらいい?」と聞かれることも増えてきましたが、各家庭で環境が異なりますし、ママと同じことをしようと理想を高くしすぎる必要はありません。

ママが育児の主役を担っていた場合は、それまでのイメージもあり、子どもが「着替えはママじゃなきゃイヤ」と強くこだわる時期があります。そんなとき、パパはがっかりせず、家事や掃除といった間接的な役割を担ってみて。**ママをラクにするというのも立派な育児**ですし、いつの間にかパパとお支度をするようになっていくものです。

また、叱る場合も役割分担を。2世帯が同居していた時代は、両親が子どもを叱ったら、ジジババがフォローしてくれていました。しかし、核家族化が一般的な昨今、両親ともに叱ると、子どもが追い詰められて逃げ場がなくなり、嘘をついたりするようになってしまいます。**ママが怒ったらパパがフォロー、その逆もしかりで**、うまくバランスをとれるといいですね。

100点の子育てをめざさなくていい。自分の小さな親切を褒めてあげて！

普段から、子どもや家族のために頑張っているママやパパ。子どもが生まれると、常に中心は子ども。自分の時間なんてほとんどなく、イライラして叱ってばかり、そんな自分に自己嫌悪……。自己肯定感がとても低いのが日本の親たちなのです。

保育園で、ママやパパとお話をしますが、ほとんどの方が真剣に子どもと向き合っています。そっと危ないものを除けたり、寝不足でも遊びに付き合ったり、子どもへの小さな親切にとても感動します。**満点をめざす必要なんて一切ありません！** 頑張っている日々に自信を持って、自分を毎日褒めてあげて。大好きなママパパがニコニコしていれば、それだけで子どもたちは幸せを感じられます。そして自分が幸せな状態なら、子どもにもいい言葉がかけられます。**つまり、〝子どもの幸せを願うならまず親から〟なんです！**

目からうろこの 育児プチアドバイス！

Q スマホで動画を見せてもいい?

A 眼科医の推奨時間を守ることは大切！ でも動画を見ることは悪いことばかりではありません。見た後に、「どんなところが面白かった？」と聞いてみて。頭で整理をして説明することは、話す訓練に最適。動画に限らず、感想を聞くことは親子のコミュニケーションにもつながります。

Q ダメと言っても聞かないときは?

A 子どもは「ダメ」と聞くと反発しやすいんです。だから「こうして欲しい」ということを具体的に伝えること。たとえば「走っちゃダメ」は、「静かに歩こうね」と言い換えてみましょう。大人同士なら、相手の状況を考えずに唐突にダメとは言わないですよね。子どもへの声がけも同じ。「大人相手に言うかな？」と一度考えてみて。おのずと子どもたちが行動しやすい言葉がけになるはずです。

Q 友達の感情を察するのはいつ?

A おもちゃの取り合いになったとき、「相手も遊びたがっているな」と理解できるのは、4～5歳程度から。さらに、相手の立場を本当に理解できるのは小学4年生以降といわれています。0～3歳児で気持ちを察するのは、ちょっと難しいかも。大人は子どもの集中を妨げないために仲裁に入るなとしてあげて！

CONTENTS

※この本の情報は2023年1月現在のものです。

一児の母のHYPかなこです！
4歳になる息子の子育て中です
こうじ
かなこ
チビコー
今回は息子チビコーの赤ちゃん期エピソードについてご紹介していきます
チビコー新生児期
これから始まる赤ちゃんとの幸せあふれる生活！
キラ
キラ
キラ
ですが現実は…
産後の身体的なダメージとお世話による精神的なダメージで心身ともにズタボロ状態に…
ミルク作ったよ
ありがとう…
マタニティブルーも発動中
ですが、夫婦2人体制で我が子に関わることで乗り越えられるよう！
ほおづえついてる～♡
んくんく
あとはお義母さんがオカズ作ってくれたり…
オカズ
ありがたい協力！！
遠方の母が電話でいろいろきいてくれたり…
頑張っていたのです
が
じゃあ、あとヨロシク！！
ミルクあげていかないのかな？
ありがとう…？
仕事忙しいんだろうな…
仕方ないか…
と思っていたら…
1人でドラマ見てた
赤ちゃんとの時間よりドラマの方が大事なの！？
育児の価値観でもめることもしばしば…
度重なるケンカ話し合い
赤ちゃんとの生活は
えっコレ大丈夫！？
ほっ
生後6ヵ月ごろに両眼視ができあがるのでそれまでは心配ないヨ！！
大変なこと、心配なこと
汗だく～！！
BCG接種
予防接種後毎回泣いた後いじけてた
いっぱいありますが
お！楽しいの～！
見てみて
歯がない笑顔たまらん～！
ニッコォ～
赤ちゃんのときだけの特別な幸せも、いっぱい！

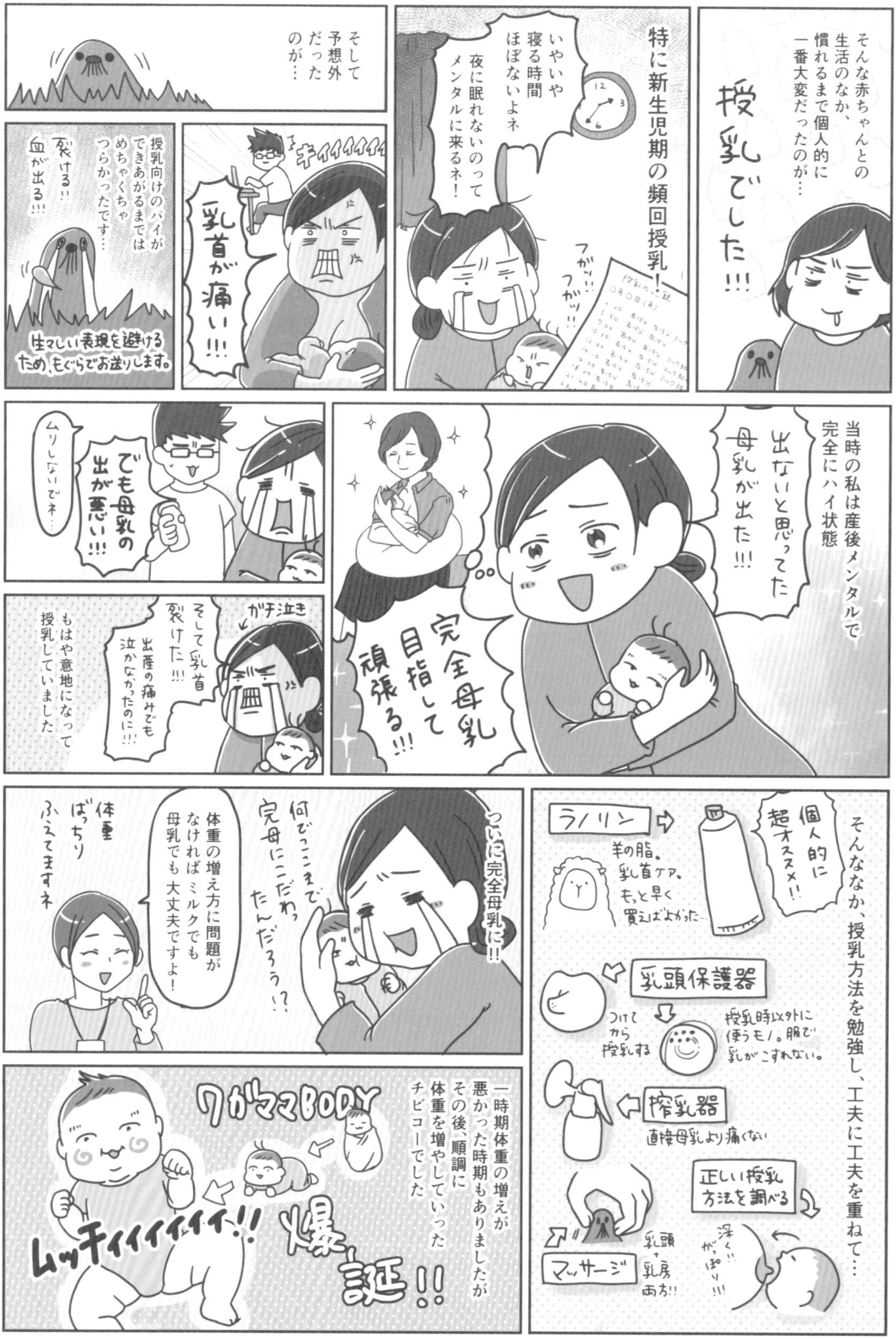
そんな赤ちゃんとの生活のなか、慣れるまで個人的に一番大変だったのが…
授乳でした!!!
特に新生児期の頻回授乳!
いやいや寝る時間ほぼないよネ
夜に眠れないのってメンタルに来るネ!
フガッ!! フガッ!!
そして予想外だったのが…
キイイイイイイ
乳首が痛い!!!
授乳向けのパイができあがるまではめちゃくちゃつらかったです…
裂ける!! 血が出る!!!
生々しい表現を避けるため、もぐらでお送りします。
当時の私は産後メンタルで完全にハイ状態
出ないと思ってた母乳が出た!!!
完全母乳目指して頑張る!!!
でも母乳の出が悪い!!!
ムリしないでネ…
ガチ泣き
そして乳首裂けた!!!
出産の痛みでも泣かなかったのに!!!
もはや意地になって授乳していました
そんななか、授乳方法を勉強し、工夫を重ねて…
個人的に超オススメ!!
ラノリン
羊の脂。乳首ケア。もっと早く買えばよかった…
乳頭保護器
つけてから授乳する
授乳時以外に使うモノ。服で乳がこすれない。
搾乳器
直接母乳より痛くない
正しい授乳方法を調べる
深く!! がっぽり!!!
マッサージ
乳頭+乳房両方!!
ついに完全母乳に!!
何でここまで完母にこだわったんだろう!?
体重の増え方に問題がなければミルクでも母乳でも大丈夫ですよ!
体重ばっちりふえてますすネ
一時期体重の増えが悪かった時期もありましたがその後、順調に体重を増やしていったチビコーでした
ワガママBODY
ムッチイイイイイイ!!
爆誕!!

そして生後5カ月ごろから離乳食がスタート！
ぶちゅるるる…
ありゃ～ 出しちゃったねえ
離乳食初期
はい さつまいもだよ～
生後5～6カ月
時期に合わせていろいろな食材を試し始め…
謎のニンジン噛みしめ状態
アハハハ
離乳食中期
あっ… ふっとばした…
生後7～8カ月
離乳食後期
じょうず～
つかみたべ たのしいねえ～
生後9～10カ月
立派な食欲旺盛BOYに成長しました！
Happy Birthday
SMASH
←1歳の誕生日を祝うスマッシュケーキ
そして食べる量が増えるにつれ私の母乳の出も悪くなり…
あれ… 飲んでる音がほとんどしない？
思っていたよりもあっさりと卒乳！
ちなみに…
卒乳後の食欲はすさまじかったです！
うどんほぼ1玉食べてない…？
むっしゃ
むっしゃ
当時は長～く感じましたが、思い返すととっても短かった赤ちゃんとの生活…
寝返りできるようになっ
うれしいけど見守らないと
大粒の涙がポロポロ!! 涙でるようになったんだね
1人座り成功!! ハイハイもうまくなってきたからかな?
大変なこともいっぱいあったけどたくさんの幸せももらった時期でした！
楽しんで育児ができますように！

本書の使い方

赤ちゃんの発育・発達から、子どもがかかりやすい病気まで、基本的な知識をたっぷり収録。はじめての育児への不安でいっぱいのパパ&ママをしっかりとサポートします。

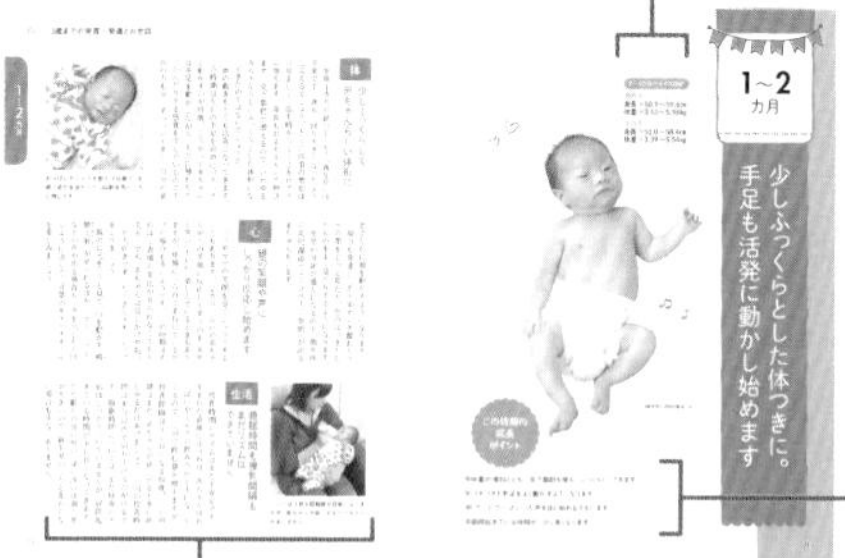

Part1

3歳までの発育・発達とお世話

P11~105

● その月齢のサイズ目安

各月齢の子どもの身長と体重の目安です。あくまでも標準値ですので、毎月の数値に一喜一憂せずに、その子なりの発育を見守りましょう。

● 3つの面から発育・発達を解説

体、心、生活の3つの面から、各月齢の発育・発達を説明します。その月齢の赤ちゃんの様子を撮影した写真も心を和ませてくれます。

● その月齢の発育・発達のポイント

各月齢で見られる赤ちゃんの成長を解説。成長には個人差があるので、必ずしもその月齢で現れるとは限りませんが、やがてこうなるという目安に。

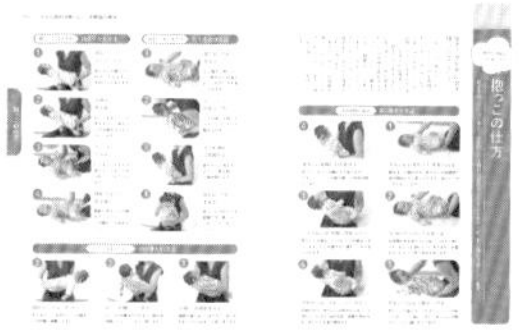

Part2

P109~127

これさえ読めば怖くない! お世話の基本

抱っこの仕方、おむつ替え、沐浴・お風呂、歯のケア、肌着&ウエアの選び方・着せ方、赤ちゃんとのお出かけについてわかりやすく解説します。抱っこひもの正しいつけ方もここでチェック!

Part3

P129~157

おっぱい・ミルク、離乳食の基本

赤ちゃんの成長を支える大切な「食」について、じっくりとレクチャーします。慣れない授乳もここを読めばきっとうまくいくはず。生後5~6カ月から始まる離乳食についても予習しておきましょう。

Part4

P159~180

乳幼児健診と予防接種

生後1カ月から3歳までに数回ある乳幼児健診、赤ちゃんを重い病気から守るためには欠かせない予防接種についての基本情報を詳しく紹介します。あらかじめ確認してから受けると安心です。

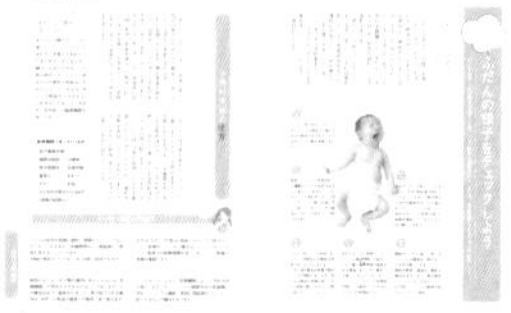

Part5

P181~231

病気とホームケア、応急処置

「どんなときに赤ちゃんを小児科に連れて行けばいいの?」という疑問があるパパ&ママは必読。ふだんの健康チェック法から、子どもがかかりやすい病気まで、気になる情報が満載です。

Part 1

3歳までの
発育・発達とお世話

生まれたばかりの赤ちゃんは、ふにゃふにゃで頼りないもの。
でも、ここからドラマチックな数年間がスタートします。
新生児から3歳までの子どもの成長を、
体・心・生活の3つの面から紹介します。

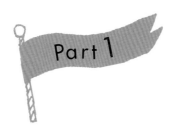

0～1カ月

一日中寝てばかりですが新しい環境に適応しています

目

30cmくらいの距離ならぼんやり見えます

光は感じますが、視力はまだあまり発達していないので近くのものがぼんやり見える程度

頭

頭頂部にプヨプヨしたくぼみがあります

頭蓋骨同士の結合が未熟で、頭頂部に「大泉門《だいせんもん》」と呼ばれるプヨプヨしたくぼみがあります

MODEL 小林航太朗くん

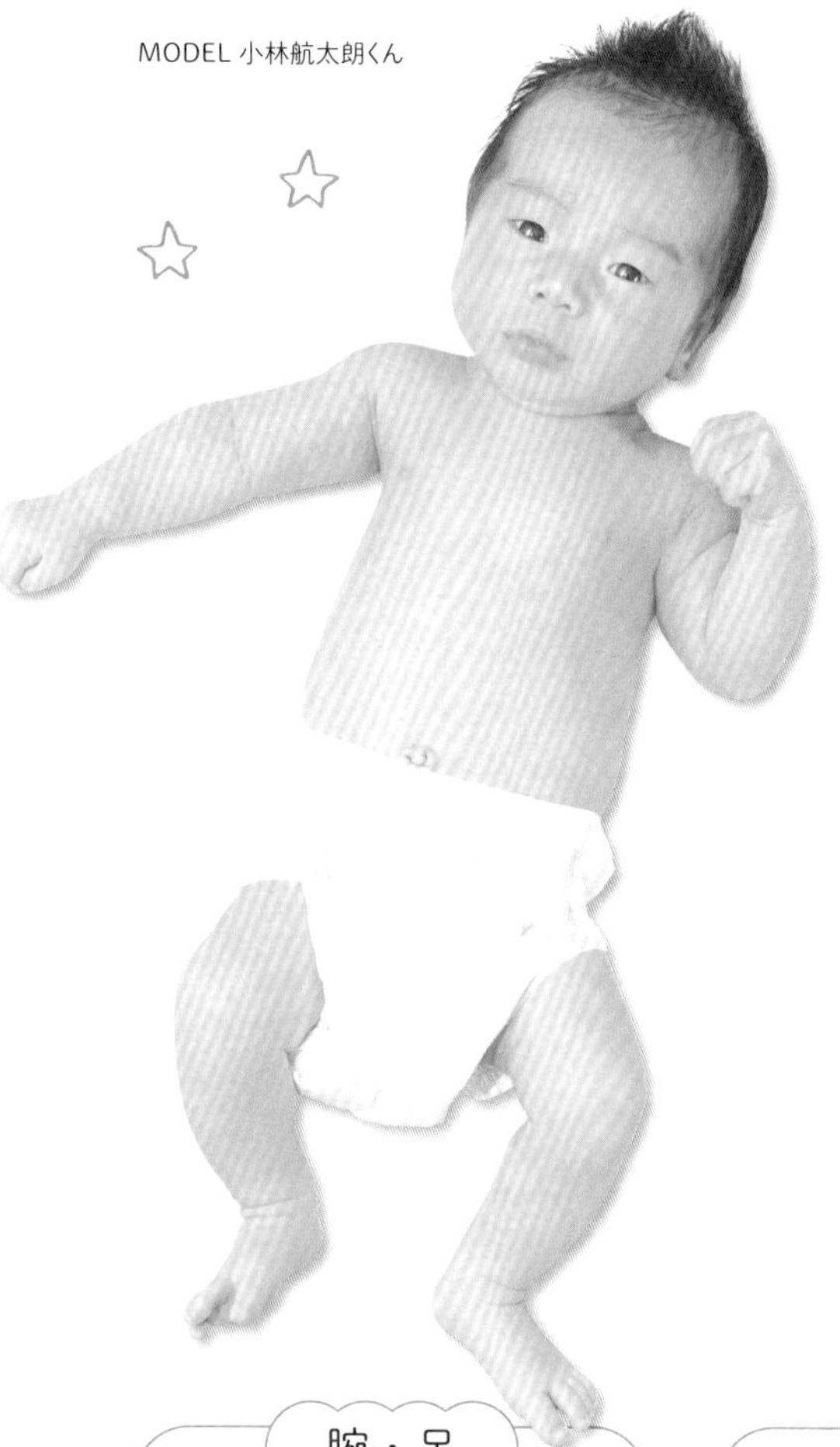

この時期の成長ポイント

- 2～3時間眠っては起きる、を繰り返します
- 生後一週間くらいまでの間に、一時的に体重が落ちますがすぐに戻ります
- 外からの刺激に対して、無意識に体が動く原始反射が見られます
- 泣くことが唯一の自己表現の手段です

0～1カ月のサイズ目安※

男の子
身長▶44.0～57.4cm
体重▶2.10～5.17kg

女の子
身長▶44.0～56.4cm
体重▶2.13～4.84kg

腕・足

腕はW形。足はM形。手足をよく動かします

腕はひじを曲げ、手はギュッと握っています。足はひざを曲げてM字の形です

おなか

へその緒がついたまま。1週間くらいで取れます

生まれたばかりはへその緒がついたままですが、1週間～10日で乾いて自然に取れます

※各月齢のサイズの目安は、厚生労働省「平成22年乳幼児身体発育調査報告書」より、3～97パーセンタイル値を掲載しています。100人赤ちゃんが並んでいるとしたら、3～97番目まで含まれる範囲です。

体

外の世界の刺激に全身で反応しています

生まれてから1カ月間の赤ちゃんを「新生児」といいます。ママのおなかから、ようやく外の世界に出てきた赤ちゃんは、頭の形がいびつだったり、手足が思いのほか細かったり、体も小さくてふにゃふにゃです。でも、赤ちゃんは生まれつき備わった本能の力を精一杯使って、新しい環境に慣れていこうとしているのです。

赤ちゃんにとっては、音や光、におい、肌の感触、すべての刺激が初めての体験。そのような刺激に対して無意識に体が動く「原始反射」が見られるのも新生児の特徴です。

この時期はまだ昼夜の区別なく、「寝る」「泣く」「おっぱい」「寝る」を繰り返します。睡眠時間も一定ではありませんし、授乳や排泄のリズムもバラバラです。

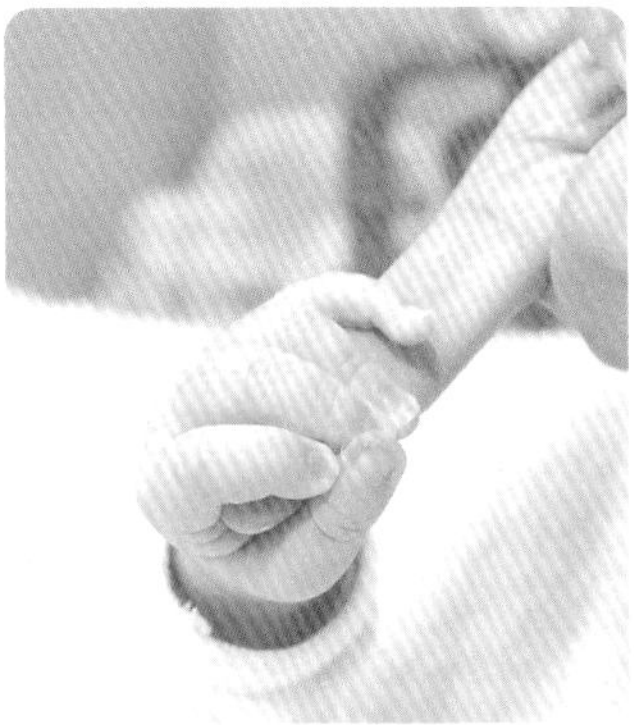

小さな手でママやパパの手をギュッと握ってくれる「把握《はあく》反射」は、低月齢の間しか見られない現象です。

原始反射って？

新生児期の赤ちゃんは、外からの刺激に対して反射的に、無意識に体が動くことがあります。これを「原始反射」といいます。大きな音や急な動きにビクッとして両手を広げ、抱きつくようなしぐさをする「モロー反射」や、何かが唇に触れると強い力で吸い付く「吸てつ反射」、手のひらに何かが触れるとギュッと握り返す「把握反射」などが代表的です。原始反射は、脳が発達する3~4カ月までに、自然に消えていきます。

鼻

鼻腔が狭く、鼻がつまりやすくなっています

空気が通る鼻腔が狭く、分泌物も多いため、鼻がつまりやすくなっています

耳

ママの声を聞き分けられます

聴覚は敏感です。どちらかというと高い声を心地よく感じ、低い声は不快に感じるようです

口

生後すぐにママの乳首に吸い付きます

生まれてすぐに、口のそばに乳首や指が触れると、本能的に強い力で吸い付きます

背中・おしり

蒙古斑《もうこはん》と呼ばれる青いあざが見られます

おしりや背中の青いあざを「蒙古斑」といい、日本人の赤ちゃんのほとんどに見られます

性器

アンバランスに見えることも

男の子の陰嚢《いんのう》が目立たない、女の子の陰核《いんかく》が目立つというような違和感があれば小児科へ

体 生まれた直後は一時的に体重が減ります

生まれてから2カ月くらいまでは、赤ちゃんの体重は1日あたり約30〜40グラム、1カ月で約1キログラム増える場合が多いようです。とはいえ個人差が大きいので、ゆっくりでも少しずつ体重が増えていれば問題はありません。

ただ生まれた直後の赤ちゃんはおっぱいが上手に飲めず、飲む量よりもおしっこや汗など体から出ていく量のほうが多いため一時的に体重が減ります。これは生後3〜4日間の生理的体重減少。その後は体重が戻るので心配いりません。

心 空腹や不快感を泣くことで伝えます

「おなかがすいた」「おむつが濡れていて気持ち悪い」「暑い」など、赤ちゃんは空腹や不快な状態をなんとなく感じると、泣くことによってそれを訴えています。赤ちゃんが泣いたら、おっぱいをあげたり、おむつを交換したり、薄着にさせたりするなど、不快の原因を取り除いて、快適な状態にしてあげるといいでしょう。

抱っこをしたり、声を聞かせたりすると赤ちゃんはとても安心します。また、そのような心地よい状態にしてくれる人との間に信頼関係を作っていきます。

この時期の赤ちゃんは基本的には無表情ですが、ときおり「ニーッ」と笑うことも。無意識による生理的微笑ですが、そんな表情に親は幸せな気分になるでしょう。

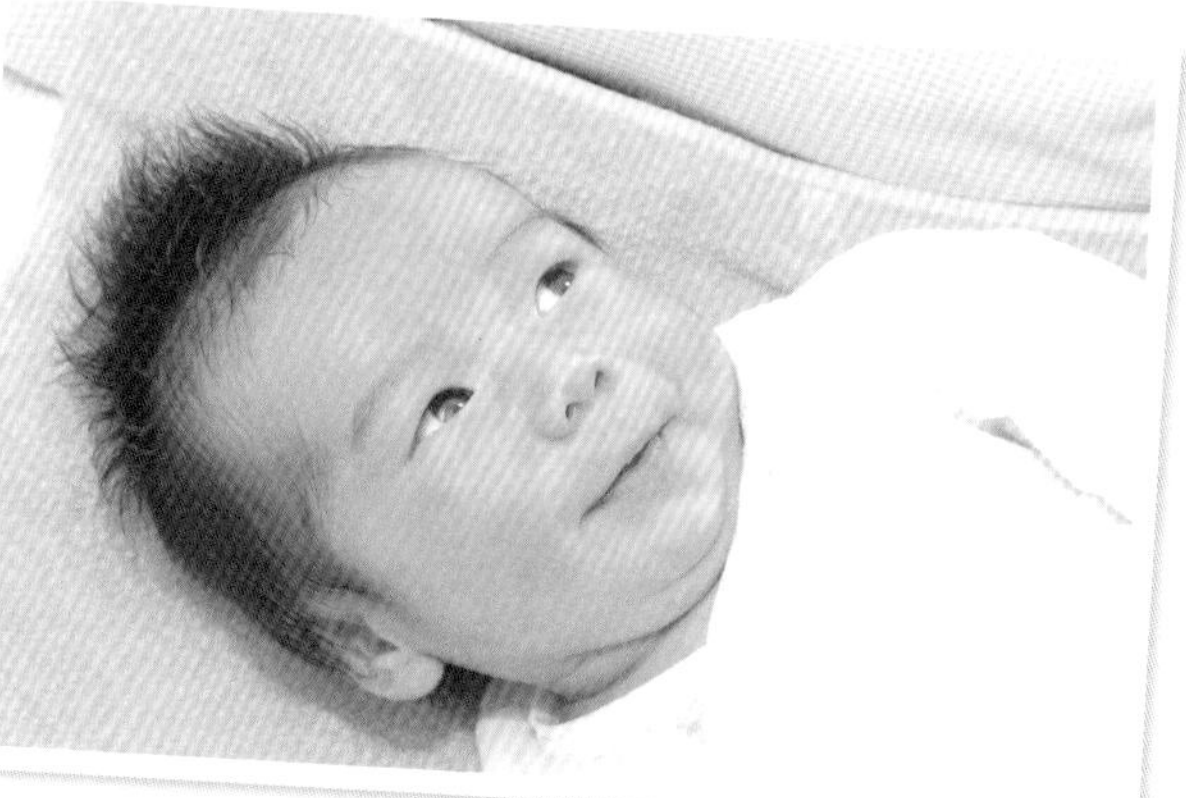

たまに見られる赤ちゃんのほほ笑みは、お世話の大変さが吹き飛ぶほど、親にはうれしいものです。

生活 睡眠時間も授乳も排泄もバラバラです

新生児は一日の大半を寝て過ごしますが、睡眠は2〜3時間の浅い眠りです。ウトウトとしたと思うと泣いておっぱいをせがみ、飲み始めたと思ったら寝てしまう、ということもあります。睡眠時間は一定ではありませんし、昼夜の区別もありません。授乳回数も多く、1日10回以上という場合も珍しくありません。

排泄も同じ。生まれたての赤ちゃんは10〜20回くらいおしっこをします。うんちの回数はさまざまで、1日に1〜2回の子もいれば、7〜8回の子もいます。

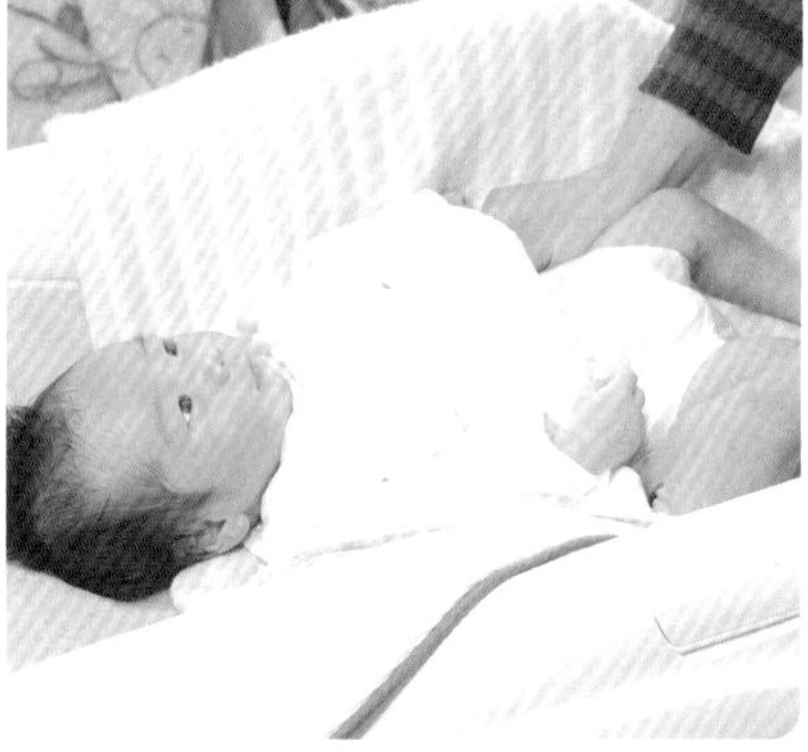

頻繁にあるおむつ替えは大変ですが、「きれいなおむつで気持ちいいね」と声をかけてあげて。

0〜1カ月 お世話のポイント

泣いたら抱っこが基本。ママの笑顔が栄養です

授乳のあと、赤ちゃんはおしっことうんちを同時にすることもあります。この時期はおっぱい、おむつの取り替え、抱っこ、寝かせる……の繰り返しでお世話も大変ですが、今は「赤ちゃん中心の生活」と覚悟を決め、その都度、赤ちゃんの要求にこたえてあげましょう。

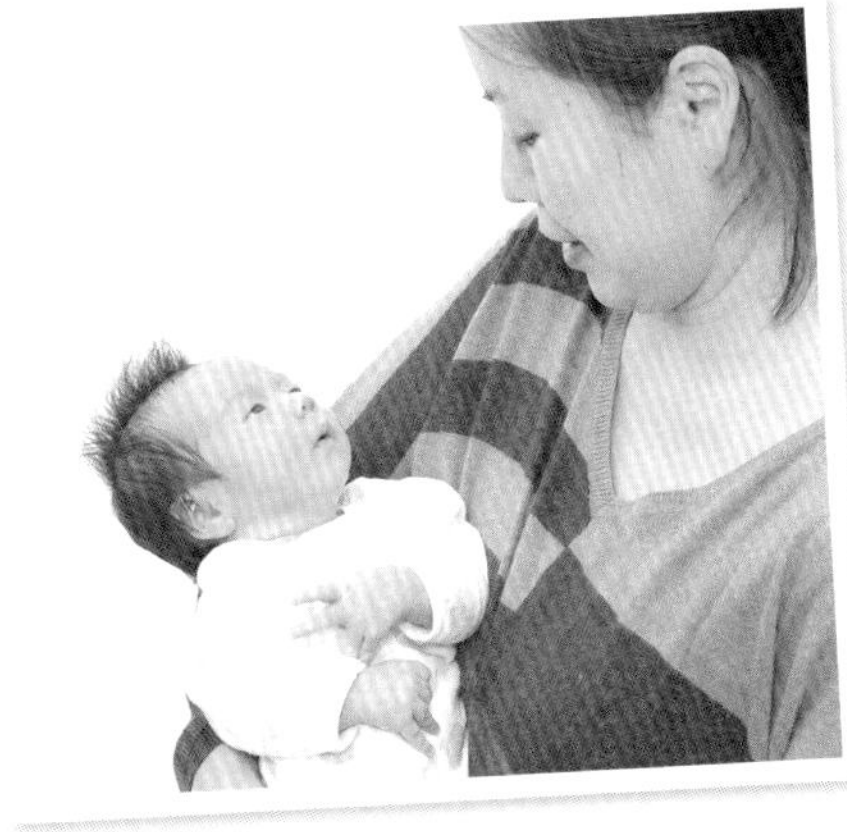

抱っこされたとき、目の前ににっこりと笑うママやパパの顔があると、赤ちゃんもうれしく感じます。

赤ちゃんはまだ視力が弱いですが、近くのものは見えるし、赤色が好きなこともわかっています。パパやママの顔の、両目と赤い唇の3点を認識し、口角の上がった笑顔を気持ちいいと感じるようで、パパやママの笑顔は何よりも喜びます。お世話のときは笑顔がいいですよ。

「泣いたら抱っこ」がこの時期のお世話の基本ですが、どうしても抱っこできないときは、声かけで泣きやむのならそれでも大丈夫。「抱っこしなきゃいけない」という義務感で渋い顔をするより、高めのトーンで声をかけ、体を触ってあげたほうが赤ちゃんの心も安定します。

このころの一日（例）

時	授乳	うんち・沐浴	ねんね
0	授乳		
1			ねんね
2			
3	授乳		
4			ねんね
5	授乳		
6		うんち	ねんね
7	授乳		
8			
9			ねんね
10	授乳		
11		うんち	
12			ねんね
13	授乳		
14		うんち	ねんね
15		沐浴	
16	授乳		
17			ねんね
18		うんち	
19	授乳		
20			ねんね
21			
22	授乳		
23		うんち	ねんね

From 先輩ママ

これまで順調に成長していますが、最近サボることを覚えたのか、母乳を飲むときに途中で寝てしまうのが困りもの。また、上の子と比べて抱っこする時間が短くなり、その分泣いている時間が多くなっていて気がかりです。平日はパパの帰りが遅く、夕食から入浴にかけては戦場のようですが、"幸せ２倍"を強く実感する日々です。

（新生児の男の子のママ・春昱さん）

0〜1カ月の 気がかりQ&A

Q おっぱい足りてる？ 目安が知りたい

A よく飲んでよく眠れば体重も増えてくるので足りていると考えてOK

よく飲んで、よく眠ってくれていれば心配ありません。泣くたびに母乳を与えてよい時期とはいえ、ママも赤ちゃんも慣れていないので大変ですよね。母乳の分泌が増えてくれれば、満足する量を飲めるようになり、まとめて眠ってくれるようになります。母乳が足りているかどうかを判断する目安のひとつは体重です。体重が増えているかは抱っこしているとなんとなくわかります。毎日体重測定する必要はありません。

Q いつも同じほうを向いているので心配

A 1カ月健診を受けた後、反対向きにも寝かせれば大丈夫

頭の形によっては、どちらかに傾いてしまうことがあります。1カ月健診で斜頸《しゃけい》などの病気がないことを確認してもらったうえで、体ごと傾けて寝かせるようにすれば、頭の変形を防げますよ。

Q 女の子なのに毛深い。ずっとこのまま？

A 毛深く生まれる子もときどきいますがだんだん薄くなります

毛深い赤ちゃんをときどき見かけますがそのままの状態が続くことはありません。布団にこすれて頭の後ろがはげてしまうと心配されることがあるように、だんだん薄くなっていくようです。

Q ゲップが出ていなくてもそのまま寝かせていい？

A ゲップはおならとして出ることもあるので、寝かせても大丈夫です

ゲップは、おっぱいやミルクといっしょに空気を飲んでしまうことで出るものです。そのため、飲み方が上手な赤ちゃんだとゲップは出ませんし、口から出さないでおならとして出す赤ちゃんもいます。しばらくたて抱きにしてゲップが出なければ、ずっと抱っこしている必要はありません。もしおっぱいやミルクを吐いてしまったときに、吐いたものを気管につまらせないよう、体を少し傾けて寝かせると安心です。

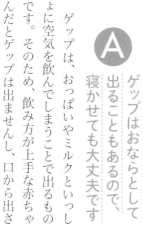

Q うんちが緑色！受診すべき？

A 緑色のうんちも問題ありません。白っぽい便に注意

肝臓で作られる胆汁の色素の影響で、健康なうんちは黄色をしています。おなかに停滞していたうんちが空気と混ざったときには緑色になりますが、正常な色なので心配いりません。ただし、うんちの色が母子健康手帳の便色カードの4番より薄い場合は要注意。胆道閉鎖症（209ページ参照）の可能性があるので、早急に小児科を受診してください。4番の色が続き、皮膚や白目が黄色く、おしっこが濃い黄色の場合もすぐに相談を。

Q 黄色いかさぶたがおでこにできた

A 皮膚がかたまった乳児脂漏性湿疹《にゅうじしろうせいしっしん》なので入浴前にケアを

頭皮や眉毛の生え際にできる黄色いかさぶたは、乳児脂漏性湿疹（220ページ参照）という赤ちゃん特有の症状です。皮膚からしみ出した脂がこびりついて、黄色いかさぶた状になっているもので、病気ではありません。オリーブオイルや椿オイルなどを入浴前に塗ってふやかしてから、軽くなでてあげる程度で徐々に治っていきます。じゅくじゅくしたりするときは、かかりつけ医（小児科でも皮膚科でもOK）を受診するといいでしょう。

Q 待望の子どもなのに涙ばかり出てしまう

A 産後うつの症状は誰もが経験するもの。一時的なものです

産後うつは、出産後まもないママの一時的な気分と体調の変化で、涙もろさ、不安、緊張、不眠、疲労、食欲不振などの症状が見られます。各市区町村では、生後4カ月までの乳児のいる全家庭を子育て経験者などが訪問する「乳児家庭全戸訪問事業（こんにちは赤ちゃん事業）」を行っています。産後うつなど、ママの悩み相談にも応じてくれます。

相談する人が身近にいない場合、育児アプリ（Babyプラス、ままのてなど）の利用もおすすめです。先輩ママの体験談や専門医師のアドバイスなどが、月齢に合わせて読めるので、「悩んでるのは自分だけじゃない！」と安心できます。

1～2 カ月

少しふっくらとした体つきに。手足も活発に動かし始めます

1～2カ月のサイズ目安

男の子
身長 ▶ 50.9～59.6㎝
体重 ▶ 3.53～5.96kg

女の子
身長 ▶ 50.0～58.4㎝
体重 ▶ 3.39～5.54kg

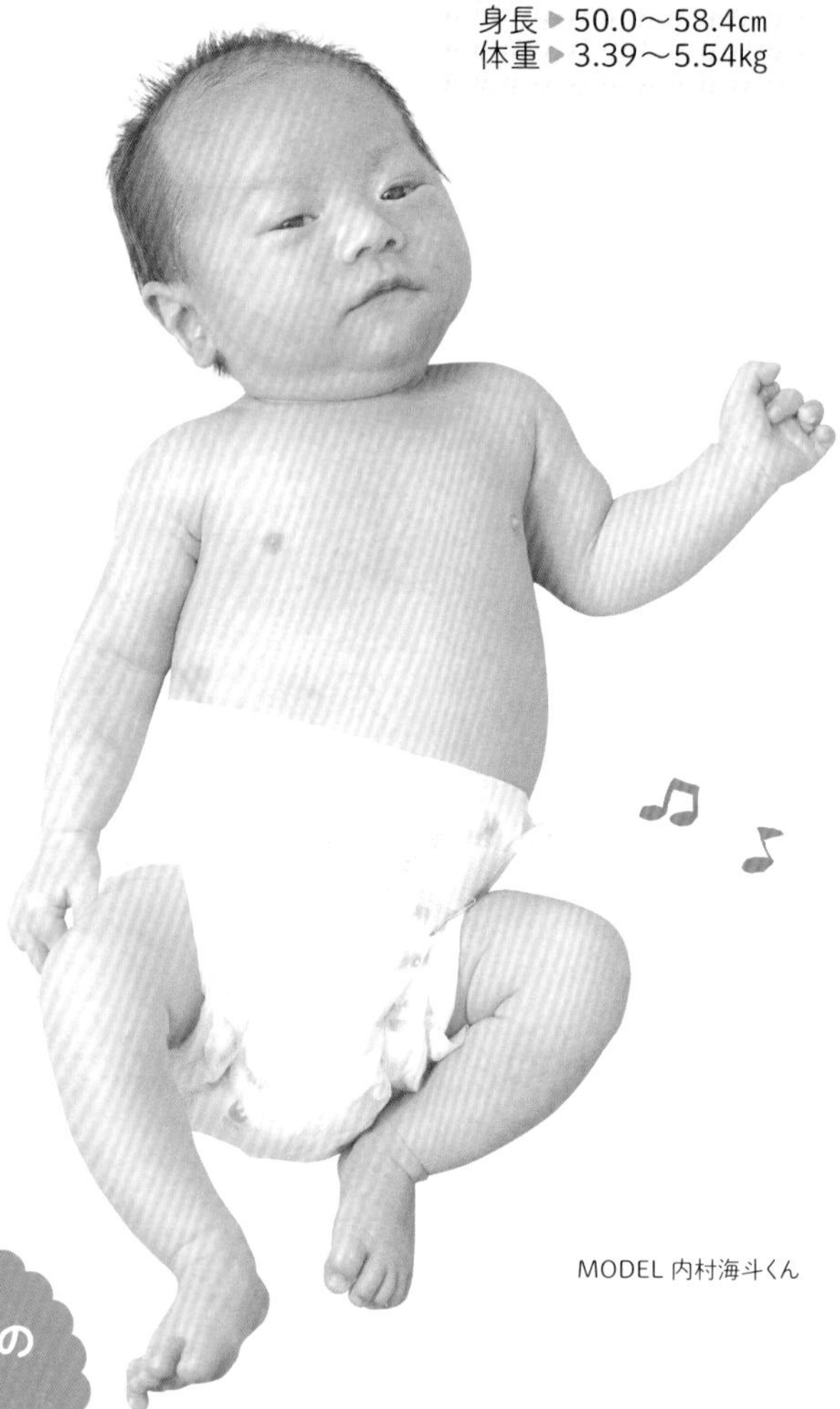

MODEL 内村海斗くん

この時期の成長ポイント

- 体重の増加とともに皮下脂肪も増え、ふっくらとしてきます
- バタバタと手足をよく動かすようになります
- 「アー」「ウー」といった声を出し始める子もいます
- 昼間起きている時間が、少し長くなります

体

少しふっくらして、赤ちゃんらしい体形に

生後1カ月が経つと、もう「新生児」は卒業です。体も一回り大きくなったように見えるでしょう。とくに体重の増加は目覚ましく、出生時から1〜2キログラム増えます。身長もおよそ4センチ伸びます。皮下脂肪が増えるので、いわゆる赤ちゃんらしいふっくらとした体形になってきたのではないでしょうか。

体の動きもとても活発になってきます。この時期は左右の手足を同時にバタバタと動かすのが特徴。こうやって赤ちゃんは手足を動かしながら、ものに触れたりつかんだりする感覚を学んでいるのです。首の力も少しずつついてきて、自分の意思で左右に頭を動かすようになります。

視力も発達し、20〜30センチ離れたママの顔をじっと見たり、色のはっきりしたものをよく見たりするようになります。

皮脂の分泌が盛んになるので、顔や体に乳児湿疹（220ページ参照）が出る赤ちゃんもいます。

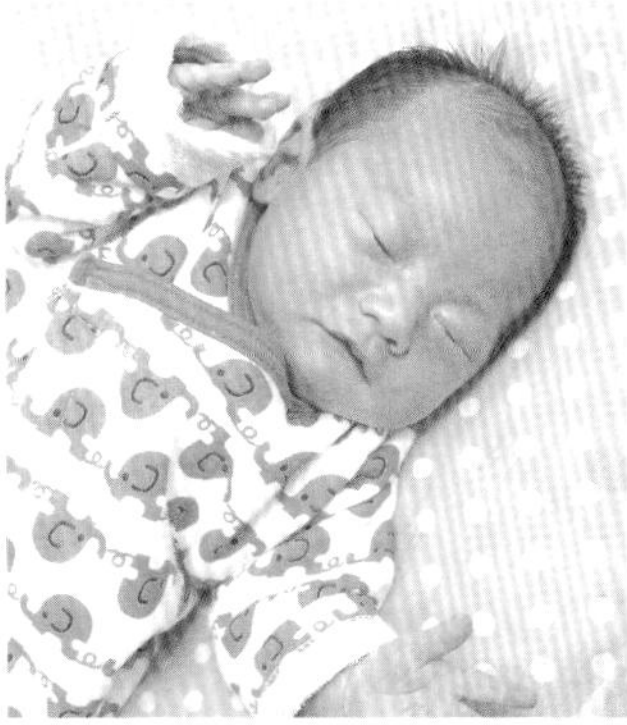

おっぱいやミルクを飲んでは寝て、を繰り返す生活サイクルは新生児のころと同じです。

心

親の笑顔や声にしっかり反応し始めます

パパやママの笑顔を見てニッコリすることもあります。2カ月くらいの赤ちゃんが人の笑顔に反応して笑うのを「あやし笑い」といい、楽しんでいるときもありますが、単純につられてまねしているだけの場合も多いようです。この時期はそれほど表情の変化が見られなくても大丈夫。でも、赤ちゃんは話しかけや抱っこが大好きです。たくさんスキンシップをとりましょう。

親の口元をじっと見て、口を動かす「模《も》倣《ほう》反《はん》射《しゃ》」が見られるほか、「アー」「ウー」などの声が出る場合も。声を出したら同じように返して、言葉のキャッチボールを楽しみましょう。

生活

睡眠時間も授乳間隔もまだリズムはできていません

授乳時間のリズムはまだ不安定です。生まれた直後に比べれば、赤ちゃんはおっぱいやミルクの飲み方が上手になってくるので、1回で飲む量が増えますが、授乳間隔は少し長くなる程度。この時期はまだ、赤ちゃんが欲しがるときに欲しがるだけあげましょう。1回の授乳時間は30分以内で切り上げるのが目安です。睡眠時間については、まだ昼夜の区別はしっかりついていませんが、昼間起きている時間が少し長くなってきます。ただ眠りの長い短い、深い浅いは個人差が大きいので、新生児のころと変わらない場合も少なくありません。

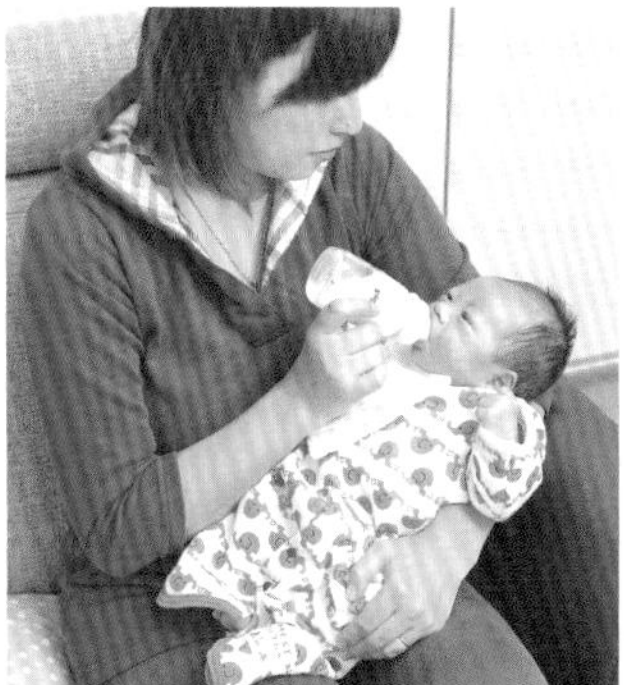

ミルクは1日6回程度が目安になりますが、赤ちゃんが欲しがるだけ与えてかまいません。

脳を育てる遊び・コミュニケーション

「反射」で起きる動きをじっくり観察して

生まれて間もないこの時期は、赤ちゃんは自分の意思で手足や体を動かしているのではなく、本能的に備わった「反射」を通して、自分の体の動きを覚えていきます。

ですから、親は無理な働きかけはしなくていいのです。それより反射で起きる動きを観察したり、話しかけたりしながら、赤ちゃんが心地よくいられる状態を考えてあげましょう。

脳に刺激を与えるのはいいのですが、ギュッと抱きしめるような過度の刺激はよくありません。おむつ替えのときに、やさしい声かけをしながらスキンシップするのはとてもいいことです。

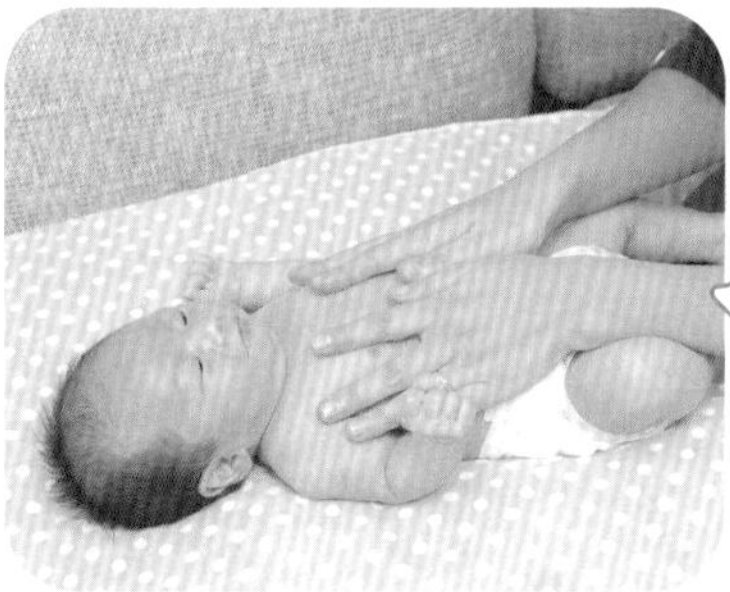

あそび 1 脳に刺激 体をなでなで

頭から足先まで、全身の肌を触ってあげることで脳を刺激します。おむつ替えのときは、腰からひざ、足の裏まで、移動しながらやさしく、なでなでしましょう。

あそび 2 じっと見つめて 視覚を刺激

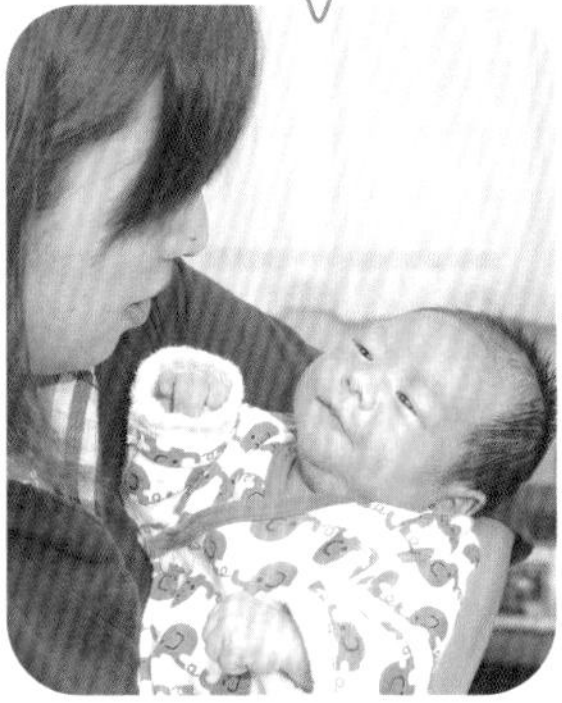

赤ちゃんの顔から20〜30cmのところで「ママよ」などと声をかけながら、目を見てあげましょう。同時に口角をあげて笑顔を作るのも赤ちゃんの視覚を刺激するポイントです。

From 先輩ママ

生まれたときは頼りなかった手足に、プクプクお肉がついてきました。昼夜の区別が少しついてきたせいか、生まれたてのころよりも起きている時間が長くなり、夕方からのグズグズが増加。眠くなるとおっぱいをなかなか離さないので、寝かしつけのひとつとしておしゃぶり(※)を使ってみたら効果テキメンでした！

(1カ月の男の子のママ・明日香さん)

※おしゃぶりの使用については79ページをチェック！

赤ちゃんの反応がなくてもたくさん声かけを

パパやママが一生懸命話しかけたりスキンシップしたりしても、赤ちゃんは泣くこともあるし、反応しないことだってあります。だからといってがっかりしないで、たくさん声かけやスキンシップをしてあげましょう。大人のやさしい働きかけの積み重ねが、赤ちゃんの脳を育てていくのです。

1~2カ月の 気がかりQ&A

Q 寝ているときにいきむのはなぜ？

A うんちを肛門まで運ぶためにいきんでいます

うんちをこねこねして肛門まで運ぶのにこのいきみは大切です。決して苦しんでいるのではありません。「頑張って」と声をかけてあげてください。

Q 体重の増えが悪い。ミルクを足すべき？

A ママの体調が一番。眠ってくれなければミルクを与えても

この月齢は体重が増えない、お乳の出が少ないからと、すぐに母乳をあきらめる必要はありません。母乳は赤ちゃんに吸われることでよく出るようになるので、授乳の回数を増やしてみましょう。

とはいえ、ママの体調も大切ですので頑張りすぎて睡眠不足になっては元も子もありません。夜に眠ってくれない赤ちゃんであれば、一時的にミルクを足してもいいと思います。ミルクを足す量は、授乳間隔が3時間あく量が目安です。

おっぱいとミルクで赤ちゃんがぐっすり眠ってくれることで、母乳の出もよくなってくることでしょう。そうすれば体重も自然と増えてきます。心配なことがあれば、母乳外来やかかりつけの小児科医、助産師、地域の保健師などに相談してくださいね。

Q 泣く度に抱っこすると抱きぐせがつく？

A 抱っこされるとおなかの中を思い出して安心します

この月齢は抱きぐせがつくなどと言わず、泣いたら抱っこでかまいません。抱っこされることで子宮の中にいたころを思い出し、安心して新しい環境に慣れていきます。抱っこされたことでゲップやおならが出たりするので、よいこともあります。

でも、ママの手は2本しかありません。手が離せず、抱っこが難しければ、体をトントンして少し揺らしてあげると、子宮の環境に近づきますよ。

TOPIC 育児の常識→158ページ

2～3カ月

「アー」「ウー」と声が出て表情も豊かになってきます

2～3カ月のサイズ目安

男の子
身長 ▶ 54.5～63.2㎝
体重 ▶ 4.41～7.18kg

女の子
身長 ▶ 53.3～61.7㎝
体重 ▶ 4.19～6.67kg

MODEL 鈴木志帆ちゃん

この時期の成長ポイント

- 自分の手に興味をもち、じっと眺めたりなめたりします
- 目の前で動くものに対して、目で少し追うようになります
- ご機嫌だと「アー」「ウー」と声を出すようになります
- 授乳のリズムが少しずつできてきます

体

手の存在に気づいて 指しゃぶりをする子も

手足の動きはますます活発になり、力強さを感じられるようになります。手足を自分の意思で動かせることに気づき、手を口の前に持ってくることを覚えると、げんこつをペロペロとなめたり、指しゃぶりを始めます。赤ちゃんにとってこうした動きは、自分の手の存在を確認する大事な作業。思う存分遊ばせてあげましょう。首はまだすわりませんが、少し安定してきます。うつぶせにすると数秒くらい頭を持ち上げようとすることもあります。

体形はますますふっくらしてきます。生まれたときのほぼ2倍の体重になるまでは急激なペースで体重が増加します。その後は落ち着いて、ゆるやかに増えていきます。

皮脂分泌はまだまだ盛んで、顔などに乳児湿疹（220ページ参照）が出やすいので、皮膚を清潔に保ちましょう。

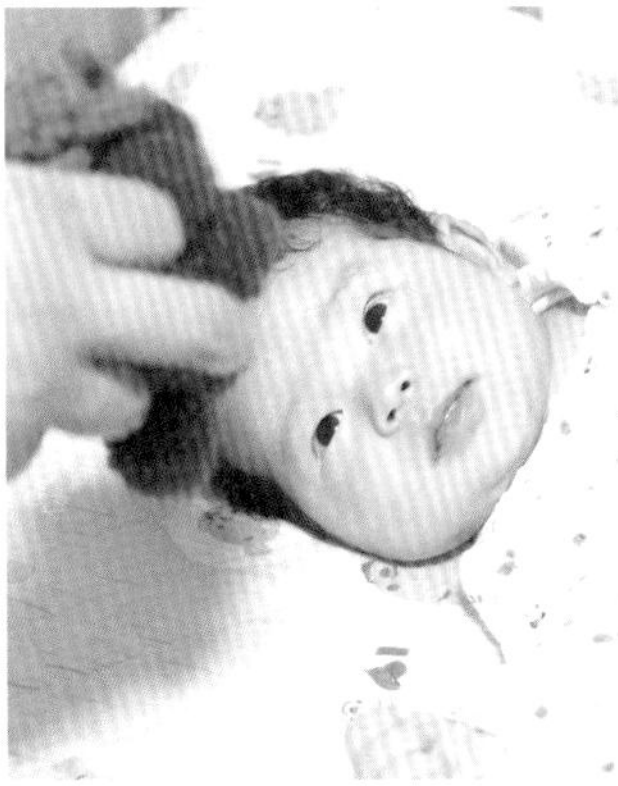

目の前でおもちゃをゆっくり動かすと目で追って見つめるようになります。

心

あやすと笑顔になり 声かけにも反応します

抱っこやおしゃべりなど、パパやママにあやしてもらうとうれしいと思えるようになるのでしょう。親の笑顔に反応してほほ笑むなど、表情もしだいに豊かになってきます。

「アー」「ウー」といった声もよく出すようになります。赤ちゃんが声を出したら、それと同じように「アー」「ウー」と返してあげましょう。そのやりとりで赤ちゃんは注目してもらえていることがわかって安心しますし、親にとってもうれしさを感じることができます。

聴覚も発達します。声や音のする方に首を回せるようになると、興味のあるものを自分の意思で見ることができるようになってきます。

授乳の時間は1回30分くらいまでを意識して、だらだら飲ませないように。

生活

夜の睡眠時間は 少しずつ長くなります

2カ月を過ぎると、夜の睡眠時間が少し長くなってくることが多いようです。それにともない、授乳間隔もあいてきて、夜中に起こされる頻度も少なくなる場合もあります。一方で、まだ頻繁に泣いて起きる子もいます。睡眠時間や授乳のリズムは個人差がとても大きいようです。ママは大変ですが、できるだけ赤ちゃんに合わせてあげましょう。

ただ、昼夜の区別が少しずつわかってくる時期です。昼間起きているときはなるべくいっしょに遊び、夜は静かにして部屋も暗くするなど、昼と夜の違いを少しずつ教えていきましょう。

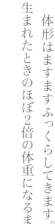

脳を育てる遊び・コミュニケーション

1日1回の「うつぶせ遊び」でバランス感覚を意識

首はまだ完全にすわっていませんが、少しずつしっかりしてきます。1日1回くらいは「うつぶせ」にさせて、2〜3分様子を見てみましょう。うつぶせにしたら、ママも目線を赤ちゃんの高さに合わせ「おはよう」「起きた?」「ママですよ」などの声かけをしましょう。頭を上げようとする動作は、首の力やバランス感覚を育てます。うつぶせにさせるときは、シーツをピンと張った硬めのベッドなどの上で行い、赤ちゃんから目を離さないようにしましょう。

またお風呂に入れるときは、手足が自由に動かせるような体勢にさせてあげるのも、よい運動です。

あそび 1
お風呂で自由に
手足バタバタ

赤ちゃんの両耳はしっかりふさいで、首までお湯につかるように入れて、赤ちゃんが手足を自由に動かせるようにします。いやがったらやめて、抱きしめてあげましょう。

あそび 2
バランス感覚アップ
うつぶせ遊び

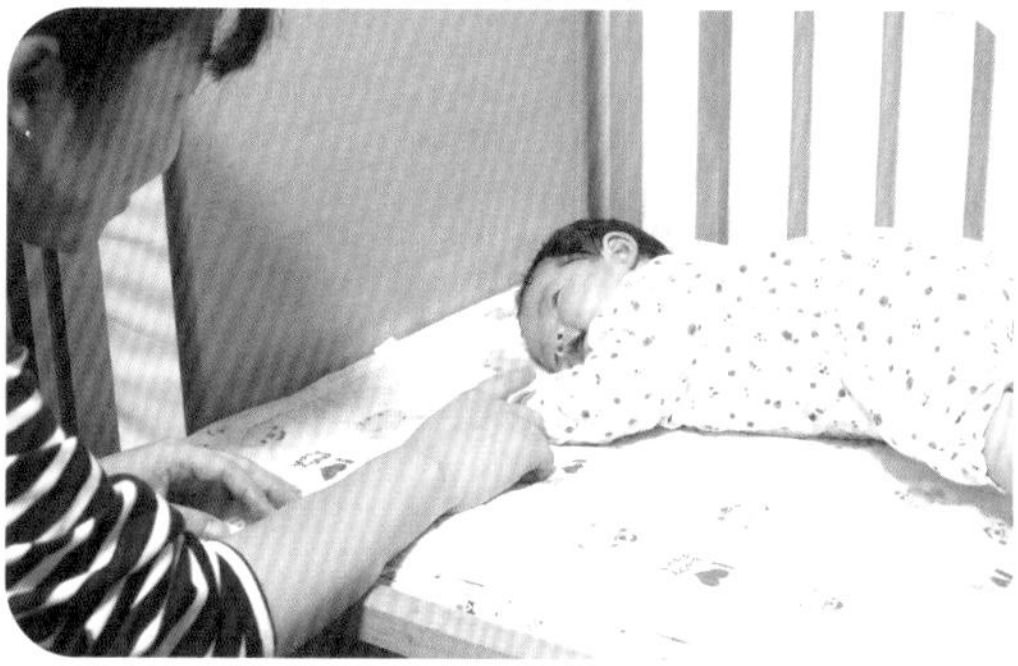

「うつぶせ」は、脳に新しい刺激を与えると同時にバランス感覚アップにもつながります。1日1回、時間は短め（2〜3分）でOK。そのとき決して目を離してはいけません。その場を離れるときはあおむけに戻してください。

From 先輩ママ

1人目のときは寝かしつけにとても苦労しました。2人目は上の子がバタバタして日中あまり眠れないせいかもしれませんが、「何がなんでも21時には眠らせてもらうわよ」と宣言しているかのように、ころっと寝てくれます。成長のスピードも違い、新たに発見することも多く、2人目育児を楽しんでいます。

（2カ月の女の子のママ・眞希さん）

「うつぶせ寝」は危ない?

この時期はまだ寝返りが打てないので、うつぶせの状態で布団に顔をうずめた姿勢が長く続くと窒息する危険があります。「うつぶせ寝」はいけませんが、短時間の「うつぶせ遊び」くらいは大丈夫。ただ、顔が埋まらないような硬めの布団などの上で行い、ママとパパは目を離さないで。

2~3カ月の気がかりQ&A

Q お風呂上がりに白湯《さゆ》や麦茶をあげてもいい？

A 母乳・ミルク以外の味に慣れさせる場合は入浴後に与えてみて

真夏・発熱・下痢などの脱水の可能性がある場合でなければ、赤ちゃんに必要な水分はおっぱいやミルクだけで足りているので、白湯や麦茶を与える必要はありません。おっぱい・ミルク以外の新しい味に慣れさせていく場合は、いちばんのどが乾いていそうな入浴後に与えるといいでしょう。白湯や薄めた麦茶をスプーンに入れ、下唇の上にのせてあげてください。

Q 母乳やミルクを吐いてしまう。飲ませすぎ？

A 赤ちゃんをたて抱きして満たされる量を与えましょう

新生児のころのように真横に寝かせて飲ませていませんか？　頭に手を添えてたて抱きし、目と目を見つめ合っておっぱいやミルクをあげてください。授乳時に空気もいっしょに飲み込んでいるとゲップと同時におっぱいやミルクも出てきてしまいます。3時間くらいの授乳間隔になる量が目安です。ミルクの缶の表示に惑わされず、赤ちゃんが満たされる量を与えてください。量と飲ませ方に問題がないのに嘔吐してしまう場合は、かかりつけ医に相談を。

Q 授乳中も妊娠するの？

A 生理がなくても排卵があれば妊娠します

授乳は生理の再開を遅らせますが、妊娠するかどうかは排卵の有無によります。生理が始まっても排卵がなければ妊娠しませんし、生理は排卵が来てから起こるものなのでタイミングによっては生理が戻る前に妊娠する可能性もあります。まずは基礎体温を測り、排卵しているかどうかを確認してみるとよいでしょう。きょうだいをまだ考えていない場合は、生理が戻っていなくても避妊するようにしてください。

TOPICS

泣いて困ったら

赤ちゃんは泣いて当たり前。いろいろ試して泣きやまなかったり、原因がわからなかったりしてもいいのです。

しゃべれるようになるまでは泣くのがコミュニケーション手段

赤ちゃんは泣くのが仕事といわれるほど、よく泣きます。しゃべることができるようになるまでは、泣くことでしか自分の気持ちや要求を伝えることができないからです。なかでも、生後1〜2カ月は赤ちゃんが泣いている時間が長いピークといわれ、このときは何をやっても泣きやまないことが大半。赤ちゃんは誰かが悪くて泣くわけではありません。赤ちゃんの泣き声にイライラしてしまうのも、当然のことです。生後3カ月を過ぎると泣いている時間は徐々に減っていきますが、つらいときはかかりつけ医に相談を。

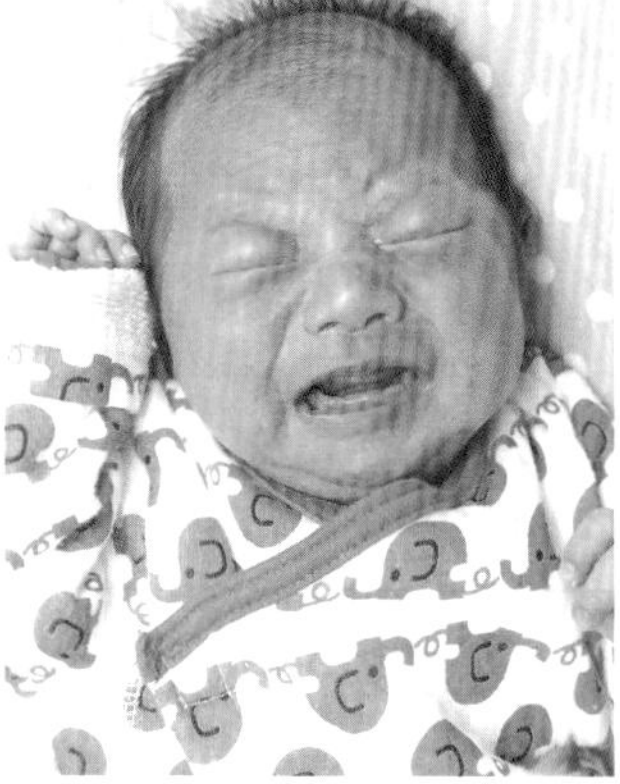

バリエーションが増えてきたら心が発達してきた証と考えて

赤ちゃんが泣いている原因は、体か心のどちらかにあります。抱っこしても泣きやまず、おっぱいやミルクを与えたり、おむつを替えたりして泣きやむ場合は、体の不快感が原因といえるでしょう。一方、抱っこで泣きやんだり、眠ったりするときは、精神的な不快感が原因です。ときには子宮の外の環境に不安を感じて泣いていることもあります。赤ちゃんが成長すれば、泣く理由も増えていくもの。泣かれるたびに対応するのは大変ですが、赤ちゃん時代の一時的なものと思って受け止めてあげたいものです。

＼発達とともに増える／
泣き方のバリエーション

0〜2カ月	慣れない環境への不安泣き
3〜5カ月	たそがれ泣き
6カ月以降	人・場所見知り泣き
	後追い泣き
	夜泣き
1歳以上	うそ泣き
	かんしゃく泣き

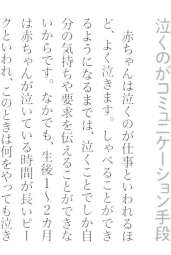

まずはひと呼吸ついてから泣いたきっかけを探そう

赤ちゃんが泣きやまないときは、まず赤ちゃんが何を求めているのかを探ってみましょう。ただし、赤ちゃんは大人の不安やイライラに反応して、余計に激しく泣くこともあります。大きくひとつ深呼吸をして落ち着いたら、赤ちゃんのもとへ行きましょう。おなかはすいていないかなど、下に挙げたチェック項目を確認してください。どれも当てはまらないようなら、お話ししているだけかもしれません。「どうしたの？」と話しかけてあげると、ママとの会話で落ち着いていきます。このような姿勢が「育児」なので、原因がわからなくてもいいのです。

泣いたらまず以下の項目をチェック!

赤ちゃんが泣いたとき、肉体的な不快感がないかを最初に確認するくせをつけておくとスムーズに対応できます。下のリストを参考に、思いつくものをチェックしてみましょう。

- □ おなかがすいている
大きな声で泣いていて、前回の授乳から時間が経っていれば空腹の可能性大。おっぱいやミルクをたっぷり与えてあげてください。

- □ 眠い
眠いのにうまく眠れないときは、目をこすったり顔や頭をかいたりすることもあります。手足をさするか、トントンしてあげてください。

- □ おむつが汚れている
紙おむつの場合、濡れても平気な子もいますが、おしっこが出たらすぐに泣いて教えてくれる子もいます。

- □ 痛い・かゆいところがある
ゲップが出ていなくて苦しかったり、便秘でおなかが痛かったりする可能性はありませんか？よだれ負けやおむつかぶれがかゆい場合も。

- □ 暑い
赤ちゃんは体温調節が苦手なので、大人よりも不快を感じやすいもの。背中に汗をかいていたら着ている枚数を1枚減らしましょう。

- □ 体調が悪い
グズグズと機嫌が悪いときは、体調を崩している場合があります。念のため体温を測り、食欲の有無や便の状態にも注意しましょう。

- □ 寒い
手足がいつもよりも冷たければ、寒がっている可能性があります。寒い季節は室温を20度前後に保ち、寝具や衣服で調節してください。

- □ ウエアがきつい
手足を思うように動かせなかったり、首回りや袖口がきつくて泣いたりすることもあります。サイズチェックは定期的に行いましょう。

どうしても泣きやまないなら少しその場を離れるのも手

27ページのチェック項目のほか、下に挙げた「泣きやませアイデア」を試しても泣きやまなければ、赤ちゃんを安全な場所に寝かせて一旦休憩しましょう。赤ちゃんが元気で、いつも通りの泣き方であれば、しばらく泣かせたままでも大丈夫。

よく泣くことは育て方のせいではありません。泣きやませなくてはならないとパパやママが追いつめられてしまうほうが問題です。お茶を飲んだり、音楽を聴いたりするなど、リラックスできることをしてください。しばらくしたら、赤ちゃんの様子を見に行きましょう。

赤ちゃんを揺さぶるのは絶対にやめましょう

赤ちゃんが泣きやまなくてイラッとしても、絶対に強く揺さぶらないでください。赤ちゃんの脳はとてもやわらかいので、血管や神経が切れる危険性があります。それが原因で失明や歩行困難などの重大な後遺症が残るほか、最悪の場合は命を落とすこともあるのです。これを「乳幼児揺さぶられ症候群」といいます。

\笑顔が増えるかも!/ 泣きやませアイデア

1 スキンシップしてみよう

- 鼓動を聞かせるようにキュッと抱っこ
- 抱っこしながらスクワット
- たて抱きで家中を歩く
- 自分の胸の上にうつぶせにしてのせる

2 気分転換させてみよう

- いないいないばあ
- シャボン玉をつくる
- 風船をふくらませる
- わらべ歌を歌う
- 鏡を見せる
- 紙を破る
- 大人が気分転換する

3 胎内環境を再現してみよう

- タオルやスリング、おくるみでくるむ
- 掃除機やドライヤーの音を聞かせる
- ベビーカーにのせる
- ビニール袋をカシャカシャさせる

4 環境を変えてみよう

- ベランダに出てみる
- 散歩・ドライブに出かける
- 裸にする
- 他の人にあやしてもらう
- 子育て広場へ行く

困った夜泣きには

赤ちゃんはレム睡眠が多いので夜でも少しの刺激で目が覚めます

睡眠には、レム睡眠とノンレム睡眠の2種類あるといわれます。レム睡眠は大脳が覚醒に近い状態にある眠りで、一方のノンレム睡眠は大脳を休ませ回復させる眠りといわれます。赤ちゃんは大人よりもレム睡眠の比率が高く、新生児だと40分周期でレム睡眠が訪れます。レム睡眠のときは、ちょっとした刺激で目が覚めてしまうので、夜泣きが起こりやすいのです。ただし、夜泣きしたときに毎回抱っこやおっぱいで寝かしつけを行うと、それなしでは眠れなくなってしまいます。肩をトントンしてあげるなどして寝かしつけるといいでしょう。

脳の発達と生活リズムの改善が夜泣きを防ぐポイント

夜泣きは、大脳の前頭葉が未発達であることも原因のひとつと考えられています。手遊び歌は、脳のアンバランスをカバーしながら前頭葉を育ててくれるのでおすすめです。また、眠る前はマッサージなどリラックスできる入眠儀式を行うと、脳の興奮を抑制するので寝かしつけがスムーズになります。

そのほか、生活リズムを整えることも大切です。とくに昼間は外に出てたっぷりと太陽の光を浴び、昼寝は15時くらいまでに切り上げるようにしましょう。20時以降は照明を半分にするのも、自然な眠気を誘うためのポイントです。

夜泣きで処方される漢方薬の例

抑肝散《よくかんさん》
神経興奮状態を鎮める漢方薬で、イライラが強い子に向いています。育児疲れの場合は親子で服用します。

甘麦大棗湯《かんばくたいそうとう》
夜泣きやひきつけなどの症状をやわらげます。夜泣きだけひどいタイプにおすすめ。飲ませやすい漢方薬です。

子どもの夜泣きで悩んだときはかかりつけの小児科医に相談を

赤ちゃんが夜泣きをしたとき、毎回あやしてあげる必要はありません。体調不良や肉体的な不快などの原因がなければ、少しくらい泣かせておいてもいいのです。つらい気持ちはひとりで抱え込まず、かかりつけ医や地域の保健師、子育て広場のママ友に相談しましょう。

最近では「抑肝散《よくかんさん》」や「甘麦大棗湯《かんばくたいそうとう》」などの漢方薬の効果が見直され、小児科で処方されることが増えています。漢方薬は親の都合で処方される薬ではありません。子どもだけではなく、親自身がおだやかになることも大切です。そのため、母子同時内服がおすすめです。

3～4カ月

派手に泣いたり笑ったり。ますます表情が豊かになります

3～4カ月のサイズ目安

男の子
身長 ▶ 57.5～66.1cm
体重 ▶ 5.12～8.07kg

女の子
身長 ▶ 56.0～64.5cm
体重 ▶ 4.84～7.53kg

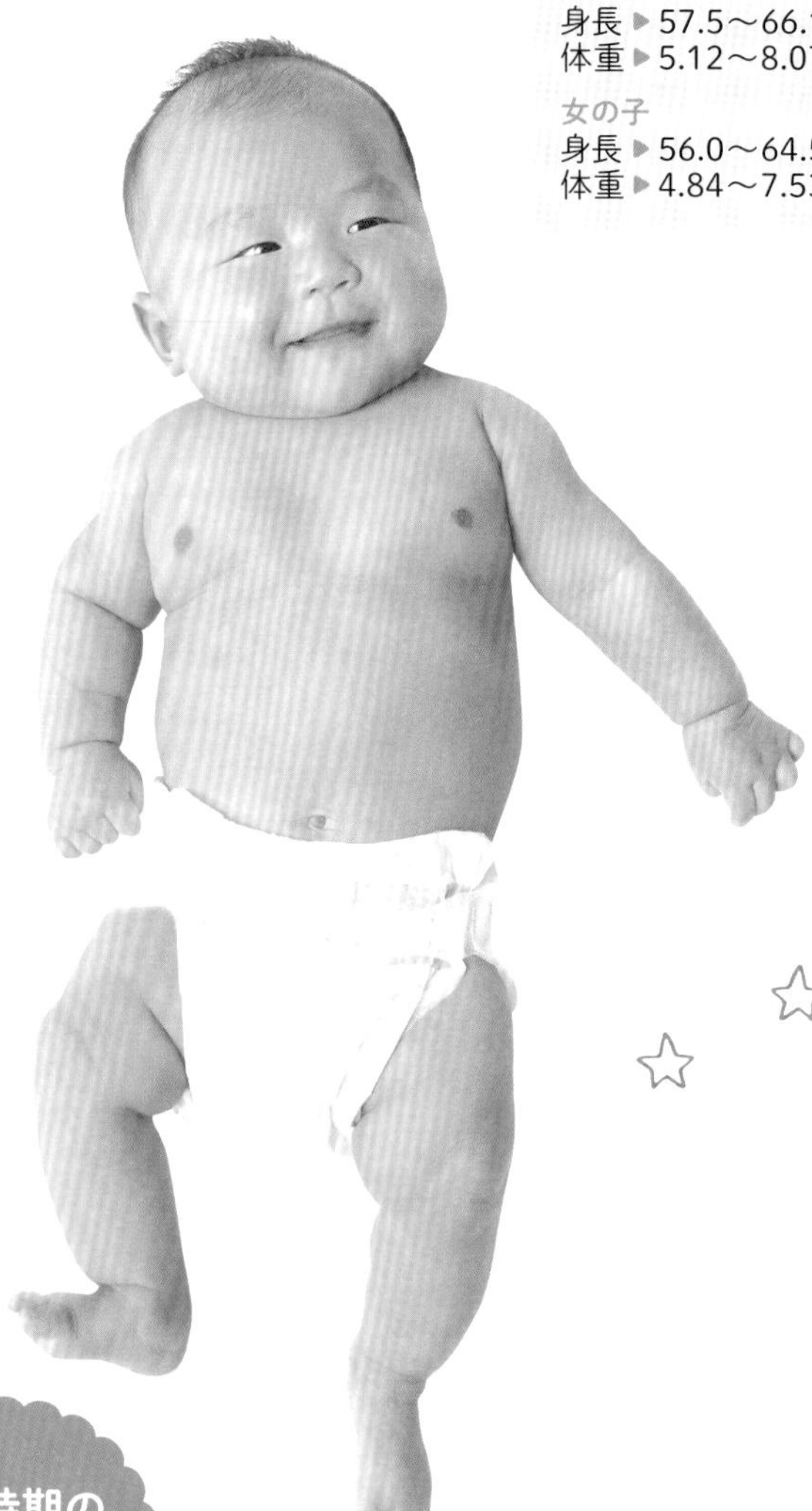

MODEL 早坂直起くん

この時期の成長ポイント

- 生まれたときに比べて体重は約2倍、身長は10cmくらい伸びます
- 首のすわりがだいぶしっかりしてきます
- 授乳のリズムが少し整ってきます
- よく笑い、よく泣き、表情がとても豊かになります

体

体重は出生時のほぼ2倍。手足のくびれも現れます

体重の増加は一段落しますが、体重は生まれたときの約2倍、身長は約10センチも伸びて、ますます大きくなったと感じるでしょう。丸々とふっくらした、いわゆる「赤ちゃん体形」になり、特有の手や足のくびれが現れることもあります。

視界も広がり、視力も発達します。また首のすわりもだいぶしっかりしてきて、自分の意思で頭を動かせるようになり、興味のあるものの方向を向いてじっと見つめたり、動くものを目で追いかけたりする「追視《ついし》」も始まります。

指しゃぶりもますますさかんになります。体のやわらかい赤ちゃんは、自分の足の指もつかんでしゃぶることもあります。これらは大脳が発達してきている証拠。なめたり噛んだりしながら、手や足を理解、確認しているのです。

この時期までには、新生児のころに見られたさまざまな「原始反射」は、見られなくなっています。

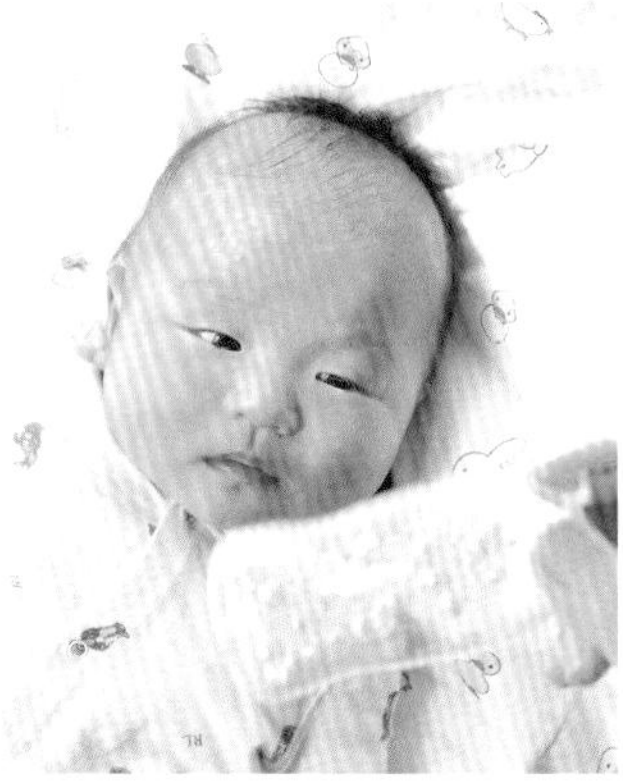

小さなペットボトルにビーズを入れ、ふたをテープで留めればガラガラに。

心

パパとママは特別な存在だと認識します

視力が発達し、いつも見ているパパやママとほかの人の区別ができてきます。パパやママはいっしょに遊び、守ってくれる存在だとわかるようになります。あやされると声を立てて笑ったり、手足もバタバタさせたりして喜びます。声もたくさん出るようになるでしょう。

首がしっかりしてくると、うつぶせにしたときに腕で肩から上を支えるようになります。キョロキョロと周りを見て、興味のあるものを見ようとしたり、触ろうとしたりと好奇心が強くなります。感情が豊かなので、気に入らないことがあったり、不快な気持ちになったりしたときの泣き方も激しくなってきます。

晴れた日は30分程度の散歩をするとママにもいい気分転換になります。

生活

ようやく授乳リズムが整ってきます

昼間起きている時間、夜まとめて寝る時間が長くなってきます。寝る時間や起きる時間が定まってくると、授乳リズムも整ってくるでしょう。この時期の授乳回数は平均すると1日に5〜8回。授乳間隔は4〜5時間くらいになってきます。ただ、寝る前にたっぷり飲んで夜ぐっすり寝る子もいれば、まだ夜に何度か起きておっぱいを欲しがる子もいるなど、個人差は大きいようです。

また夕方になると、決まってぐずり出す子もいます。「たそがれ泣き」と言われるもので、理由はわかりませんがしだいにおさまるので心配はいりません。

3～4カ月 お世話のポイント

赤ちゃんのそばで ママもリラックス

生まれた直後の、なんともか弱かった赤ちゃんも、それなりにずいぶんしっかりした体つきになり、表情も豊かになってきました。パパやママも、赤ちゃんとの生活に慣れてきて一安心ですね。このころは、赤ちゃんとの遊びも楽しくなってきますが、同時に新たに心配や不安、育児の疲れも出てきます。まだまだ先は長いのですから、赤ちゃんのお世話も手を抜けるところは抜いて、気を張らずにやっていくのがポイントです。

赤ちゃんがご機嫌で手足をなめたり、おもちゃに夢中になっていたりするときなど、しばらくは「ひとり遊び」をさせてもかまいません。ママはハーブティーでも飲みながらリラックスタイムを。

長時間目を離すことはできませんが、赤ちゃんがママの見えるところにいれば、別のことをしても大丈夫。ときどき声をかけたり、好きな歌や鼻歌を歌ったりすれば、赤ちゃんも安心できます。

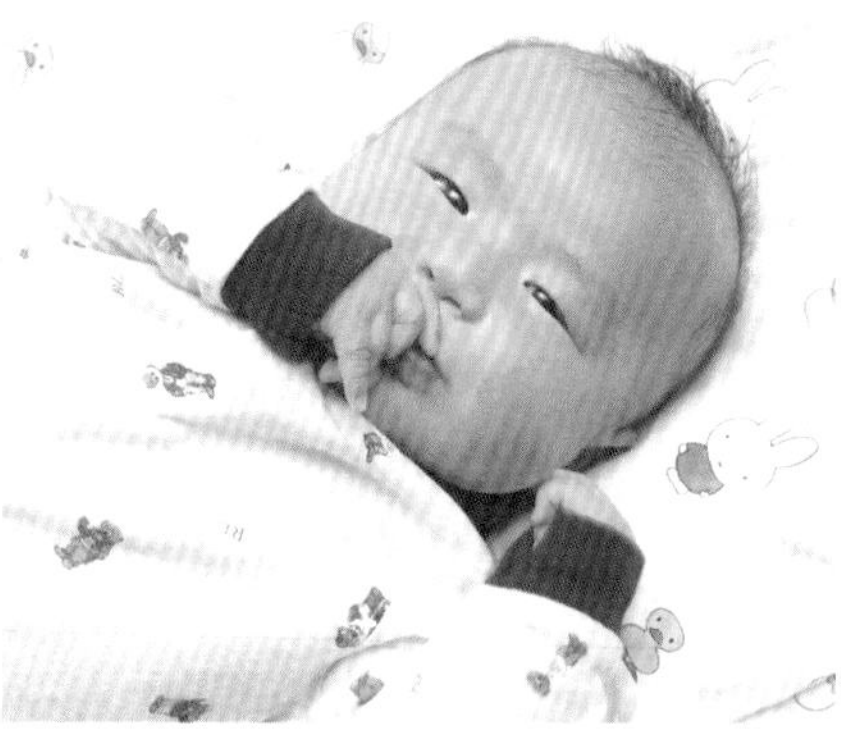

自在に動かせることがわかった「お手手」も楽しいおもちゃです。

このころの一日（例）

0	授乳		
1			
2			ねんね
3			
4	授乳		
5			
6			ねんね
7	授乳		
8		うんち	
9			ねんね
10	授乳		
11		ママとお散歩	
12			
13			ねんね
14		うんち	
15	授乳		ねんね
16			
17	授乳	ぐずぐず	
18	お風呂		
19		うんち	
20			ねんね
21			
22	授乳		
23			ねんね

From 先輩ママ

3カ月経ち、体重はあっという間に7kgを超えてずっしりしてきました。日々新しい表情をたくさん見せてくれるので、カメラが手放せません。
あまり泣かないタイプでしたが、最近になって夕方に泣き出すようになりました。何をしても泣きやまないときは、大好きなお風呂に入れてあげると一気に機嫌がよくなります。

（3カ月の男の子のママ・英里さん）

3〜4カ月

脳を育てる遊び・コミュニケーション

「いないいないばあ」で好奇心を高めましょう

視覚や聴覚が発達して、人の表情や声の調子の違いもわかるようになってきます。外からの刺激を与えるとどんどん学んでいくこの時期、好奇心を高める遊びを取り入れてみましょう。

昔ながらの「いないいないばあ」は、赤ちゃんの視覚や聴覚に訴えて、「次はどうなるのかな?」と、好奇心を高める遊びです。

「ばあ!」で赤ちゃんが笑ったり、声を出して喜んだりするのは、相手がだれだか認識していて、「一瞬いなくなったけど、また会えた!」という気持ちになってうれしくなるのです。一時的な記憶をする力につながります。

あそび 1
記憶力アップ
いないいないばあ

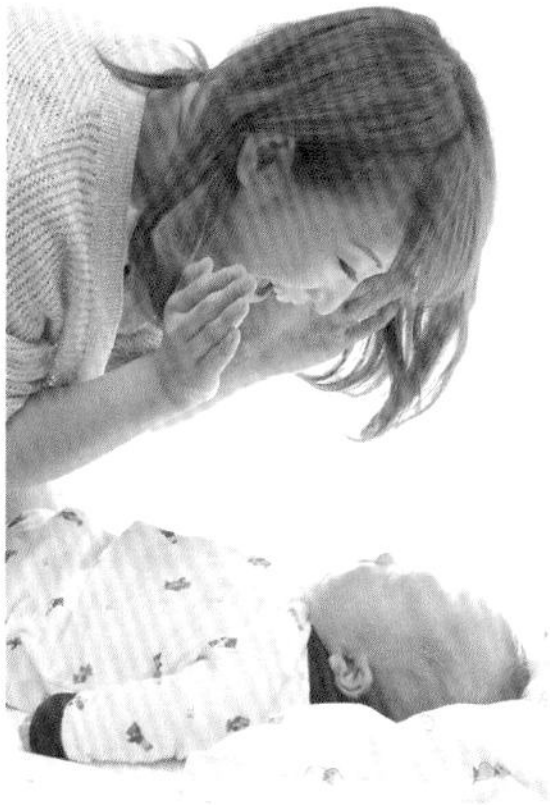

初めて「いないいないばあ」をするときは、「いないいない?」で赤ちゃんが不安にならないよう、ママはすぐに「ばあ」で顔を出して、ニコッと笑顔を見せましょう。「ばあ」で赤ちゃんがママを見て、いっしょに笑うようになれば大成功です。

あそび 2
手のひらの感覚を養う
握るおもちゃ

柄の細いガラガラや歯がためなど、赤ちゃんの手で握りやすいおもちゃをたくさん触らせましょう。振ると音が出るもののほうが、「自分が振ったから音が出た」と達成感が得られるのでより興味をもちます。

あそび 3
体力づくり
うつぶせ遊び

首もだいぶしっかりしてきて、うつぶせにしても、両腕で上半身を起こそうとします。うつぶせ遊び(24ページ参照)は1日2〜3回に増やしてみましょう。もちろん1回は2〜3分くらいで十分です。首や背中の筋力が発達します。

3～4カ月の 気がかりQ&A

Q うつぶせ寝はよくないの？

A うつぶせ寝ではなく起きているときにうつぶせ遊びを

現在、SIDS（225ページ参照）のリスクのあるうつぶせ寝は推奨されていません。でも、おなかの中では丸まって子宮の壁に触れていたので、うつぶせ寝の方がよく眠る子が多いのは当然です。

パパやママが絶対に目を離さない状況であれば、アイロン台のような硬いマットの上にうつぶせにして遊んであげましょう（24ページ参照）。パパやママがその場を離れるときは、必ず赤ちゃんをあおむけに戻してあげてください。

Q 首がすわっているかどう見分けるの？

A たて抱きをしたときに首がぐらつかなければすわっています

小児科医は赤ちゃんの両手を引いて首を前に持ち上げるかどうかを見る「引き起こし反射」で首のすわりを確認します。パパやママが見分ける方法としては、たて抱きをしたときに首がぐらぐらするかどうかで見分けるといいでしょう。首がまだぐらぐらしている場合は、たて抱きするときに後頭部を手で支え、カックンと後ろに倒れないように、くれぐれも気をつけてくださいね。

Q あやしても笑ってくれない

A あやして笑うのは大切な反応なのでかかりつけ医に相談を

1カ月ごろまでは、何もしなくても赤ちゃんの顔の筋肉がひとりでにゆるんで、笑っているように見えていました。これは、「生理的微笑」と呼ばれる本能的な反応です。しかし、2カ月を過ぎると、パパやママの動きに反応する「あやし笑い」が始まります。無意識ではなく、うれしくて笑うようになるのです。とても大切な反応ですので、笑わないのは心配です。かかりつけ医にぜひ相談してください。

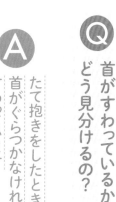

Q げんこつしゃぶりはやめさせるべき？

A 手に持てるおもちゃやおしゃぶりのほうがやめさせるのが簡単

子宮の中でもげんこつをしゃぶっている赤ちゃんはいます。知能が発達しているということなので、やめさせる必要まではありません。口に対する手の位置を調節して、手づかみ食べの練習をしているともいえます。おなかがすいたときや眠いときに、指やげんこつを吸うのは自然な姿です。この時期は歯並びには影響しませんので、3歳までは見守ってあげましょう。

Q ママがいないとすぐ泣いてしまう

A 泣かせっぱなしも多少であれば大丈夫です

ママの姿が恋しいのか、声なのか、においなのか……とにかくママが大好きな赤ちゃんなんですね。家事をしたいのに泣いてしまって困るというのであれば、おんぶするという手もあります。おんぶも慣れれば簡単にできますよ。

また、少しくらい泣かせっぱなしにしても、赤ちゃんの心に悪い影響を与えたりはしないので安心してください。つらいときは赤ちゃんをあおむけに寝かせ、転落の危険や顔にかぶさるものがないことを確認してから、その場を離れてみてもいいでしょう。

泣くことには、腸の動きが活発になり、ミルクの飲みがよくなったり、泣き疲れてそのまま眠ってしまったりするなど、いい効能もあります。

TOPIC 泣いて困ったら↓26ページ

Q 夕方泣き出してしまう理由がわかりません

A 部屋が暗くなってきた不安から泣く現象で自然におさまります

「夕暮れ泣き」または「たそがれ泣き」といって、夕方になると突然不機嫌になって泣くことがあります。部屋が薄暗くなったことに気づいた赤ちゃんが、昼間の感じと違うことから「なんだか心配だよ」と泣いてお話ししていると考えてください。新しい環境に慣れると自然におさまります。外を散歩して気分転換したり、首がすわっていればおんぶして家事をしたりするなどの工夫で乗り切って！

4～5カ月

首がすわって視界も広がり周りのものへの関心が増します

4～5カ月のサイズ目安

男の子
身長▶59.9～68.5cm
体重▶5.67～8.72kg

女の子
身長▶58.2～66.8cm
体重▶5.35～8.18kg

MODEL 原田湊斗くん

この時期の成長ポイント

- 首がすわって周囲を見渡せるようになり、周りのものに興味をもちます
- うつぶせにすると、両手でしっかり上半身を支えます
- 感情を込めて泣いたり笑ったりするようになります
- 睡眠のリズムが12～15時間程度に安定してきます

体

首がほぼすわり、体つきもしっかり

5カ月くらいまでに、多くの赤ちゃんは首がすわるようになります。首がグラグラしなくなるので、たて抱きやおんぶにして視界を広げてあげると大喜びです。興味をもったものに手を伸ばして触ったり、つかんだりしようとします。腕を伸び縮みさせる感覚、手のひらで触る感覚もわかるようになります。つかんだものを目の前でじっと見たり、なめたりするのもこのころの特徴です。よだれの量も増えます。

首がすわったら、うつぶせにしても両手でしっかり上半身を支えられるようになり、少しの間ならその姿勢で遊ぶこともできるようになります。こうして手や胸、背中の筋肉も発達していきます。

おもちゃをつかんだら、口に入れるだけでなくじっくりと眺めるように。

手足も元気よくバタバタと動かします。そうやっているうちに、足を交差させたり、腰をひねったりできることに気づき、そのまま寝返りをしそうになることもあります。

心

好奇心が旺盛で、なんでもなめて確認

首を回して広い視野で周りのものを見ることができるようになるので、いろいろなものに興味をもち、好奇心が刺激されます。手にとったものはなんでも口に入れて確かめてみようとするのでハラハラしますが、なめようとしたらすぐに取り上げるのではなく、危なくない範囲で赤ちゃんの好奇心を満たしてあげることも大切です。

感情の表現も豊かになってきます。気に入らないことがあると体を反らせ、怒ったような泣き方になったり、悲しいときは見るからに悲しい泣き方になったりします。そうやって、コミュニケーション力が育まれていくのです。

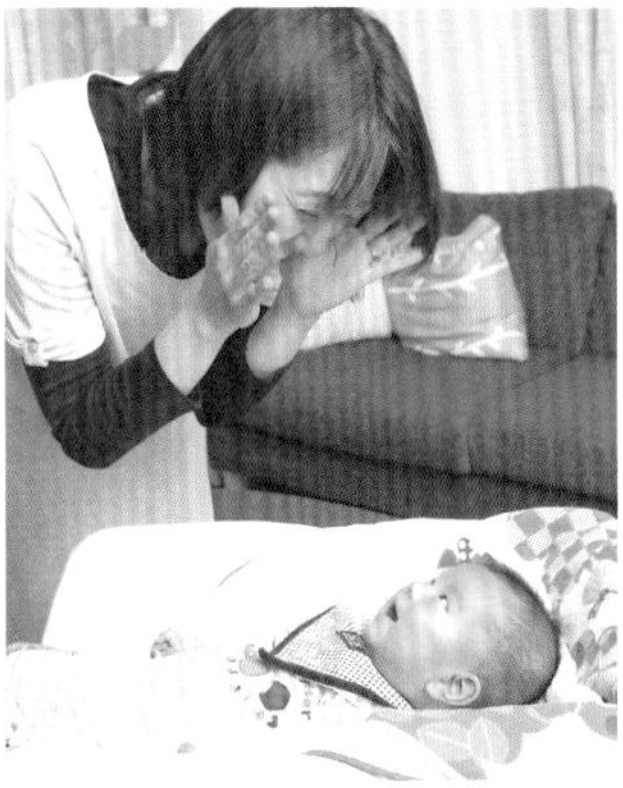
あやすと表情豊かに反応してくれるのもうれしい成長のひとつです。

生活

昼夜の区別がだいぶつくようになります

睡眠のリズムがだいぶ安定してきます。一日の睡眠時間は12～15時間くらい。朝1回、午後1～2回のお昼寝があり、夜もまとめて眠れるようになる子が増えてきます。しかし睡眠時間には個人差はあるので、この時期も夜中の授乳が続く子もいます。昼間起きている時間が長くなるので、昼間はたっぷり遊んであげましょう。天気のいい日は、ベビーカーや抱っこでお散歩に行くのもいいでしょう。外の空気に触れると五感が刺激され、ほどよく疲れるので、夜はぐっすり眠ることができるようになります。そのため、生活リズムが整いやすくなります。

脳を育てる遊び・コミュニケーション

視界を広げる遊びで好奇心を刺激

首が完全にすわったら、「たかいたかい」で体を高く持ち上げ、高いところからの景色を見せてあげると、今までとはまったく違う視界を経験できて、赤ちゃんはとても喜びます。

また、動くものを目で追う「追視」も見る範囲が広がります。お気に入りのおもちゃを目の前でゆっくり動かしてあげると、積極的にものを見ようとする意識が高まります。

視界が広がると、今まで寝た姿勢で見ていた世界とは、がらりと変わって見えます。積極的に視界を広げるような遊びを取り入れ、赤ちゃんの知的好奇心をたくさん刺激しましょう。

あそび 1

視覚を刺激

おもちゃコロコロ

やわらかいボールや転がるおもちゃなど、床の上を左右にゆっくり転がせて赤ちゃんに見せます。ママは「ボールがいくよ、見てね」などと声をかけてあげるといいでしょう。

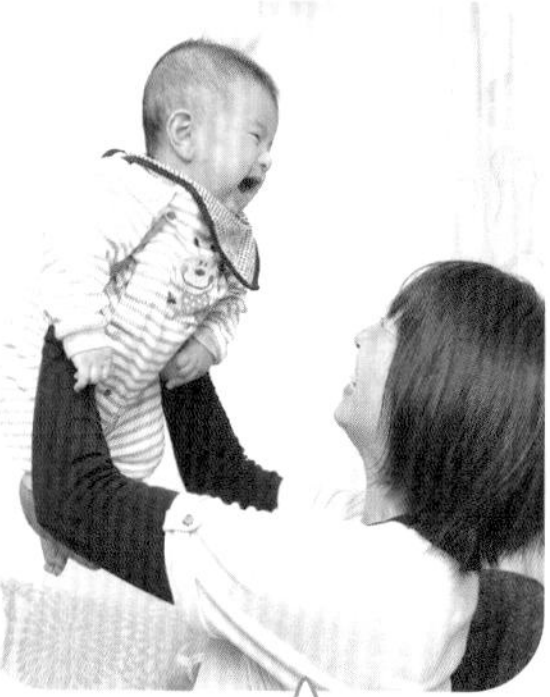

最初は小さい動きからはじめ、あまり急激に体を持ち上げないようにしましょう。慣れてきたら少しずつ高く持ち上げます。高いところで「何が見える？」と聞いてみましょう。

あそび 2

視界が変わる

たかいたかい

From 先輩パパ

「たかいたかい」とあやすとケラケラと声をあげて笑うようになり、パパの出番が増えて楽しくなってきました。一方、なんでも口に入れようとするので、一瞬も目が離せません。日中赤ちゃんといるママは、へとへとに疲れ切っていて……。仕事から帰って、子どもが寝てしまっていたら、ママの話をひたすら聞く時間をつくるように心がけました。

（4カ月の男の子のパパ・英明さん）

夕方から夜にかけては母乳の分泌量が少なくなります

赤ちゃんにも母乳を飲みたいときと飲みたくないときがあります。飲みたいときにおっぱいがいっぱい出てくれるといいのですが、夕方から夜にかけては母乳の分泌量も少なくなることから、ちょこちょこ飲みとなって寝つくようです。どうしても間隔をあけたいのであれば、ミルクを足して調節しましょう。

4~5カ月の 気がかりQ&A

Q おむつサイズアップの目安が知りたい

A きつくなったり おしっこやうんちがもれたら替えどき

赤ちゃんは自分の足を持って遊んだりするので、おむつは両足を自由に動かせる大きさがいいですね。ストックがあるからと小さめのおむつをしていると、股関節の脱臼を招く恐れがあります。体重だけでなく、つけたときのフィット感も目安にして、ゆったりした大きさのおむつにしてあげてください。また、おしっこやうんちがおむつからもれるようになったら、吸収力がより高い次のサイズへ切り替えるといいでしょう。

Q 家族のかぜも赤ちゃんにうつる？

A 免疫がないものは赤ちゃんにうつるので手洗い・マスクを

生後6カ月ごろまでは胎盤を通してママの免疫を受け取っていますが、ママがかぜをひいてしまったのであれば、そのウイルスへの免疫は赤ちゃんにはあげていない可能性大ですね。せき・鼻水はウイルスのかたまりなので、赤ちゃんのお世話をするときは手を洗い、マスクをしてうつさないようにしてください。赤ちゃんにも免疫機能があるので、必ずうつるわけではありませんが、症状が出たら早めにかかりつけ医の受診を。

Q うつぶせ嫌いでも寝返りできる？

A あおむけに慣れてきて驚いているだけなので うつぶせに慣れさせて

あおむけに慣れてきた赤ちゃんをうつぶせにするとびっくりしていやがります。1日に数回うつぶせ遊び(24ページ参照)をさせ、重力に慣れさせることが必要です。1回あたり2~3分から始め、少しずつ回数を増やしていくといいでしょう。窒息の心配のない硬めのマットレスの上で行い、パパやママもいっしょにうつぶせになって話しかけてあげると、赤ちゃんも安心です。ある日、寝返りしていた！ということがきっと訪れます。

TOPICS

虐待しそう、と思ったら

「子どもをかわいいと思えない」「子育てがつらい」と感じるのは、育児疲れのサインです。

児童相談所への児童虐待相談がついに年間20万件を突破

全国にある児童相談所が２０２１年度に対応した児童虐待に関する相談は20万７６５９件（速報値）。集計が始まった１９９０年度から31年でおよそ１８８倍、20万件以上の増加を見せています。

一方、警察が２０２１年度に摘発した児童虐待事件の検挙件数は２１７４件。２０２０年度から２０００件を超え、高止まりの傾向です。

これらの結果は、２０１０年に大阪で起こった2児放置死事件以降、社会的な関心が高まり、「もしかして虐待ではないか」と相談する人が増えたことや、児童相談所と警察の連携が進んだことが影響したものと考えられています。

子どもを一生懸命育てようとすればするほど、つらいと感じる瞬間も増えるもの。児童虐待は身近な問題です。

児童相談所における児童虐待相談対応件数の推移

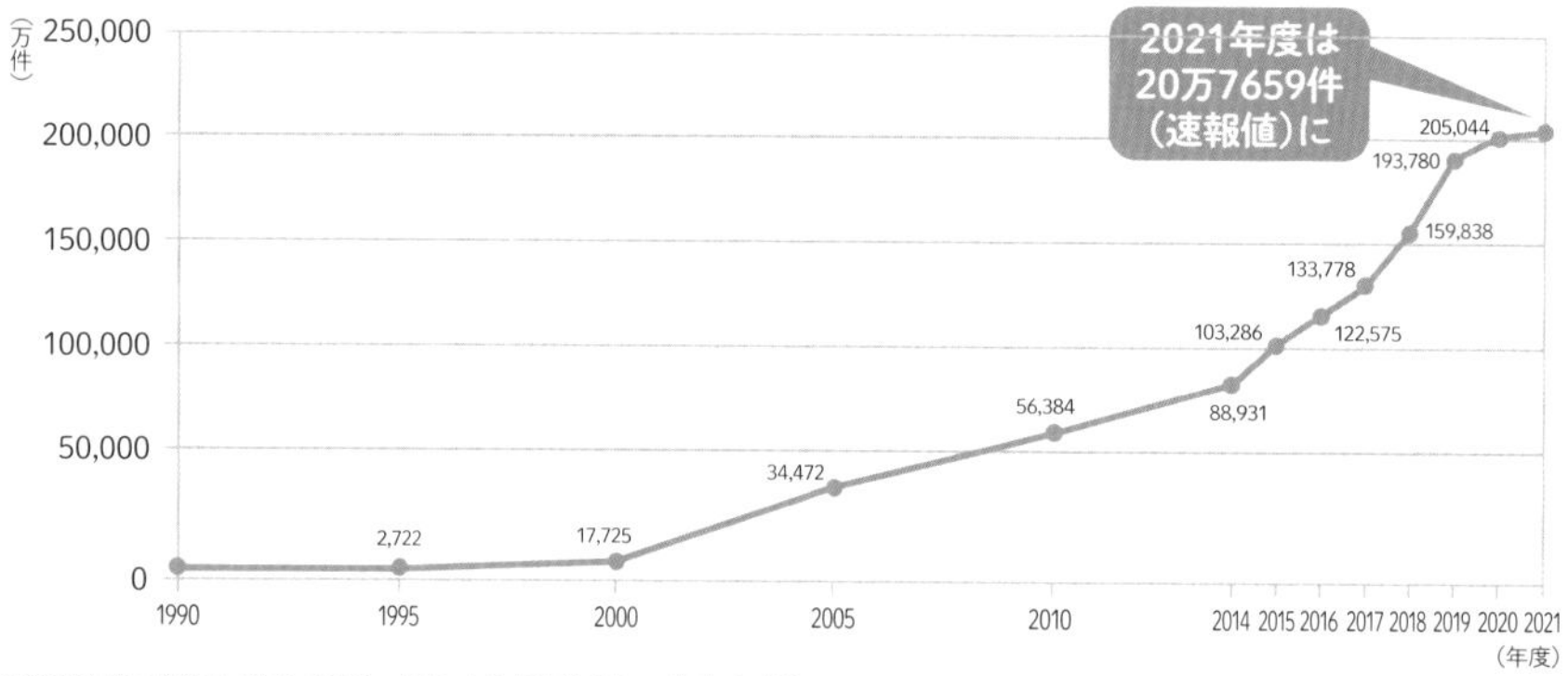

※2010年度の件数は、東日本大震災の影響により、福島県を除いて集計した数値となる。2021年度の件数は速報値。
参考：厚生労働省『令和3年度の児童相談所での児童虐待相談対応件数等』

子どもの眼前でのDVや脅し「心理的虐待」が増加傾向

児童虐待には、「身体的虐待」「ネグレクト」「心理的虐待」「性的虐待」の4種類があります。このうち、近年急増しているのが心理的虐待。「あんたなんか生まれてこなければよかったのに！」などの暴言や脅し、子どもの前での暴力行為も含まれます。

❶ 身体的虐待
たたく、蹴る、強く揺さぶるなどの暴行を加えること。

❷ ネグレクト
食事を与えなかったり、長時間放置したりするなどの育児放棄。

❸ 心理的虐待
暴言や脅し、無視、きょうだい間差別など心を傷つける行為を指す。

❹ 性的虐待
性的暴行や、ポルノの被写体にしたり見せたりすることなど。

子育ての疲れがたまったときは親子で外に出かけてみませんか

24時間365日休みなしの子育ては、自分のことが後回しになりがちです。例えば、子どもがいなければもっと違う人生を歩めたのにと思うことはありませんか？ 朝、すっきり目覚められなかったり、判断力や集中力が鈍ったと感じたりすることはありませんか？ いずれも、育児疲れのサインです。子育ては、母親だけの役目ではありませんが、家の中で子どもとふたりきりの生活では、息が詰まってしまってもおかしくありません。そんなときこそ、外に出てみることをおすすめします。

子連れでお出かけといえば、地域の児童館や子育て広場などの子育て支援施設が定番。子どもの年齢別の交流会が開かれているところもあり、近くに住むママと出会いやすいところが利点です。そのほか、ベビーマッサージやベビーダンスなど、子どもといっしょに楽しめる習い事も増えています。子連れだからこそ楽しめる場所もたくさんあるので、ぜひ探してみてください。

子連れだから楽しい！ お出かけスポット

児童館
月齢に合ったおもちゃで自由に遊べるほか、交流会などのイベントも。

親子カフェ
子連れで楽しめるカフェ。授乳＆おむつ替えスペースや離乳食などもある。

ショッピングモール
赤ちゃん休憩室なども完備しているので、買い物しながらリフレッシュ。

子連れ可の映画鑑賞会
一部の映画館で赤ちゃん連れ限定の上映会が月1回程度開催されています。

子連れ可のクラシックコンサート
0歳から入場できるコンサートが、各地で開催されています。

習い事
ベビーマッサージ、ベビーダンス、ベビースイミングなど。

たたくことはただの暴力！

言葉がわからない赤ちゃんに、しつけや教育はまだ必要ありません。たたくことは、しつけではなく、ただの暴力です。絶対にたたかないと心に決め、できる限り赤ちゃんの欲求にこたえましょう。十分な睡眠を取ったり、リラックスできる時間を設けるなど、ママやパパの心身の充実も大切です。

子育てがつらいと思ったら絶対にひとりで抱えないで

あなたの周りに、子育てのグチを言える人はいますか？ 近くに心を許せる人はいないけど、それに慣れてしまっているから別に困らないと思う場合は要注意。子育てに迷ったり、困ったりしたときに、話せる相手をもつことはとても大切です。家族や友達には言いにくいことであれば、かかりつけ医や地域の保健師さんなどでもかまいません。また、電話相談やメール相談を受けつけている窓口もあります。ひとりで不安になったときは、絶対に抱え込まずに誰かにSOSを出しましょう。

＼困ったときにはSOSを！／

子育て相談窓口の例

地域の子育て支援センター

児童相談所全国共通ダイヤル
TEL：189（いち・はや・く）
※連絡は匿名で行うことも可能です。

5～6カ月

動きが活発になってくると寝返りの準備段階に入ります

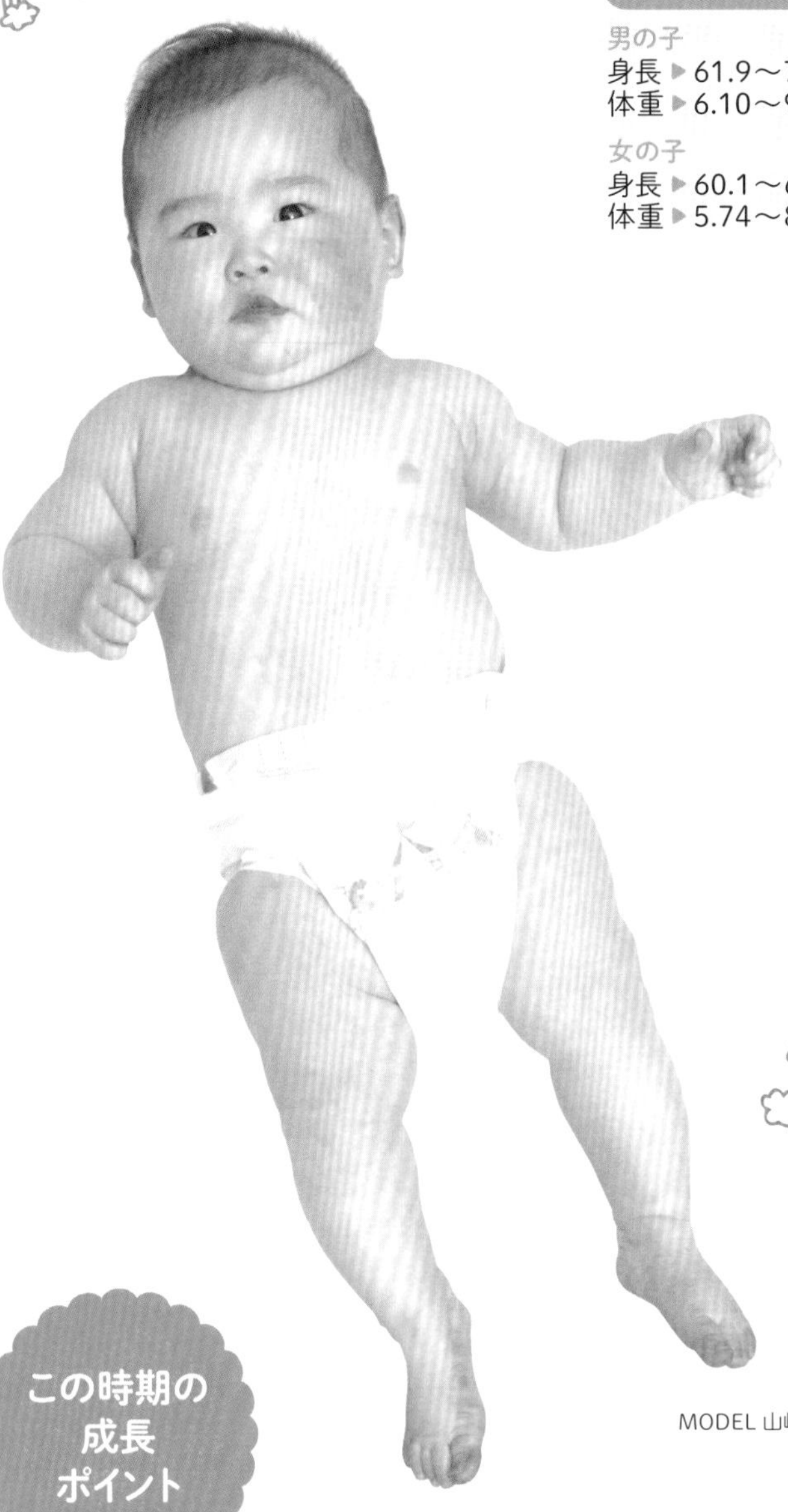

5～6カ月のサイズ目安

男の子
身長▶61.9～70.4㎝
体重▶6.10～9.20kg

女の子
身長▶60.1～68.7㎝
体重▶5.74～8.67kg

MODEL 山崎陽葵ちゃん

この時期の成長ポイント

- 首が完全にすわり、寝返りを始める子もいます
- 手や足腰の力がいっそう強くなります
- 情緒が豊かになり、泣き方やしぐさで気持ちを伝えます
- 大人の食事に興味を示したら、そろそろ離乳食スタートです

体 寝返りを始める子も。手足の力も強くなります

体を動かせるようになってくるので、このころの体重は以前に比べてそれほど増加しません。しかし、運動機能が発達し筋肉がついてくるせいか、少し引き締まったように見えるかもしれません。

あおむけで寝ていて足を動かしたり、腰をひねったりしているうちに、反動で体がクルンと半回転。そんな初めての寝返りを経験する子もいるでしょう。寝返りは、天と地がひっくり返るのを体感するわけですから、赤ちゃんにとっても大きな驚きです。寝返りができるようになると得意顔。そのままうつぶせで遊んだり、寝返りを繰り返して移動したりと、動きにもバリエーションが出てきます。

手足の力もさらに強くなります。右手でものを持ったまま、左手で別のものを取ろうとするといった両手の使い分けができたり、両脇を支えて立たせると、両足で地面をぴょんぴょん蹴るような動きをしたりする子もいます。

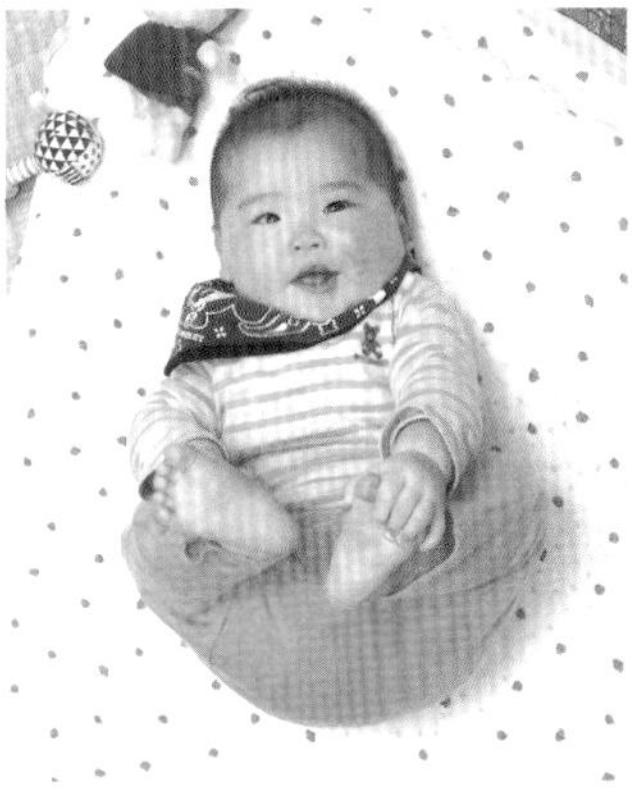

足を持ち上げて触るしぐさは、寝返りの準備段階によく見られます。

心 自分の気持ちを泣き声やしぐさで表現

興味のあるものには、自分の意思で手を伸ばして触ったり、つかんだりできるようになるので、好奇心はますます旺盛になります。

パパやママと遊ぶのが大好きで、楽しいと声をあげて笑うことも増えるでしょう。このころになると、笑顔と感情が結びついてきて、「うれしいから笑う」ということを覚えていきます。

一方で、悲しい、怖い、不愉快などマイナスの感情については、泣き方で表現します。パパやママも、泣き声で赤ちゃんの気持ちがわかるようになってくるでしょう。赤ちゃんの気持ちをくみとって、心地よくしてあげましょう。

生活 様子を見ながら離乳食をスタート

大人が食事するときは、「おいしいね」などと言いながら、食べる様子を赤ちゃんに見せましょう。その様子を興味深く見ていたり、モグモグと口を動かしていたら、そろそろ離乳食開始です。最初は1日1回から。あせって早く始めても、赤ちゃんの胃腸に負担をかけてしまいます。あわてる必要はありません。

最初はほんの少し口につけて、違う味に慣れさせる程度ですから、栄養の中心はおっぱいやミルクです。離乳食の後は、飲みたがるだけあげましょう。この時点では、まだ離乳食の栄養バランスを考える必要はありません。

布を使った「いないいないばあ」で大笑い。パパやママと遊ぶのが大好きです。

5〜6カ月 お世話のポイント

なんでも口に入れてしまうので誤飲には細心の注意を

寝返りをするようになると、自力での行動範囲が広がります。興味のあるものは、なんでも手に取って口に入れてしまいますから、誤飲を避けるため、赤ちゃんの手の届くところに、小さいものや危険なもの（お金・アクセサリー・大人のかぜ薬など）を置かないようにしましょう。

また、ベビーベッドにはきちんと柵をし、万が一ベッドから落ちてもケガをしないよう、ベッドの下にクッションを置くなどの対策も忘れずに。

赤ちゃんの興味はどんどん広がります。天気のよい日にはお散歩に出かけるなど、できるだけ毎日、外の世界に触れさせてあげましょう。まだ公園の遊具で遊ぶことは無理ですが、「きれいなお花ね」「なんの虫かな」など、見たものや感じたことをたくさんお話ししたり、ほかの友達がいたらあいさつしたりといった家の中とは違う体験は、赤ちゃんにとって新鮮で刺激的です。

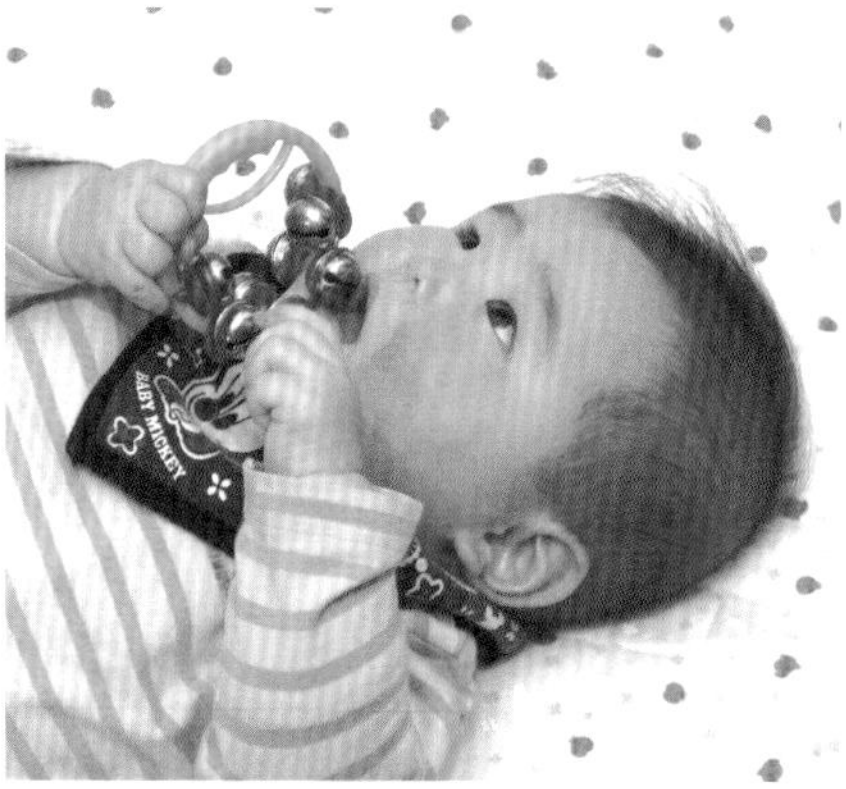

欲しいおもちゃに手を伸ばしたら、すぐになめて感触を確かめます。

● このころの一日（例） ●

時			
0	授乳		
1			
2			
3			ねんね
4			
5			
6			
7	授乳	うんち	
8		ママとお散歩	
9			
10	離乳食・授乳		
11			ねんね
12			
13	授乳		
14		うんち	
15			
16			ねんね
17			
18		お風呂	
19	授乳	うんち	
20			
21			ねんね
22	授乳		
23			ねんね

From 先輩ママ

産まれたときは小さかったのに今ではとてもビッグに！　大きな体で寝返りや飛行機のポーズをしたり、手と足の指をいっしょにおしゃぶりすることもあります。遊んでいると声を出して笑うようになり、表情もとても豊かになってきました。3歳になる長女のときとは違うことがいっぱいあって、育児に奮闘している日々です。

（5カ月の女の子のママ・由里さん）

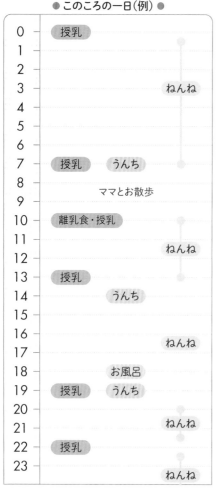

5~6カ月

脳を育てる遊び・コミュニケーション

ダイナミックな動きもOK いろいろな遊びを試して

声や音に反応し、目に入るものに興味をもち、手を伸ばしてつかもうとするこの時期は、視覚、聴覚、触覚の感覚がめざましく発達します。好奇心が旺盛ですから外から刺激を与えることで、赤ちゃんはたくさんのことを学んでいきます。

首が完全にすわるので、少しずつダイナミックな動きをしても大丈夫。「腕ブランコ」は体のバランス感覚を養うのにいい遊びです。赤ちゃんも初めてのゆらりとした横揺れに大喜び。

寝返りができるようになったら、おすわりにも挑戦。赤ちゃんが体勢を崩してもすぐに支えられるようにサポートして。いやがるようならストップしましょう。

あそび1 バランス感覚を養う 腕ブランコ

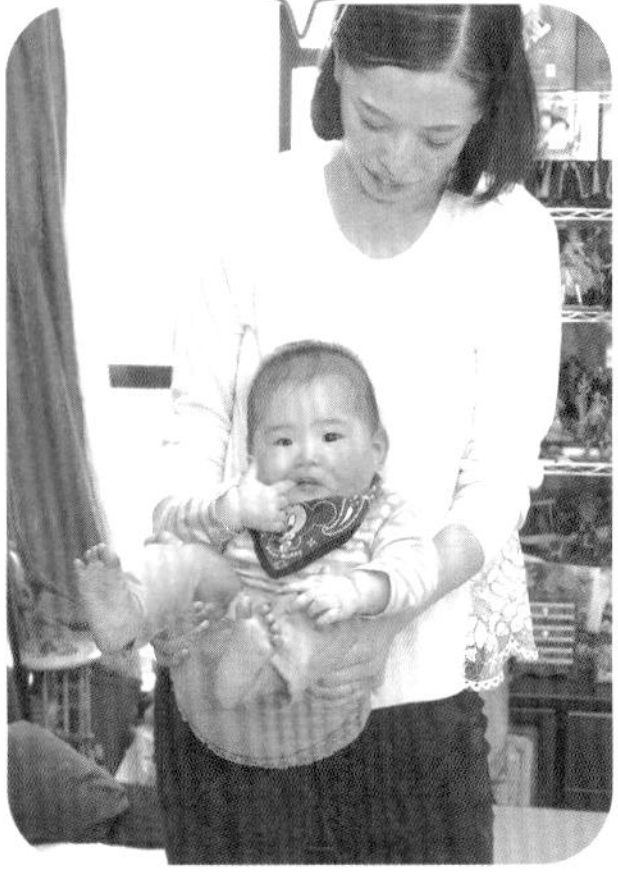

両手で赤ちゃんの太ももをもって、両腕で赤ちゃんの体をはさむようにしてしっかり支えます。その状態で左右にゆっくりユラユラと揺らします。最初は揺らす幅は狭くして、慣れてきたらダイナミックに大きく揺らしてみましょう。

あそび2 まだできなくてもOK おすわりに挑戦

寝返りを始めた赤ちゃん向きの遊びです。パパやママはすわって足を少し開き、両足の間に赤ちゃんをすわらせます。赤ちゃんが左右にぐらついて体勢を崩したら支えてあげましょう。まずは短い時間から挑戦。うまくできなくても問題ありません。

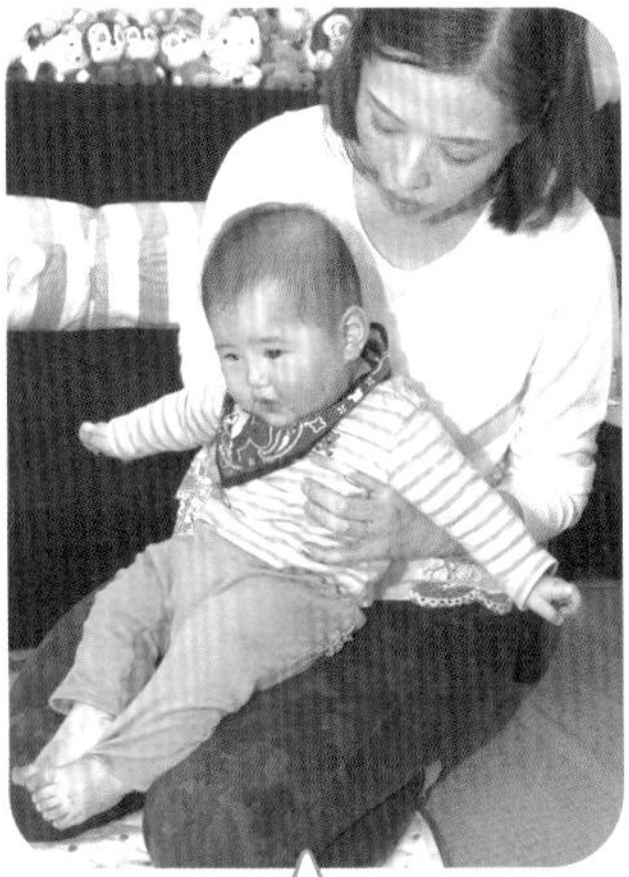

あそび3 1日何回でも うつぶせ遊び

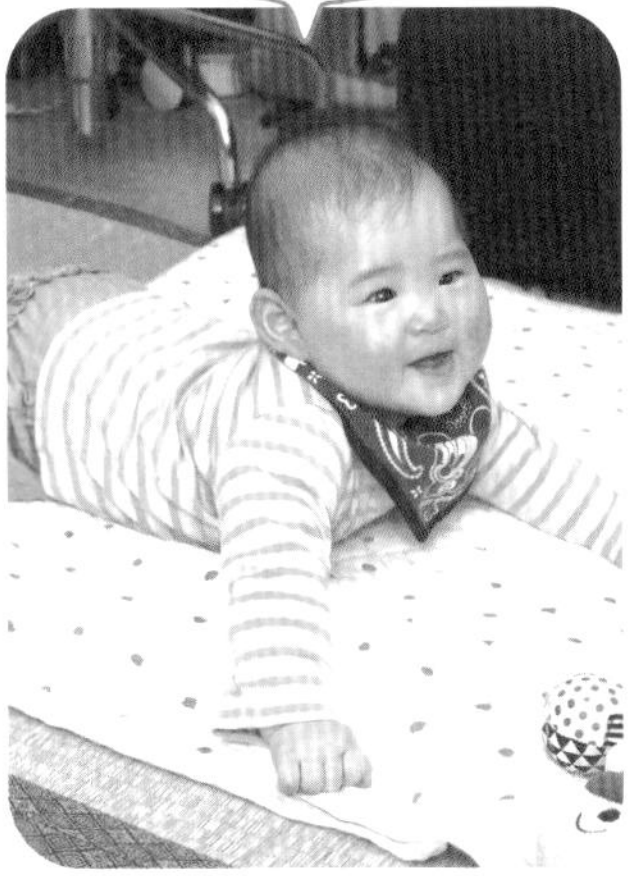

この時期なら、1日に何度もうつぶせ遊び（24ページ参照）をしてかまいません。首も自由に動かせるので、動くおもちゃを左右に動かして追視させたり、おもちゃを握らせたりして遊ばせ、うつぶせでいられる時間を5分、10分と長くしてみましょう。

5〜6カ月の 気がかりQ&A

Q おすわりの練習は必要?

A 練習の必要はなし! 寝返りができたらおすわりで遊ばせて

おすわりの練習はしなくても大丈夫。まずは、うつぶせ遊び(24ページ参照)をさせて、うつぶせに慣れさせてあげましょう。左右にコロコロと寝返りできるようになったら、おすわりさせて遊んであげてください。授乳や食事のときは、手で支えてはいてもおすわり状態だったわけですから、特別な練習など必要ないのです。今はできなくても、あせらないで見守ってあげてくださいね。やがてできるようになるはずです。

Q よだれが多いのは問題ない?

A よだれが多くても病気ではありません

ときどき質問を受けるテーマなので、悩んでいる方が多いのかもしれませんが、よだれが多くなる病気はありません。のどが痛かったり、口内炎ができてうまく飲み込めないときはよだれが多くなりますが、心配しすぎないようにしてくださいね。スタイがすぐ濡れてしまって、胸の湿疹や口の周りのよだれ負けを引き起こしやすいですが、授乳や離乳食の後は濡れタオルで汚れを取り、ワセリンを塗ってケアしてあげてください。

Q 離乳食を始めたけど口から出してしまう。一旦やめるべき?

A 母乳やミルクがいちばん好きなだけ。気長に構えましょう

離乳食を口から出してしまうのは、乳首で飲めるもの以外は異物と思っているせいです。スプーンの冷たさや形も異物と思ってしまっていますので、慣れるまでゆっくりと気長に与えてください。ひと口、ひとなめでもいいのです。赤ちゃんにとって母乳やミルクに勝る食べ物はありません。そのため、母乳に近い甘みのあるサツマイモやカボチャなどの野菜は、受け入れてくれやすいと思います。

Q 夜中にぐずつくのは夜泣き？

A 5カ月ごろから夜泣きが始まりますが必ず終わりがきます

その通りです。赤ちゃんは、大人のようにすぐ深い眠りにつくわけではなく、浅い睡眠を繰り返すため目を覚ましやすいのです。目を開けなくてもウンウンと寝ぼけて声を出すので、そばにいるママは起こされて大変ですよね。肩をトントンしたり、ママの声で子守歌を歌ってあげたりすると、子宮にいたころを思い出して安心し、また眠ります。夜泣きは数カ月続きますが、必ず終わりがあります。

Q 赤ちゃんの「アー」「ウー」にはどう反応すればいい？

A 声をかけてあげるか笑顔を見せてあげて。無視するのはNGです

「アー」「ウー」という赤ちゃんのおしゃべりが聞こえたら、赤ちゃんから見えないところにいるときでも、「ママここよ！　ちょっと待っててね。今行くからね」などと、できるだけ会話のキャッチボールをしてあげることが大切です。

言葉をまだ理解できない月齢の赤ちゃんでも、おなかの中で聞いていたママの声は心地よい声として聞こえるので、反応してくれたとしっかり伝わります。だからこそテレビは消して、赤ちゃんのおしゃべりが聞こえる環境を作ってください。もし、顔は見えるけど言葉をかけられないときは、にっこりしてあげるだけでも立派なコミュニケーションです。とにかく無視だけはしないようにしてください。

Q 「補完食」という言葉を聞きます。離乳食とどう違うの？

A WHO（世界保健機関）が離乳食に代わる食事として提唱しているのが補完食です

離乳食と補完食はどちらも、「母乳やミルクだけでは不足してくる赤ちゃんのエネルギーや栄養素を補うための食事」のことで、基本的な考え方は同じです。ただし個々の進め方や内容は異なります。補完食の内容で、特に注目されているのが「鉄分」です。鉄欠乏症により貧血になる赤ちゃんがいますが、初期から赤身の肉や魚など、たんぱく質の多い食事を取り入れます。

6〜7カ月

寝返りも自由にできて行動範囲が広がります

6〜7カ月のサイズ目安

男の子
身長▶63.6〜72.1㎝
体重▶6.44〜9.57kg

女の子
身長▶61.7〜70.4㎝
体重▶6.06〜9.05kg

MODEL 佐々木基貴くん

この時期の成長ポイント

- 寝返りが上手にできるようになります
- ママにもらった免疫が切れ、感染症にかかりやすくなってきます
- そろそろ人見知りが始まります
- 離乳食に慣れたら2回食にステップアップします

体 上手に寝返りができ、手を使うのも器用に

あおむけからうつぶせ、うつぶせからあおむけのどちらも、また左右どちらからも寝返りができるようになってきます。うつぶせのまま腕を使って、はいはいの一歩手前の「ずりばい」をする子もいます。腰がまだしっかりしていないのでグラグラしますが、少しの間なら、おすわりができる子も増えてきます。こうして赤ちゃんは自分の意思で行動できる範囲がさらに広がり、興味のあるものはなんでも触ったり、口に入れたりします。安全な環境を確保してあげることが大事です。

手の発達もめざましいものがあります。物を触ったり、握ったりするだけでなく、右手でつかんで左手にもち替えるというような動きもできるように。

生後半年くらいで、出生時にママからもらった免疫もいよいよ切れます。外出の回数も増えるため、感染症にかかりやすくなるのもこのころからです。

腰の力がついてきて、短時間ならひとりでおすわりできるように。

心 記憶力がついてきて「人見知り」が始まる

パパやママ以外の知らない人に会うと、無表情になったり、泣き出したりといった「人見知り」が始まります。これは、赤ちゃんに記憶力がついてきた証拠。いつもいっしょにいて安心できる人を覚えているからこそ、見知らぬ人を見ると不安や恐怖を感じるのです。人見知りの程度も個人差が大きく、激しく泣く子もいれば、ほとんどしない子もいます。パパやママの姿が見えなくなると、真剣な顔で探す子もいます。泣いたら抱っこして安心させてあげましょう。1歳になるころにはだいぶおさまってきます。

まだ意味を持った言葉は出ませんが、自分の気持ちを声に出して表現しようと言葉にならない声をたくさん出します。

生活 離乳食開始から1カ月後に2回食に

体を支えてあげると、ひざの上で跳ねる赤ちゃんもいます。

離乳食開始から1カ月経ったら、2回食にし、食材の種類も増やしていきます。離乳食1回目と2回目の間は少なくても3〜4時間はあけて。離乳食の時間は、親もいっしょに食べたり、おしゃべりをしたりして、食べることが楽しいという気持ちを育てましょう。

夜もだいぶまとめて眠るようになり、お昼寝の時間もだいたい決まってくるでしょう。授乳や離乳食もそれに合わせて、毎日、なるべく同じ時間帯にするように心がけて。そうすることで、しだいに赤ちゃんの一日の生活のリズムができあがっていきます。

脳を育てる遊び・コミュニケーション

うつぶせ遊びや寝返りを存分にさせてあげましょう

寝返りは、そのあとのはいはいに続く成長の第一歩。赤ちゃんは自力で自分の体を動かせることを体全体で学んでいきます。思う存分させてあげましょう。

積極的にうつぶせの姿勢で遊ばせるのもいいことです。目の前でボールを転がして、目で追わせるだけでなく、手を伸ばしてつかませるのも楽しい遊びです。赤ちゃんは目から入った情報を手に伝えて手を動かすといった、視覚と手の動きの連携プレーを学んでいきます。

おすわりができるようになっても、まだまだうつぶせ遊びや寝返りをたくさんさせていいのです。ただし、赤ちゃんがいやがるようなら、すぐにやめましょう。

あそび 1

手の感覚を学ぶ
ひっぱり出し

ガーゼのハンカチのようにつかみやすいものを、端を出してラップの芯などに入れて、赤ちゃんがひっぱり出す遊びです。ものをつかんでひっぱるという感覚を養います。

あそび 2

うつぶせで
おもちゃつかみ

ボールを転がしてつかませたり、周りに散らばらせたおもちゃを取らせるなど、うつぶせ遊びもバリエーションを楽しんで。上手にできたら、高めのトーンで声をかけると、赤ちゃんはよろこびます。

From 先輩パパ

鼻水が出ているなと思ったら、夜になって急に発熱。はじめての熱だったので、慌てました。機嫌もよく、眠れていたので翌朝、病院に連れて行きました。診断はかぜ。6カ月ごろから感染症にかかりやすくなるとは把握していましたが、まさにその時期。もっと前から、近くでかかりつけ医を探しておくべきだったと思いました。

（6カ月の男の子のパパ・迅さん）

寝返りがまだの赤ちゃんにこそうつぶせ遊びがおすすめ

「寝返り」は赤ちゃんの成長のバロメーターのように思われがちですが、個人差が大きいものです。SIDS（225ページ参照）予防のため、うつぶせ寝が推奨されなくなったことで、うつぶせの姿勢を取る機会が少なくなり、寝返りも遅くなってきています。まずはうつぶせ遊び（24ページ参照）をさせてください。

6~7カ月の気がかりQ&A

Q 便秘になりやすいので解消法を教えて！

A 母乳の赤ちゃんならママの食事を少し脂っこいものに

母乳を与えているママは、こってりしたメニューを食べてみてはいかがでしょうか？　ただし、排便を認めたら元の食事に戻してくださいね。ちょこちょこ飲みが多い赤ちゃんの場合は、腸の運動が緩慢となるので、便も出にくくなります。授乳間隔が3時間程度になるようにしっかりまとめ飲みさせてください。また、夏は水分不足から便がねっとりして出にくい場合もあります。麦茶などで水分補給をしてあげてましょう。

Q 人見知りが激しいので心配です

A 人見知りは発達の証拠。落ち着く月齢までは少しずつ慣れさせて

この月齢では人見知りがないことの方が心配です。人見知りがあるということは、パパやママと知らない人を見分けているわけですから、素晴らしい知能の発達といえます。でも、人見知りが激しすぎるとパパとママも困ってしまいますよね。落ち着く月齢までは、散歩しているときに友達や近所の人に声をかけてもらったりして、徐々に慣れていくのを待ちましょう。

Q 赤ちゃんがいたずらをしたら叱ったほうがいい？

A まだ叱らなくてOK。いたずらしない環境を親が作ってあげること

赤ちゃんがいたずらをしても、この月齢では叱る必要はありません。赤ちゃんは叱られた理由をまだ理解できないので、いたずらを繰り返すでしょう。そのため、「ダメよ」と低い声で短く注意したら、以降はいたずらができないような環境を整えるのがおすすめです。例えば、ティッシュペーパーを赤ちゃんが出してしまって困るのであれば、見えないようにしまいましょう。

TOPICS

子どもの預け先探し

秋になると、働くママはそろそろ気になる保育園。2023年度から始まるこども家庭庁や新制度についても紹介します。

子どもを社会の真ん中に! 「こども家庭庁」で育児が変わります

2023年4月に創設される「こども家庭庁」。認定こども園や保育園、地域型保育(小規模保育施設)を所管し、文部科学省所管の幼稚園とも連携することで、子ども関連の政策の一元化をめざします。保育施設や幼稚園を利用していない未就園児への対策、児童虐待防止や貧困対策、日常的に家族の世話を行う「ヤングケアラー」の支援など、多彩な課題への取り組みが期待されています。

施設を利用する際は、「子ども・子育て支援新制度」に基づき、市区町村の認定が必要です。子どもの年齢や保育の必要性によって1~3号認定の3区分に分かれます。3~5歳児の場合、保育が不要なら「1号認定」、保育が必要なら「2号認定」、0~2歳児で保育が必要なら「3号認定」となります。

※2023年1月現在

施設の種類と認定区分

認定区分		利用可能な施設 A 幼稚園	B 認定こども園	C 保育園	D 地域型保育
3~5歳	1号認定(教育標準時間認定)	●※1	●(利用時間/朝~昼すぎ)		
	2号認定(保育認定)		●(利用時間/朝~昼すぎ)※2	●※1	
0~2歳	3号認定(保育認定)		●(利用時間/朝~昼すぎ)※2	●※1	●※1

※1:対象外となるもの…新制度に移行していない私立幼稚園、保育室、保育ママ、認証保育園など
※2:保育認定…保育標準時間(最長11時間)か、保育短時間(最長8時間)の2種に分かれます。

教育利用 幼稚園などの利用の流れ(4月入園の場合)

10~11月ごろ
1. 幼稚園などに直接利用申し込み
2. 幼稚園などから入園の内定を受ける(応募者多数の場合は面接などの選考あり)
3. 幼稚園などを通じて、利用のための認定を申請する

11~12月ごろ
4. 幼稚園などを通じて市区町村から1号認定の認定証が交付される
5. 幼稚園などと契約する

保育利用 保育園などの利用の流れ(4月入園の場合)

10~11月ごろ
1. 市区町村に「保育の必要性」の認定を申請する
2. 市区町村に保育園などの利用希望を申し込む(1と2の申し込みは同時にできる)
3. 市区町村が保育の必要性の認定を行う
4. 申請者の希望や市区町村の状況に応じて利用調整

2月ごろ
5. 市区町村から2号または3号認定の認定証と利用調整の結果が届く

3月ごろ
6. 利用可能であれば保育園などと契約する

A 幼稚園

文部科学省の所管で、「幼児の心身の発達を助長すること」を目的としている。満3歳から就学前の幼児を対象に、1日4時間程度の保育を行う。在園児を対象に、夕方までの預かり保育が可能な場合も。

公立幼稚園
新制度に移行。各園に申し込み、直接契約を結んだ後、市区町村より認定証が交付される。保育料は保護者の世帯所得に応じたものだが、園によっては実費などがかかる場合も。

私立幼稚園
新制度に移行する園と移行しない園とに分かれる。現行制度のままの幼稚園は、各園に申し込み、直接契約を結ぶ。保育料は各園が設定した料金で、世帯所得に応じた補助金が年1回還付される。

B 認定こども園

こども家庭庁の所管で、幼児教育・保育の両機能をもつ。保育時間は乳幼児に合わせ、4～8時間程度の利用を選択できる。保育料は保護者の世帯所得に応じたものだが、園によっては実費などがかかる場合も。

幼稚園的利用
1号認定が必要。各園に申し込み、直接契約を結んだ後、市区町村より認定証が交付される。

保育園的利用
2・3号認定が必要。認定・利用を市区町村に申し込み、認定を受ける。利用調整の結果、利用が認められれば各園と利用契約を結ぶ。

C 保育園（保育所）

こども家庭庁の所管で、「保育に欠ける乳幼児を保育すること」を目的としている。1歳未満の乳児から未就学児を対象に、8～11時間程度の保育を行う。

認可保育園
国が定めた設置基準を満たし、都道府県により認可された施設。市区町村が運営する公立保育園と、社会福祉法人などが運営する私立保育園がある。2・3号認定が必要。認定・利用を市区町村に申し込み、認定を受ける。利用調整の結果、利用が認められれば各園と利用契約を結ぶ。保育料は保護者の世帯所得に応じたものだが、園によっては実費などがかかる場合も。

認可外保育園
認可保育園以外の保育施設の総称。

①地方自治体の助成を受けた保育施設
東京都の認証保育園など、地方自治体が独自に基準を設けて認定した保育施設。認可保育園や小規模保育などの新制度に移行する施設の場合は2・3号認定が必要。それ以外は施設に直接申し込み、利用契約を結ぶ。保育料は施設が定めたものだが、地方自治体によって料金設定が行われている場合もある。

②事業所内保育園
企業や病院などが従業員のために設けた保育園。

③ベビーホテルなど
時間単位での預かりを行い、夜間や24時間の保育を行うところもある。国や地方自治体からの助成を受けずに運営しており、保育料も施設が設定している。規模や保育内容は施設によりさまざま。

D 地域型保育

0～2歳の子どもを対象にした少人数預かり事業。新制度に移行した施設では、3号認定が必要。

①家庭的保育（保育ママ）
保育士または保育士と同等の研修を受けた保育ママ（家庭福祉員）の自宅などで保育を行う。定員は5人以下。

②小規模保育
少人数（定員6～19人）を対象に、きめ細やかな保育を目指す。

③事業所内保育
企業や病院の保育施設で、従業員の子どものほか地域の子どもを預かる。

④居宅訪問型保育
保護者の自宅に保育者が訪れ、1対1で保育を行う。

地域の子育て支援

地域によっては、さまざまな子育て支援が展開されています。必要に応じてチェックして。

一時預かり
通院や買い物、美容院など、ニーズに応じて子どもを預かってもらえるシステム。

病児保育
子どもが軽い病気にかかって保育園に行けない場合、一時的に預かってもらえるサービス。

ファミリー・サポート・センター
育児の手助けを希望する保護者と、サポートしたい住民を相互に結びつけてくれる会員組織。

地域子育て支援拠点
保護者と子どもが遊び、交流できるほか、子育てに関するいろいろな情報の提供も行う窓口。

7〜8 カ月

おすわりができるように。ようやく歯も生えてきます

7〜8カ月のサイズ目安

男の子
身長 ▶ 65.0〜73.6㎝
体重 ▶ 6.73〜9.87kg

女の子
身長 ▶ 63.1〜71.9㎝
体重 ▶ 6.32〜9.37kg

MODEL 鈴木波瑠くん

この時期の成長ポイント

- おすわりが安定してきて、ひとりですわれるようになります
- 下の前歯2本など、いよいよ乳歯が生え始めます
- 感情のこもった声を出すようになります
- 夜泣きが始まる子もいます

体

おすわりができて両手が自由に

おすわりが上手になります。まだ背中を伸ばせずに、前かがみで両手をついて体を支えることもありますが、背中の筋肉も強くなり、背筋も伸びてきます。

これまでの視界より目線も高くなって、見える範囲がぐんと広がりました。赤ちゃんは見えるものすべてに興味津々。なんにでも手を伸ばし、触ったりつかもうとしたりするでしょう。おすわりが上手になると、両手でおもちゃをもてるようになり、手の動きも高度になってきます。握るだけでなく、指でつまむこともできるようになって、ますます器用に。うつぶせで両手両足を上げた飛行機のポーズで回るのは、はいはいが近いサインです。

このころになると、ようやく歯が生え始めます。生えてくる順番は決まっていませんが、下の前歯2本から生えてくることが多いようです。ただ、歯の発育は個人差が大きいので順番が違っても、1歳くらいまでは生えなくても心配ありません。

うつぶせでおもちゃに手を伸ばしはじめたら、ずりばいももうすぐです。

心

怒ったり甘えたり。声で感情を表そうとします

人見知りが強くなってくる時期です。普段見慣れない人からあやされると大泣きするのも、パパやママとは違う他人を認識できるようになって不安だからです。同時に親との間には絶対的な信頼関係が深まっている証拠。抱っこして安心させてあげましょう。

まだはっきりとした言葉は発しませんが、「ウママー」「バルル」など発する声が多種多様になってきて、声も怒っていたり、甘えていたりと、感情がこもるようになってきます。できるだけ気持ちをくみとって声をかけてあげましょう。赤ちゃんの気持ちも安定し、コミュニケーションの土台もしっかりできていきます。

生活

寝ぐずりや夜泣きが始まる子も

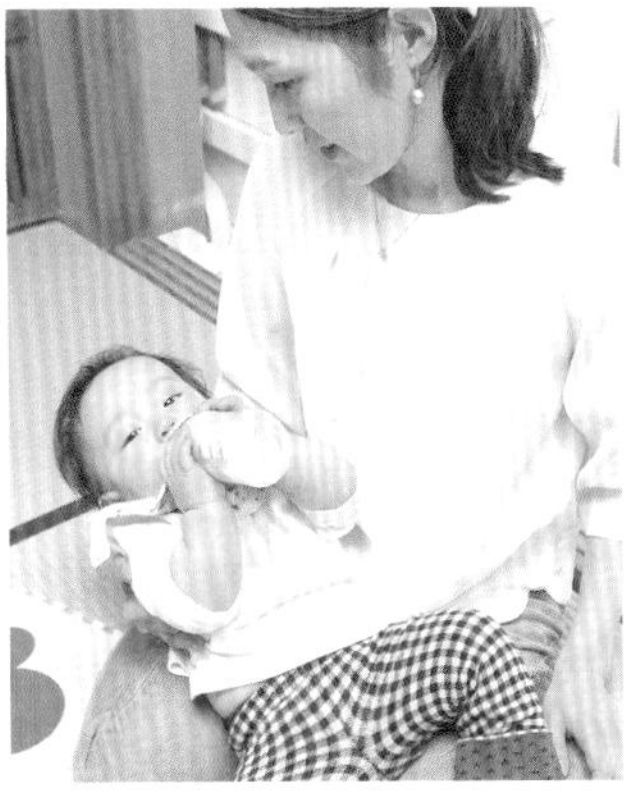

このころは必要な栄養の60〜70％を母乳やミルクからとっています。

少しずつ昼夜の区別がついてきますが、夜にまとめてぐっすり眠るようになる子もいれば、夜泣きで何度も起きる子もいます。また、眠くなるとスッと眠りに入る子、眠いのにぐずってなかなか眠れない子と、寝つきかたもさまざま。夜泣きも寝ぐずりも、毎晩のことなので親は疲れてしまいますが、これも一時的な現象で、多くは1歳を過ぎればおさまってきます。それまでは夫婦で交替してあやすなど、工夫しながら乗り切りましょう。

離乳食は1日2回。赤ちゃんが慣れ、食べる量が増えてきたら、絹ごし豆腐くらいのかたさにも挑戦していきます。

7～8カ月 お世話のポイント

行動範囲が広がるので口に入るものを片づけて

おすわりができて、周囲に手を伸ばせるようになると、手が届くところにあるものを口に入れてしまうことも。これから「はいはい」も始まります。誤飲やケガに注意し、小さいものや危険なものを見える範囲に置かない習慣をつけましょう。

赤ちゃんの人見知りが激しいと、相手を不愉快にさせてしまうのではとヒヤヒヤすることがあるかもしれません。そんなときは「今、人見知りが強い時期なのですみません」と、さらりと明るく伝えて。普通はそれでわかってもらえるはずです。気にしすぎる必要はありません。

歯が生えてくるのはうれしいものですが、同時に虫歯にも気をつけなくてはいけません。赤ちゃんが歯ブラシに興味をもつなら握らせてもいいですが、まだ自力では歯をみがけません。お湯で濡らしたガーゼで歯をやさしくふいたり、食後にはお茶を飲ませたりするなど、歯の周りや口内を清潔に保ちましょう。

おいしい離乳食の後はお口のケアを。お湯で濡らしたガーゼや綿棒で歯の汚れを取ってあげましょう。

このころの一日（例）

0			ねんね
1			
2	授乳	ぐずぐず	
3			
4			
5			ねんね
6			
7	授乳	うんち	
8			
9		おうち遊び	
10	離乳食・授乳		
11			
12			ねんね
13			
14	離乳食・授乳		ねんね
15			
16	授乳	うんち	
17		ママとお買いもの	
18		お風呂	
19	授乳		
20			
21			ねんね
22	授乳		
23			ねんね

From 先輩ママ

最近はずりばいができるようになって動く範囲が広がったので、目を離した隙に何かするのではないかとハラハラする毎日です。100円ショップの保存容器で作った、スーパーボールを穴に落とすおもちゃで、楽しく遊んでくれます。夜中に2回ほど夜泣きをしますが、軽くポンポンと背中をたたくと落ち着いて眠りに落ちてくれます。

（7カ月の男の子のママ・めぐみさん）

脳を育てる遊び・コミュニケーション

握ったり、つまんだり。手先を十分に使う遊びを

おすわりが上手になり、両手が自由に使えることで、おもちゃを使った遊びもがぜん楽しくなります。おすわりすることで腰や背中の筋肉が強くなり、遊びに熱中しながら、好奇心や集中力も高まります。おすわりの姿勢でたくさん遊ばせましょう。

手の届くぎりぎりのところにおもちゃを置くと、赤ちゃんは手を伸ばしておもちゃを取ろうとします。目標に向かって体を動かし、手にすることで達成感を得ることは、次への意欲にもつながります。

小さなやわらかいボールを握れるようになったら、指先で「つまむ」遊びを少しずつ取り入れて、脳を刺激していけるといいですね。

おすわりに慣れないうちは、大人が後ろから支えてあげましょう。

あそび 1

予測力を養う

どっちかな?

片手に小さなおもちゃを握って隠し「どっちの手に入っているかな」といって当てさせる遊びです。わかりやすいように、ゆっくりと、隠すところをよく見せて。指の間からおもちゃが少し見える程度で十分。先を予想する力がつきます。

あそび 2

動きを目で追う

ボールコロコロ

おすわりの姿勢で、赤ちゃんの手が届くぎりぎりのところで、やわらかいボールをコロコロと転がして。ボールの動きを目で追って、手を伸ばしてつかもうと、頭の中はフル回転しています。うまくボールをつかんだら、たくさんほめてあげましょう。

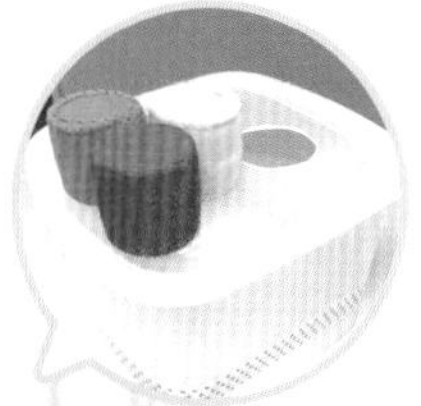

あそび 3

「つまむ」を覚える

ブロック入れ

ペットボトルのキャップを2個合わせて作るブロックは、赤ちゃんの手にちょうどいい大きさ。片手でつまんで、穴をあけた保存容器やきんちゃく袋に入れたり出したりする遊びは、親指とほかの指が協力しあってできる「つまむ」という動作を覚えることができます。

7〜8カ月の気がかりQ&A

Q うんちがかたいのか排便時に泣く

A 食事内容を見直しても続くなら受診を。マッサージも有効です

まずは食事内容を再確認してください。主食ばかりを食べていて、かぼちゃやバナナなど食物繊維が不足していると、うんちが硬くなることがあります。続くようであれば、かかりつけ医を受診してください。もし、肛門の粘膜が切れて出血してしまっていたら、ワセリンを肛門に塗ると痛みがやわらぎます。また、ワセリンを塗ってあげることがマッサージとなり、排便しやすくなります。

Q ひざの上に立ったり跳ねたりしない

A 寝返り、おすわり、はいはいができたらできるようになります

いわゆる「おひざでぴょんぴょん」という反射ですね。寝返り、おすわり、はいはいがしっかりできるようになってからの反射でもありますので、心配せずにもう少し待ちましょう。

Q たかいたかいをしても問題ない？

A 1〜2回行う程度であれば問題ありません。シェイクするのはNG

急に持ち上げたり、急に降ろしたり、横に振ったりという動きは「乳幼児揺さぶられ症候群」(28ページ参照)の危険性があります。たかいたかいは、大人が普通に1〜2回する程度にしましょう。

Q 後頭部の髪が薄いけどまた生える？

A 枕にこすれた髪の毛も必ず生えてきますので安心してください

後頭部の髪の毛が薄くなったり毛玉ができたりするのは、あおむけで寝ているときにシーツや枕にこすれたため。おすわりができるようになり、起き上がっている時間が増えるにつれ、だんだんと生えそろってきます。全体的に髪の毛が少なめな子も心配いりません。必ず生えてきますので今は待ちましょう。遅くても、2〜3歳までにはしっかりと生えそろってきますよ。

Q なんでも口に入れるのは問題ない？

A 何が食べ物なのかを勉強している行為です。誤飲にだけ注意して

口に入れて確かめる行動は、知能の発達に欠かせません。口に入れて何が食べ物なのかを勉強しているのです。単純に、口に入れた感覚を楽しんでいる場合もあります。誤飲を防ぐため、指でOKサインをしたときの「O」の輪の中を通る大きさのものは触らせないように、部屋の中を確認してください。スリッパなどを口に入れられるのはいやですが、胃液には殺菌作用があるのであまり心配しないで。

Q 「キャーッ」と奇声を発するのはなぜ？

A 聞こえが悪い場合など育てにくいと感じたら専門家に相談を

大きな声を出したり、周りの人の反応がおもしろくて出している場合は、だんだんおさまっていきます。ただし、奇声を発するのは耳の聞こえが悪いお子さんや発達障害のお子さんの場合もあるので、注意深く見守ってください。健診で耳の聞こえは確認できますが、もし育てにくいと感じるようでしたら、「子どもの心相談医（※）」など専門家への相談がおすすめです。

※子どもの心に関わる問題について一定の研修を積み、日本小児科医会に認定された小児科医。

Q 人見知りをしないので逆に心配

A 家族が多い環境だと人見知りがはっきり出ない場合もあります

人見知りの有無は、その子の性格だけでなく家庭環境にも影響されます。大家族の中で育てられると人見知りがはっきりしない場合もあります。もし、大泣きしてもママに抱っこされて泣きやむようであれば、しっかり母親を認識しているということで問題ないと考えていいでしょう。

ただし、自閉症のお子さんも人見知りがありません。健診をしっかり受けて経過を見てください。

8～9カ月

はいはいが上手に。人見知りも強くなります

8～9カ月のサイズ目安

男の子
身長▶66.3～75.0cm
体重▶6.96～10.14kg

女の子
身長▶64.4～73.2cm
体重▶6.53～9.63kg

MODEL 村田悠理くん

この時期の成長ポイント

- おすわりが安定して、ひとり遊びができるようになります
- はいはいが上手になり、つかまり立ちを始める子もいます
- 人見知りがさらに強くなる傾向があります
- 1日2回の離乳食が定着し、生活のリズムが整ってきます

体 おすわりからはいはいへ。つかまり立ちする子も

おすわりの姿勢で声のするほうに体をひねったり、手で支えなくてもしばらくすわっていられるようであれば、おすわりはほぼ完成です。さらにテーブルの上など高い所にあるものに興味をもつと、手を伸ばしてなんとか触りたいという思いが、赤ちゃんを「立っち」へと向かわせます。この時期に、つかまり立ちを始める子もいます。

はいはいは、ますます上手になってきます。最初は動きもゆっくりだったはいはいも、慣れてくると右手・左足、左手・右足と交互に前に出す動きもスムーズになりスピードもアップ。自由に動けるので行動範囲がぐんと広がります。はいはいからおすわり、その逆もできるようになるのも、もう時間の問題でしょう。よく動くようになるので、体重増加はゆるやかです。このころになると、ぽっちゃり型、やせ型、体の大きい小さいなど、体形にも個人差が出てきます。

動くおもちゃをはいはいで取りに行く姿も見られるようになっていきます。

心 人見知りが増加。ママがいないと不安です

人見知りは9カ月前後から非常によく見られます。パパやママへの愛着心がしっかりできているからこその人見知り。ママの姿がちょっとでも見えないと号泣したり、どこまでもママの後を追いかけたりする「後追い」も始まります。親は赤ちゃんのこのような行動には疲れてしまうかもしれません。でも、赤ちゃんはパパやママが大好きだからこそやるもの。心の成長過程のひとつととらえ、おおらかに受け止められるといいですね。

このころは好奇心もますます強くなってきます。さまざまな遊びを通して、赤ちゃんの集中力や考える力は、グングン伸びているのです。

生活 離乳食にも慣れてきて排便ペースも整います

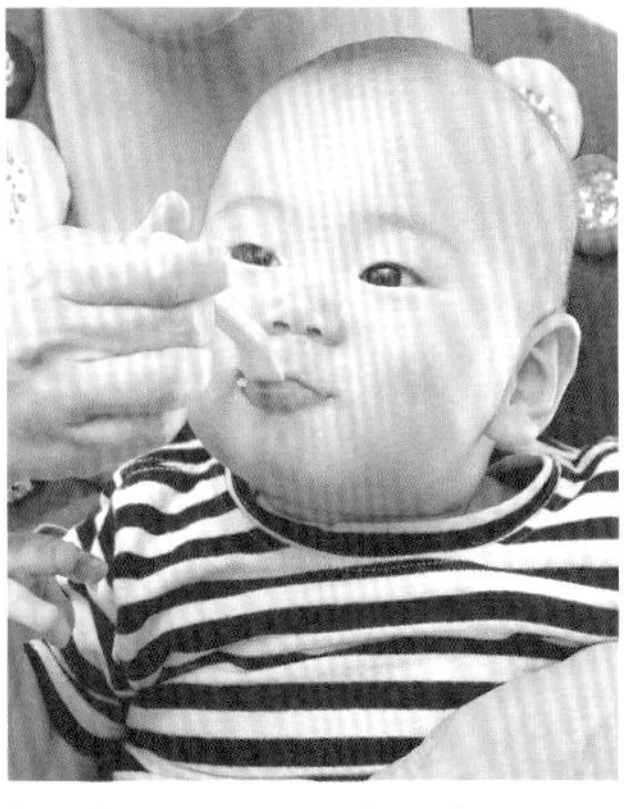

離乳食を舌ですりつぶして食べられるようになってくる時期です。

1日2回の離乳食にもだいぶ慣れてきます。運動量も増えるのでよく食べるでしょう。離乳食の進み具合にはバラつきがありますが、だいたい同じ時間に食べるようにしていれば、食事のリズムが整い、その子なりの排便ペースもできてきます。このころのうんちは、食べたものによって変化しやすいものです。初めて食べるものは慣れるまでに一時的に便がゆるくなることも。うんちの状態や排便リズムが安定しなくても、赤ちゃんが元気なら、さほど心配はいりません。

夜の睡眠時間はまとまってきますが、夜泣きが続く子もいます。

脳を育てる 遊び・コミュニケーション

十分に「はいはい」させて脳を刺激します

「はいはい」ができるようになると、「立っちはいつかな」と、パパやママは次のステップを期待したくなりますが、あわてないで。そのうち、ちゃんと立って歩くようになりますから、今はせかさずに、思う存分はいはいをさせてあげましょう。はいはいは手と足を左右別々に動かすという協調運動です。脳はたくさん刺激され、体のバランスを取ることも体で覚えていきます。じつは赤ちゃんの頭の中はフル回転しているのです。

もちろん、はいはいの延長でつかまり立ちをしようとしていたら、赤ちゃんの体をそっとサポートしましょう。

あそび1 親指感覚を刺激 ストロー落とし

小さな穴を数カ所あけた容器に、ストローを通す遊びです。ストローが入るまで集中できるようになり、親指の使い方にも気づきます。ストローの両端を割って、穴から外れないようにしてもいいでしょう。

あそび2 おもちゃを使って はいはい、こっち

はいはいを始めた赤ちゃんにお気に入りのおもちゃを見せて「こっちですよ～」と誘導します。ママもしゃがんで、赤ちゃんの目線の高さに合わせましょう。無事にこちらまで来たら、「はいはい上手だね」と、たくさんほめてあげましょう。

From 先輩ママ

離乳食を開始して早３カ月。食べることが大好きで、うれしそうにはしゃぎながら、お茶碗１杯分をペロリと平らげてくれるので、作り甲斐があります。とにかく甘えん坊で、よく抱っこをせがまれるのですが、すでに体重は10kgオーバー。毎日腰痛に悩まされています。休日、パパに遊んでもらっている間に整体に行くのが息抜きです。

（8カ月の男の子のママ・千春さん）

思わぬものまで口に入れる！ 誤飲・窒息に注意

赤ちゃんの動きが活発になり、なんでも口に入れるようになるので、誤飲や窒息にはくれぐれも気をつけましょう。硬貨やタバコ、ボタン電池などはもちろんですが、赤ちゃんは自分のこぶしくらいのものなら口に入れようとします。この時期は、小さいブロックのおもちゃなどで遊ばせるのは、まだ早いです。

8〜9カ月の 気がかりQ&A

Q 夜泣きがひどくて悩んでいる

A 先輩ママなどから夜泣き対策を教わり数カ月を乗り切って

夜泣きには必ず終わりがありますが、数カ月は続くという覚悟が必要です。ママがいない、部屋がいつもと違って暗いなどと、泣いてお話しします。寝ぼけているときは、「ここはいつもの家よ」とベランダなどで夜風に当たらせて起こし、安心させてあげると眠ってくれるかもしれません。悩まないでいろんな方法を先輩ママから教わってください。

TOPIC 泣いて困ったら↓29ページ

Q 激しい後追いに困っている

A 子育て広場などに連れて行ってあげると少し楽になりますよ

トイレぐらい扉を閉めさせて！というママの悲鳴をパパたちはご存じでしょうか？ 後追いも知能の発達なのでしばらく続きますが、必ず終わりがあります。子育て広場などに連れて行って社会の中にいると、母子ともに解放されます。ママよりおもちゃの方が楽しいぞと興味が移っていくからです。家の中ではくっついてお過ごしください。思春期のころには懐かしい思い出になっていますよ。

Q せきが出て起きるときはどうしたらいい？

A 上半身を高くして寝かせましょう。水分補給も忘れずに

寝ているときは鼻水がのどの奥にたれるので、気管支に入らないようにする反射が起こってせき込みます。鼻水を飲み込みやすいように、上半身をやや起こした姿勢で寝かせ、水分補給と部屋の加湿に気をつけましょう。寝る前の食事（授乳量）をやや少なめにすると、せき込んで嘔吐してしまうことを防げます。食欲減退や夜泣き、せきでよく眠れないなどという症状がある場合はかかりつけ医を受診してください。

TOPICS

メディアに子守りをさせないで

今、乳幼児期からのメディア漬けが問題になっています。メディアがどんな影響を与えるのか、知っておきましょう。

メディアを利用するときはルールを決めて活用を

赤ちゃんは、両親とのかかわりを通して愛着を形成し、いろいろなことを学んでいきます。この大切な時期に、スマホやタブレット、テレビ、ゲーム機などのメディアに視線を奪われてしまうと、親子でのやり取りが減り、言葉の発達やコミュニケーション能力に深刻な影響を及ぼします。メディア視聴が４時間以上の子どもの場合、言葉の遅れが発生する割合は、２時間未満の子どもの約４・６倍というデータも。表情が乏しく、友達と気持ちの交流ができないなどの特徴も見られます。また、メディアとの接触時間が長いほど依存症になりやすく、視力の発達を妨げるともいわれます。

特にスマホは大人にとっても必需品です。子ども向けアプリも多く、「絶対にダメ！」というわけではありません。ルールを決め、上手に活用することが大切です。

2歳まではできるだけ動画などの視聴をさけましょう！

メディアの視聴時間別
発語の遅れの発生頻度

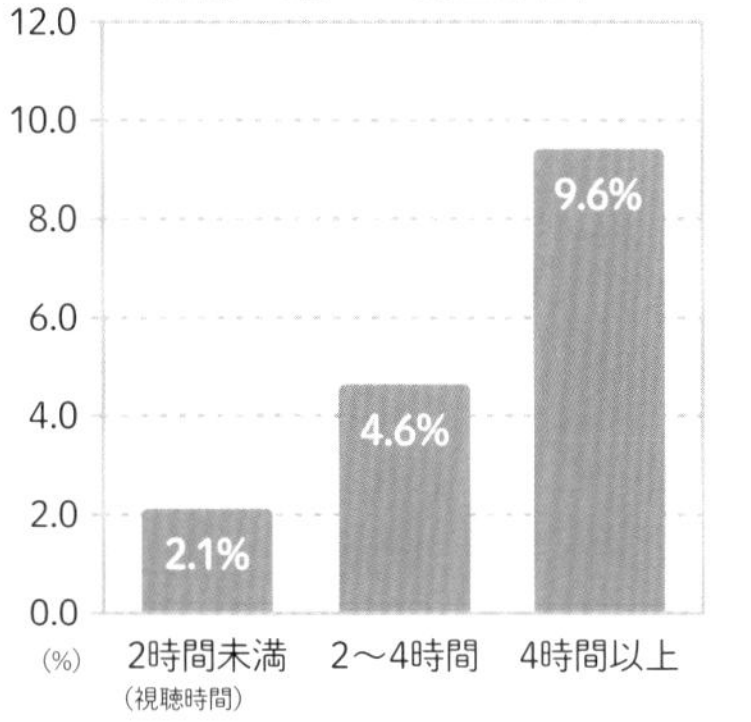

※1歳6カ月児健診対象児1057名の養育者を対象にアンケート調査。
資料:日本小児科学会雑誌　第108巻　第11号(2004年)

＼こんな様子に注意！／ 乳幼児のメディア漬けチェック

- □ あやしても笑わない、表情が乏しい
- □ テレビや動画を消すのをいやがる
- □ 言葉の発達が遅い
- □ 生活のリズムが不規則
- □ 視線が合わない
- □ 自分でテレビや動画の操作を行う
- □ 呼んでも振り向かない
- □ 小食で便秘がち、夜ふかし
- □ いきなり奇声をあげる
- □ 一時もじっとしていない

生活リズムの不安定はテレビや動画の影響も

赤ちゃんの寝つきが悪い場合、テレビの音や光による刺激の影響も考えられます。夕食以降は画面を消して照明も落とし、睡眠に入る準備をしてあげましょう。昼間は外遊びやお散歩など、外に出て太陽の光をたっぷりあびて遊ぶことも大切です。

手が離せない家事の時間こそ メディアから離れさせるべき

メディアが子どもの発達に悪いとはいっても、家事の間は頼らざるを得ない、というママも多いことでしょう。しかし、就学前の子どもがいる家庭における母親の家事関連時間は1日5～8時間に及びます。この間ずっとテレビや動画を見せていたら、それだけでもうメディア漬けという状況です。

そこで、おすすめしたいのが家事の間も子どもといっしょに過ごすこと。1歳になるまでは、おんぶして家事をする様子を見せてあげましょう。赤ちゃんはママと密着できて安心しますし、ふだんよりも高い位置から眺める景色に好奇心も満たされます。1歳を過ぎ、ひとり遊びができるようになったら、ママの近くで遊ばせてあげてください。このとき、赤ちゃんのおしゃべりにも答えてあげるといいコミュニケーションになります。2歳になって、自分でやりたいという気持ちが育ったら、お手伝いデビューです。ママは笑顔で「ありがとう」を忘れずに。

家事の間もこう過ごせばOK!

1歳くらいまで

おんぶで家事をすれば、赤ちゃんもうれしいもの。料理のときも五感をフル活用して楽しんでくれます。

1歳を過ぎたら

フライパン、鍋、おたまもおもちゃになります。子どもの語りかけに反応してあげましょう。

2歳を過ぎたら

テーブルをふいたり、軽いものを運ぶなど、簡単なお手伝いを始めましょう。できたらたくさんほめてあげて。

脱メディア漬け！ 子どもとメディアの基本ルール

メディアから離れると、ふだんは気づかなかった子どもの成長に出会えたり、家族の会話が増えるなど、いろいろな変化を感じられるはずです。楽しく挑戦を。

2歳までの基本ルール

❶ テレビ、スマホ、タブレットなどでの視聴は控えましょう

❷ 授乳中や食事中のテレビ・タブレット視聴、スマホ操作はやめましょう

幼児以降の基本ルール

❸ テレビや動画、スマホ、ゲームの合計時間は1日2時間までを目安に考えます。とくにゲームは1日30分までを目安にしてください

❹ 子ども部屋には、テレビやタブレット、パソコンを置かないこと

❺ テレビや動画を見る時間や番組などのルールは家族で話し合って決めましょう

❻ テレビや動画を見るときは、明るい部屋で家族といっしょに見ましょう

❼ 食事中は画面を消し、家族での会話を大切にしましょう

❽ テレビや動画よりも楽しい時間を子どもと過ごせるように、ミニカーや絵本、お人形遊びなどで工夫しましょう

9～10 カ月

ちょっと不安げにつかまり立ち。足の力がついてきます

9～10カ月のサイズ目安

男の子
身長 ▶ 67.4～76.2cm
体重 ▶ 7.16～10.37kg

女の子
身長 ▶ 65.5～74.5cm
体重 ▶ 6.71～9.85kg

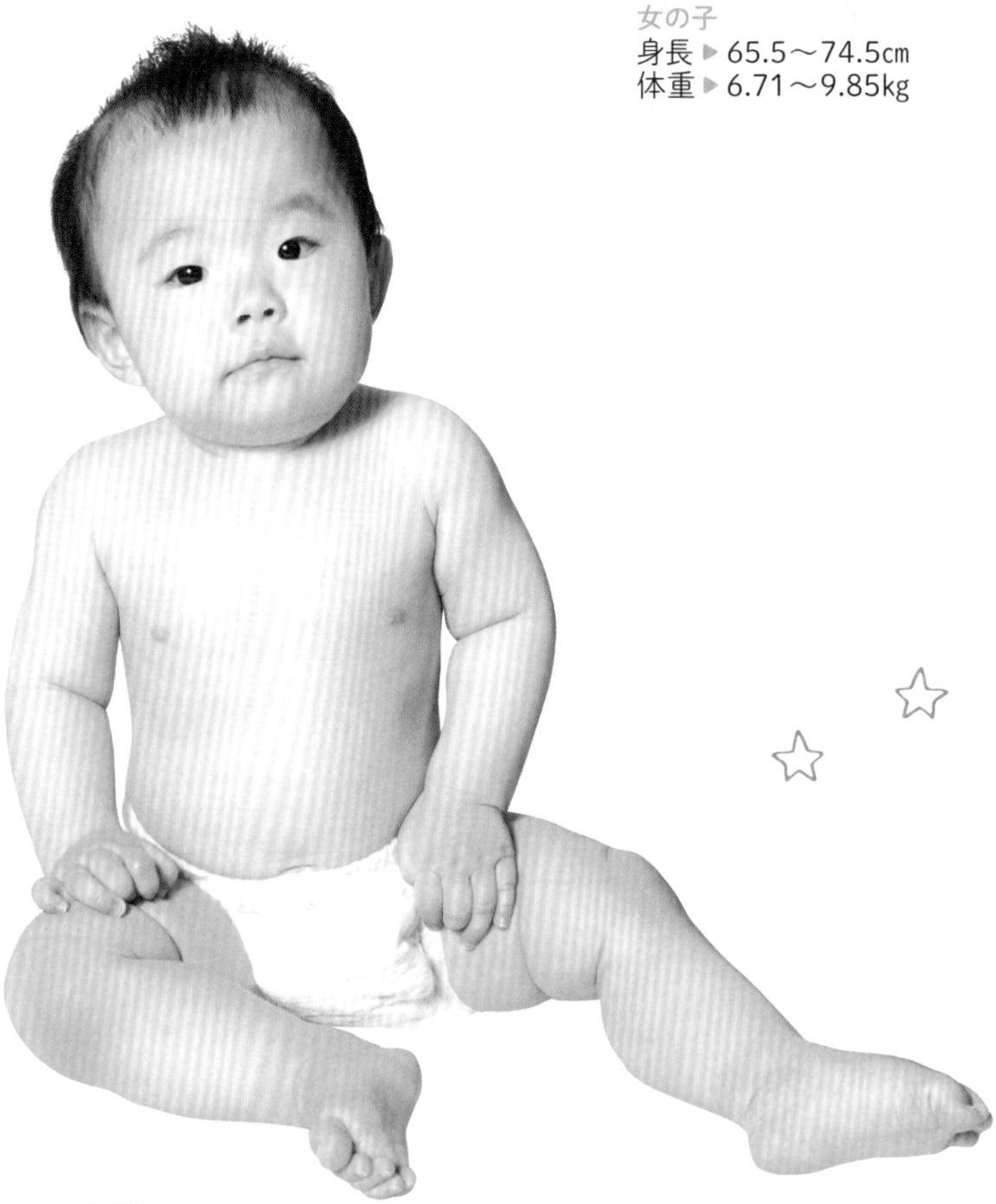

MODEL 和田莉緒ちゃん

この時期の成長ポイント

- はいはいがスピードアップし、行動範囲が広がります
- いすなどにつかまって、立とうとします
- 感情の起伏が激しくなります
- 1日2回の離乳食に慣れたら、3回食に進みます

体 はいはいが得意に。ますます目が離せません

足腰の力がいっそうついてきます。はいはいは得意になり、速く、上手にするようになります。行動範囲が広くなり、親もさらに目が離せなくなります。まだはいはいしなかった子は、いよいよずりばいを始めるかもしれません。

そうしているうちに、いすや低いテーブルにつかまって、「つかまり立ち」を始める子も。なかにははいはいをせずに、おすわりから突然つかまり立ちをする子や、早くも「つたい歩き」を始める子もいます。自分からそうするのであれば、十分に体が発達しているので問題ありませんが、そうでなければ、無理にさせるのは赤ちゃんの骨や関節に負担がかかるのでやめましょう。

運動量が多くなり、ふっくら丸かった体つきが少し引き締まって見えます。背も伸びてきて、赤ちゃん体形から幼児体形に少しずつ変わっていきます。

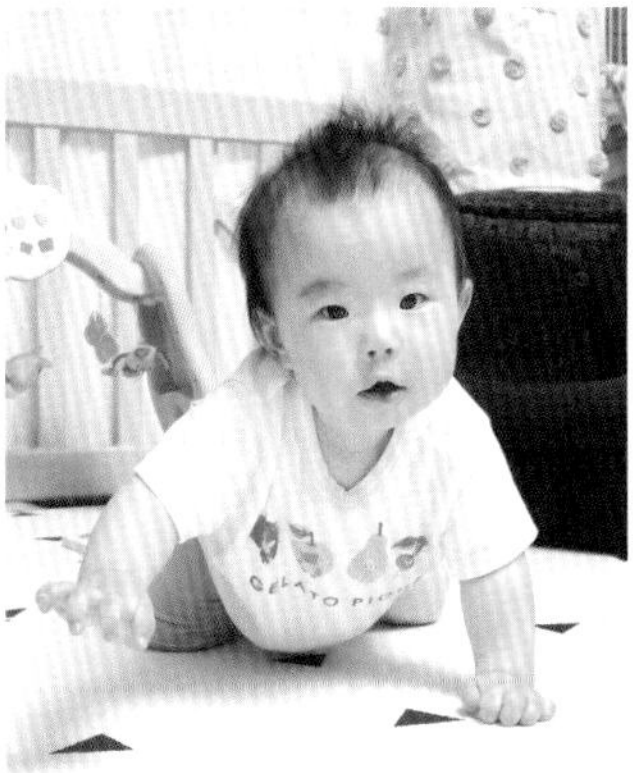

はいはいやずりばいで家中を動き回るようになるので誤飲対策を万全に。

心 つかまり立ちで新発見。好奇心がさらに高まります

つかまり立ちができると、これまでうつぶせ、はいはいと広がってきた視界とはまた違った景色を見ることができ、赤ちゃんの興味の芽はますます伸びていきます。まだ言葉としては話せなくても、自分の要求を、声やしぐさで表現しようと一生懸命です。

甘えたり、ぐずったり、笑ったり、かんしゃくを起こしたりと、赤ちゃんの感情の起伏も激しくなります。ママの後追いがひどくなる子もいますが、これらはすべて心が順調に育っている証拠。

ママは家事ができなかったり、心が休まるひまもなかったりと困ってしまいますが、もう少しの辛抱とわりきって、つき合ってあげましょう。

生活 生活リズムが整いやすくなります

寝る時間、起きる時間、授乳や離乳食の時間がだいたい一定になってきて、生活リズムがだいぶ整ってくる時期です。とはいえ夜に起きて授乳が必要な子、夜泣きする子、お昼寝の時間がまちまちな子など、生活リズムには個人差が大きいのも事実。朝は決まった時間に起こし、日中はよく遊ばせて、夜は静かにするといった基本の生活スタイルを崩さなければ、あとは赤ちゃんの個性としておおらかに構えましょう。モグモグできるなら離乳食は3回に増やします。まだ離乳食後の授乳は必要ですが、そろそろ離乳食を重視していく時期です。

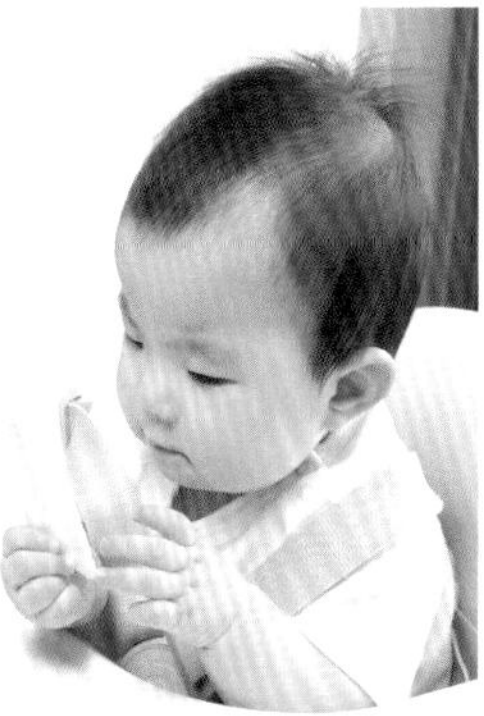

遊び食べは大人にとっては困りものですが、これも成長の一過程です。

9〜10カ月 お世話のポイント

家の中の安全対策を十分に 自由に遊べる環境を

離乳食が1日3回になったら、できるだけ家族と同じ時間帯に食べるようにして、生活リズムを作っていきましょう。

はいはいで自由に動くようになるので、家の中の危険対策は十分に。赤ちゃんが誤飲するようなものを、手の届く低い位置に置かないだけでなく、家具の角やドアに頭をぶつけたり、ドアに指をはさまれたりしないように、安全グッズなどでしっかり事故防止対策をしましょう。ソファやベッドの上にいるときは、落下しないように目を離さないことが第一ですが、万が一落ちてもケガをしないよう、下にクッションなどを置いておくことも大切です。

また、できるだけ1日1回はお散歩や外遊びをして、外の空気に触れさせましょう。つかまり立ちができるなら、公園の遊具につかまらせてみるのもいいでしょう。高さが体に合っていれば、つたい歩きの一歩を踏み出すかもしれません。

階段やキッチンなど、入ってほしくない場所にはベビーゲートが便利です。

● このころの一日（例） ●

0	
1	
2	
3	ねんね
4	
5	
6	
7	離乳食・授乳
8	うんち
9	ねんね
10	
11	離乳食・授乳
12	ママとお散歩
13	
14	ねんね
15	
16	ひとりで遊ぶ　うんち
17	
18	離乳食・授乳
19	お風呂　歯みがき
20	
21	授乳
22	ねんね
23	

歯みがきについては120ページをチェック！

From 先輩ママ

最近、ますますはいはいが上達した息子は、何があろうと行きたいところへまっしぐら。遠慮なく人のおなかや顔の上にもよじ上るので、「ちょっと!?」と言うといつも「してやったり」という顔で振り返ります。声を出して人を呼んだり、呼びかけに手を振ってこたえたりするようになり、これまで以上に成長を感じています。

（9カ月の男の子のママ・優子さん）

脳を育てる遊び・コミュニケーション

つかまり立ちできる環境を整えて

自分からつかまり立ちをしようとするとき、赤ちゃんは、手足の動きや力の入れ方、体のバランスの取り方など、いろいろなことを体で学んでいて、脳は十分に刺激されています。つかまり立ちをストレスなくできるような環境を整えましょう。

はいはいも絶好調の時期です。ときには親もいっしょになってはいはい競走したり、布団を重ねて作った斜面ではいはいさせたりなど趣向を変えてみるのも楽しいでしょう。

このころになると、両目でものを見て立体感を確認できるので、ボール遊びも上手になってきます。

あそび1 手作りの台で つかまり立ち

赤ちゃんは20cmくらいの高さの台があると、つかまり立ちするときに力を入れやすいようです。いすや家具でちょうどいい高さのものがなければ、手作りしても。ダンボール箱に新聞紙などの重しを入れて作った台はつかまり立ちにピッタリです。

あそび2 バランス感覚をアップ つたい歩き探検

赤ちゃんがつたい歩きである程度の距離を動けるように、部屋を片付けたり、家具を移動したりして、危なくない環境を整えます。つたい歩きを始めたら、「そっちには何があるのかな」など好奇心を高めるような声がけで応援しましょう。

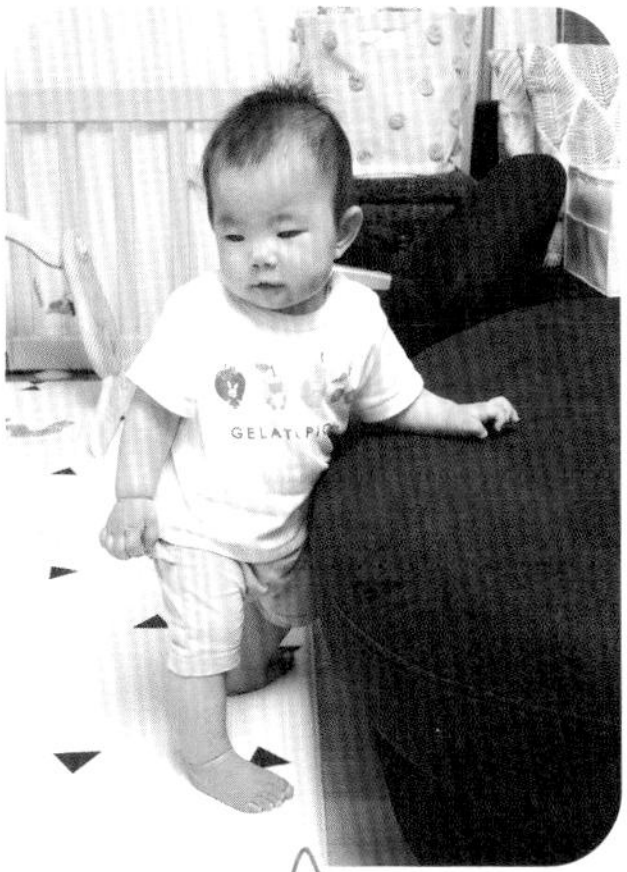

あそび3 おすわりの姿勢で ボールコロコロ

おすわりしてもグラつかないようになったら、ボールを転がしてキャッチボール。動くボールを見る、キャッチしてボールを転がすといった一連の動作は、ボールを両目でしっかり見て、立体的にものを認識する感覚を育てます。

9〜10カ月の 気がかりQ&A

Q フォローアップミルクに切り替えるべき？

A 貧血気味の子やミルクを飲まない子は替えてみても

生後9カ月を過ぎたからといって、ミルクからフォローアップミルクに切り替える必要はありません。フォローアップミルクは、牛乳の代用として作られたものなので、母乳やミルクの代替品としての使用は避けます。ただし、離乳食が順調に進まずに貧血気味であることを医師に指摘された場合や、ミルクを飲まなくなった場合には、フォローアップミルクに替えてもかまいません。フォローアップミルクは離乳食の素材に利用してもいいでしょう。

Q はいはいをしないでつかまり立ちをした

A はいはいは、できればしたほうがいい運動。場所を作ってあげて

最近、そのようなお子さんをよく見かけます。その後、ひとり歩きもしていくので問題ないという小児科医もいますし、はっきりしたことはわかっていません。はいはいをしなかった子どもの中に、転んだときの顔のケガが見られることが気になります。はいはいは手足や腰の筋肉を鍛えるだけでなく、手足の協調性を培う脳の運動連合野の発達を促す大事な運動ですので、なるべくはいはいができる場所を作ってあげてください。

Q 頭をゴンゴンと打つくせがある

A ウケ狙いの可能性も。できれば他の遊びに誘ってあげましょう

ママやパパからのウケ狙いだったり、「キャーやめて！」という甲高い声が聞きたくてやっている場合もあります。子どもなりに何か理由があるはずです。無視してもいいのですが、できれば他の遊びに誘ってあげるといいでしょう。力の加減がわからず、本当に痛くなって泣いてしまうのがオチですので……。頭蓋骨で守られていますので、脳への影響は心配しなくて大丈夫です。

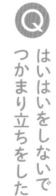

Q 時間外でも受診すべき目安が知りたい

A かかりつけ医に受診後、数時間で異変があれば救急外来受診を

「いつもと違う」というママやパパの気づきで大きな病気が見つかることもあります。いつもと違う泣き方、目つき、声の出し方などが2〜3時間続くのであれば受診してもいいでしょう。発熱、せき、鼻水、嘔吐、下痢などがあるときはいつもと違って当たり前なので、まずかかりつけ医(小児科など)に昼間の外来で診てもらってください。受診するときは、症状だけでなく哺乳量やおしっこの回数、便の状態の記録もあるとよいでしょう。変なせきなど、言葉で説明しにくい症状は、スマホなどで動画を撮影して医師に見せてください。その後、数時間でどんどん悪くなってぐったりしている場合は、小児救急電話相談(199ページ参照)などに相談し、必要であれば救急外来を受診してください。

Q ストローやマグを使って飲んでくれない

A ストローやマグは飲むのが面倒なので根気よく慣れさせます

ストローやマグよりも、乳首のほうが飲むのが楽です。だから、手っ取り早く飲みたいときは、慣れないストローやマグが面倒でいやになってしまいます。慣れれば飲むようになりますが、慣れるまではお互いに大変です。でも、いつかは飲めるようになるので、乳首から早く卒業させたければ、根気よくトライしてあげてください。紙パック飲料で慣れさせたという声もよく聞きます。

Q 添い寝や添い乳なしでは眠ってくれない

A 無理に替える必要はありませんが入眠儀式を変更しても

添い寝や添い乳で眠る習慣を赤ちゃんが学習してしまっていますので、徐々に違う習慣にしていくことを推奨します。例えば、マッサージをする、絵本を読む、子守り歌を歌う、背中をトントンするなど、入眠儀式にはいろいろあるので、続けられそうなものを試してみるといいでしょう。

ただし、この月齢であればすでに続けている入眠儀式のほうが楽ですので、無理に変更しなくても大丈夫です。

10〜11カ月

つかまり立ちからつたい歩きへ。手先も器用になります

10〜11カ月のサイズ目安

男の子
身長 ▶ 68.4〜77.4cm
体重 ▶ 7.34〜10.59kg

女の子
身長 ▶ 66.5〜75.6cm
体重 ▶ 6.86〜10.06kg

MODEL 吉田千紘ちゃん

この時期の成長ポイント

- つかまり立ちができるようになってきます
- 指先の動きが器用になり、ものを「つまむ」のも上手です
- 大人の動作や言葉をまねるようになります
- 離乳食では手づかみで食べたり、「ムラ食い」が始まる子もいます

体 下半身の筋肉が発達しつかまり立ちが上手に

足の力が強くなり、つかまり立ちできる赤ちゃんが多くなります。立ち上がるときの体の動きもゆっくりです。最初は動き左右のバランスが不安定で、尻もちをついたり、つま先立ちになったりする子もいます。慣れてくると、つかまりやすいテーブルやいすもわかってきて、上手に両足を踏ん張って立ち上がります。しだいに足の裏も全体がつくようになるでしょう。片手を離しても大丈夫なくらいになると、つたい歩きが始まるようになります。

手を使うのもさらに上手になります。親指と人差し指で、床に落ちている小さなものをつまむ、おもちゃのスイッチを押すといった指先の作業も、少しずつできるようになっていきます。

歯の発育も進みます。個人差がありますが、このころになると上の前歯2本が生えてくる場合が多いようです。

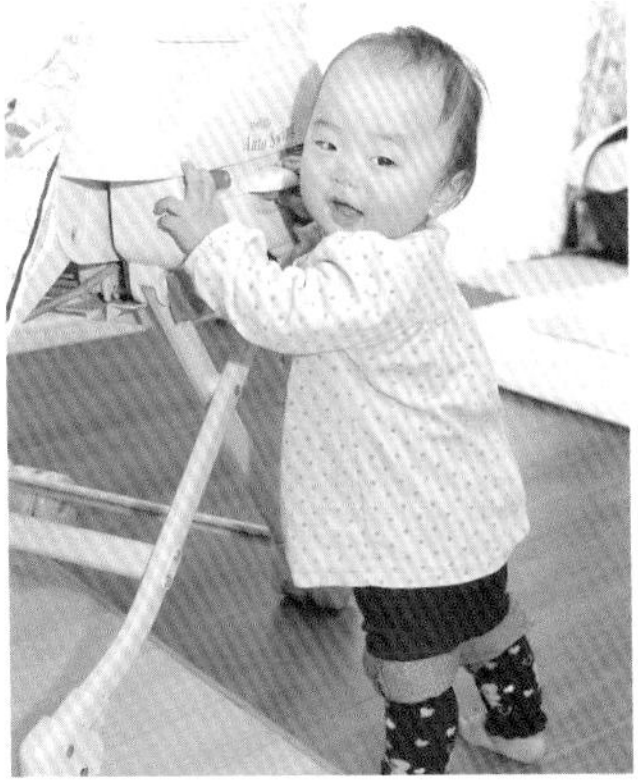

どこでもつかまり立ちをするようになるので、転んでも大丈夫な環境を。

心 大人のまねが大好き。記憶力も発達します

大人の動作をじっと見て、同じようにまねするのが大好きです。「いないいないばあ」などで、ママと同じように顔を隠したり、大人の話す言葉の語尾をまねして声を出したり。見たこと、聞いたことを、一瞬ですが記憶できるようになってきたのです。

まだ「ハイ」という返事は難しいですが、名前を呼ばれると自分だとわかり、目を合わせたり、「アー」と声を出せたりする赤ちゃんもいます。

「後追い」もまだまだ盛んです。激しく泣くのは、ママが突然消えたと思うから。その場を離れるときは「すぐ戻るからね」などと、赤ちゃんが不安にならないように声をかけてあげましょう。

生活 離乳食は1日3回に。好き嫌いも出てきます

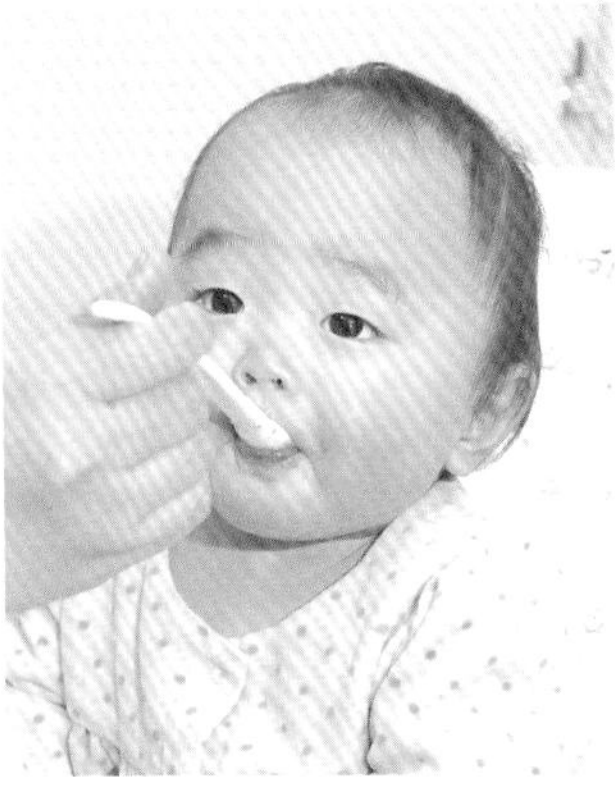

1日の決まった時間に3食を与え、生活リズムを整えていきましょう。

離乳食が進み、1日3回になります。これまでは食べることに慣れ、楽しく食べる気持ちを育むことがメインでしたが、そろそろ栄養の大部分を離乳食でとることを考える時期です。赤ちゃんも離乳食に慣れてきて、好き嫌いや「ムラ食い」を始める子が増えてきます。量や栄養バランスを考えて、メニューを調整していきましょう。できるだけ大人といっしょの食事時間にすることで、家族の生活リズムが整えやすくなります。ただし、夕食はあまり遅くならないように。大人に合わせた夜型の生活にならないように注意しましょう。

脳を育てる 遊び・コミュニケーション

「まねっこ遊び」で理解力を育みましょう

このころの赤ちゃんは大人のやることをじっと見て、同じようにまねすることが大好きです。「まねができる」ということは、見て、理解して、記憶して、体を動かすという一連の動作を行えるということ。脳もたくさん働かせます。遊びのなかで「まねする力」を育みましょう。

手遊びには、そんな赤ちゃんのまねする力を伸ばす要素がたくさんあります。パチパチと拍手するだけでも、速く遅く、大きく小さくと、いろいろなバリエーションができますね。リズミカルにたたけば、リズム感を養うことにも通じます。

また、得意な「はいはい」や「つかまり立ち」は思う存分にさせてください。

あそび1 バランス感覚を養う 立っちできるかな

赤ちゃんの両脇に手を入れて体を支えたら、ほんの一瞬、そっと手を離してみましょう。まだひとりで立つことはできなくても、体のバランスを取ろうと意識を向けます。十分につかまり立ちやつたい歩きをするようになってから行います。

あそび2 まねする力を養う お手手パチパチ

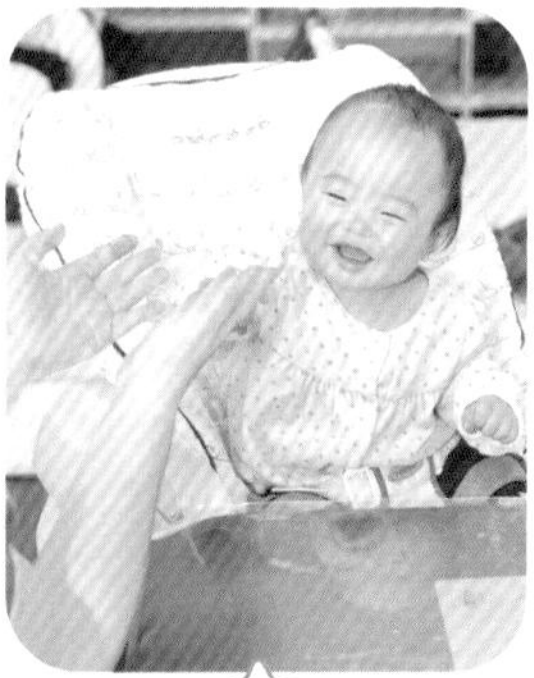

向かい合ってすわり、パパやママが拍手をするのを見せて、赤ちゃんにまねさせます。初めは単純なリズムにして、少しずつ音の大きさやテンポをいろいろ変えて楽しみましょう。腕の力も鍛えられます。上手にできたら、たくさんほめてください。

From 先輩ママ

つかまり立ちが上手になり、つたい歩きもできるようになりました。行動範囲と視野が広がって不安なこともありますが、目が届く場合はやりたいことをやらせ、好きなように動いてもらってます。また、泣き方や表情で何を訴えたいのかが分かるようになり、コミュニケーションが取りやすくなりました。

（10カ月の女の子のママ・理恵さん）

体の成長や発達の度合いは個人差が大きいものです

身長や体重の伸び、歯が生えるなどの体の成長や、はいはい、つかまり立ち、つたい歩きといった運動の発達はどれも個人差が大きいことを理解しましょう。育児書はあくまでも赤ちゃんの平均像。体の成長や運動の発達が遅くてもまず問題ありません。これも個性とおおらかに受け止めて。

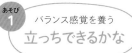

10〜11カ月の気がかりQ&A

Q お出かけするときは離乳食を抜いてもいい？

A 睡眠にも影響するのでベビーフードを活用し欠食は避けましょう

3回食の時期ですので抜くことはよくありません。手抜きメニューでもかまいませんので、必ず胃袋に固形物が入るように心がけてください。欠食は夜の睡眠リズムにも影響するので避けましょう。

お出かけのときは、お焼きや蒸しパンなどの手づかみできるメニューや、ランチボックスタイプのベビーフードが便利です。また、ファミリーレストランには、離乳食を注文できるところもあるので、事前に調べておきましょう。

Q 好きなおもちゃをたたいてばかりいる

A たたかれて困るものは与えないようにし、楽しく遊べるものを

たたいて音がしたりするものが好きなお子さんなんでしょう。まだ言葉を理解できないので、強く叱りつけるのはやめてください。また、おもちゃの種類を理解できる月齢でもありませんので、たたかれて困るおもちゃは与えないようにしましょう。

逆に、ベビー用のドラムやハンマートイ、木琴など、たたいて使うおもちゃを与えてみるのはいかがでしょうか。

Q ママの腕を噛んだらダメと言うべき？

A 低い声でダメと言えば喜ばれないことが伝わります

この月齢の噛みぐせは、歯が生えてくるとき特有の症状でもあります。ママの腕はちょうどいい場所にあるため、歯固め代わりとして犠牲になりやすいのです。やめてほしいことや危険なことをされたときは、「ダメ」など決まったフレーズを、怖い顔をして低い声で言うと、これは喜ばれないんだと思い、やがてしなくなります。「痛い！」と甲高い声で言うのは、喜ばれていると勘違いしてしまうので注意。

11カ月～1歳

言葉の理解が進み自己主張も強くなります

11カ月～1歳のサイズ目安

男の子
身長▶69.4～78.5cm
体重▶7.51～10.82kg

女の子
身長▶67.4～76.7cm
体重▶7.02～10.27kg

MODEL 上條瑞喜くん

この時期の成長ポイント

- つかまり立ちは上手になり、つたい歩きにも慣れてきます
- 運動量が多くなり、体形も引き締まってきます
- 大人の言う言葉をだいぶ理解するようになります
- お昼寝は1日1回になり、生活リズムが規則正しくなってきます

体 つたい歩きに慣れて歩くのが楽しみに

つかまり立ちが上手になってくると、つたい歩きが始まる赤ちゃんが増えてきます。最初は足がもつれがちで、うまく動かせず、尻もちをついてはいはいになることもありますが、好きにさせてあげましょう。はいはいは背筋や手足の筋肉を鍛えられる、とてもいい全身運動なので、無理につたい歩きをさせる必要はありません。この時期は、多くの赤ちゃんが、はいはいかつたい歩きで、家の中を自由に動きます。それで十分です。

右手と左手を上手に使うこともできるようになります。片手で財布をもち、反対の手で中身を出す、片手で箱を押さえて反対の手でティッシュを引っ張り出すといった「いたずら」もできるように。

体形はだいぶ引き締まってきます。ふっくらと丸い「赤ちゃん体形」はそろそろ卒業。4等身の幼児体形のきざしが見えるころです。

つかまり立ちをして、そのまま横に1〜2歩動いたらつたい歩きの始まりです。

心 言葉の理解が進みしぐさでこたえるように

まだはっきりした言葉は出せませんが、言葉の理解は急速に進みます。「ちょうだい」と言われるとものを渡すことや、「おいしいね」と言うとニコッとするなどの反応ができるようになります。ものの名前も少しずつ覚えられるようになります。親も言葉やしぐさで赤ちゃんにこたえましょう。そんなやりとりを通して、赤ちゃんは言葉で伝えたい気持ちを強くします。あとは発声の時期を待つだけです。また、好きではないおもちゃを差し出されるとプイッといやがるしぐさをするなど、意思表示も豊かになります。好き嫌いが激しくて親を困らせることもあるかもしれませんが、自己主張をするほど心も成長したという証拠です。

生活 お昼寝は1回。夜もぐっすり眠れるように

昼間たっぷり体を動かすようになると、夜もぐっすり眠れる子が多くなります。ただ、寝る前にぐずってなかなか寝つけないことも。部屋を暗く静かにして、眠りにつきやすい環境を整えましょう。絵本を読んであげる、マッサージをする、添い寝して肩をトントンするなど、赤ちゃんに合った入眠儀式ができると、寝かしつけも楽になります。

お昼寝は午後に1回程度になります。夜の睡眠に影響を与えないため、お昼寝は15時くらいまでに切り上げて。夜は21時ごろには眠れるよう、早寝早起きの習慣をつけていきましょう。

「ちょうだい」「どうぞ」のやり取りが楽しめるようになります。

脳を育てる遊び・コミュニケーション

息を吐く意識をする遊びは、発語を促すのに最適です

まだおしゃべりはできませんが、声の出し方に変化が現れ、話しかけるような声やしぐさをしきりにするようになるのがこのころ。赤ちゃんは普段は鼻で呼吸をしていますが、「口から息を吐く」ことを意識できるようになると、発語が促されます。息を吸ったり吐いたりすると音が出るおもちゃは、口呼吸を意識させるのに最適です。

人は何かを学ぶとき、「自分の努力や働きかけでできた」という成功体験がモチベーションになります。赤ちゃんも同じ。「自分で吹いたから音が出た」という体験で得られる達成感は、もっとやりたいという意欲を育みます。

あそび 1

指先の運動に

ひも通し遊び

指先が器用になる遊びです。細かい手作業で指先の運動機能を強化しましょう。木製の穴のあいた玉やビーズなどのひも通しに挑戦。ちょっと難しいくらいの遊びは集中力も養います。まずは、大人がゆっくりやって見本を見せてあげましょう。

あそび 2

息を吐く練習

ラッパ吹き

おもちゃのラッパやハーモニカなど、吹いて音を出すおもちゃをもたせましょう。最初は息を吐く感覚がわからないので、大人が唇を少し丸めて「フーッ」と息を吐く様子をしっかり見せて。楽しそうに吹くことも大切です。

From 先輩パパ

ソファのつたい歩きがはじまり、家の中を歩き回ることが増えてきました。成長がうれしい反面、突然、転倒することもあるので、目が離せません。また、おもちゃで遊びながら、「ちょうだい」と手を出すと渡してくれたり、あーうーなどの声がしきりに出ていたり、今にも話し出しそう！　いつ、何と話すのかなと、ママと楽しみにしています。

（11カ月の男の子のパパ・悠さん）

1日に一度は外に出ましょう

多少天気が悪くても、できるだけ１日１回は外気に触れさせましょう。外遊びももちろんですが、散歩や近場のお出かけでも大丈夫。外の空気に触れ、いろんなものを見る、いろんな音や人の声を聞くことで、赤ちゃんの脳が刺激され、五感の発達を促します。大人の気分転換にもとてもいいことです。

11カ月～1歳の 気がかりQ&A

Q おちんちんばかりよく触っている

A おむつ交換や入浴は触らせないようにさっさと済ませて

おちんちんがかゆいのか、突起物で気になって触っているのかのどちらかでしょう。

おちんちんの先のしわ部分を伸ばして赤くなっているのであれば、亀《き》頭《とう》包《ほう》皮《ひ》炎《えん》になっていますのでワセリンなどを塗ってケアしてあげてください。2～3日して改善しなければ、かかりつけ医を受診してください。おむつ交換や入浴は、さっさと済ませてすぐにおむつをはかせてしまいましょう。

Q おしゃぶりがないと眠ってくれない

A 入眠儀式として使ってもいいですが常用は避けましょう

おしゃぶりは、習慣性になりやすく、長期間の使用で噛み合わせや言葉の発達に影響することも考えられるため、原則的には使用しないことをおすすめします。しかし、精神的に安定し入眠がスムーズになる利点もあるため、入眠儀式として1歳ごろまで使う程度であれば問題ないでしょう。1歳半ごろまでにやめられれば、噛み合わせへの影響を心配する必要はありません。

Q ご飯ばかりでおかずを食べない

A 料理の工夫や代替品で栄養がとれていれば大丈夫です

ご飯ばかりであれば、お味噌汁に肉や野菜をたっぷり入れて飲んでもらうことで、栄養はとれます。また、ご飯を食べなくても、パンやうどんなどを食べていれば問題ありません。いろいろな作戦を試してみましょう。

ひとつのものにこだわりが強いのは、発達障害（90ページ参照）の特徴でもあります。あまりにも偏り、育児が大変であれば、「子どもの心相談医」など専門家にご相談ください。

1歳〜1歳3カ月

いよいよ歩き始める子も。意味がわかる言葉も増えます

1歳〜1歳3カ月のサイズ目安

男の子
身長▶70.3〜81.7㎝
体重▶7.68〜11.51kg

女の子
身長▶68.3〜79.9㎝
体重▶7.16〜10.90kg

MODEL 植原みさきくん

この時期の成長ポイント

- 生まれたときに比べて体重は約3倍、身長は約1.5倍になります
- つたい歩きに慣れて、歩き始める子も増えます
- 言葉の理解が進み、問いかけにしぐさでこたえることもあります
- 3回食が定着し、栄養の大半を離乳食からとれるようになります

体

歩くようになり、体つきもしっかり

生まれてから1年が経ちました。体重は約3倍に増え、身長は約1・5倍になった赤ちゃん。この1年の成長の速さを実感することでしょう。ますます活発に動くようになり、しっかりした体つきになってきます。

いよいよ「あんよ」ができる子が増えてきます。もちろん発達には個人差があるので、まだ歩かなくても大丈夫。つかまり立ちやつたい歩きができて元気に動いていれば、さほど問題はありません。歩き始めは体のバランスを取ることが難しく、ほんの数歩歩くだけでも赤ちゃんにとっては大事件。フラフラして、尻もちをついたりしゃがんだり。つねに大人がそばにいて、危ないときはしっかりサポートしてあげましょう。

上下4本ずつの前歯もそろそろ生えそろいます。また、離乳食も進み、栄養のほとんどを母乳やミルクに頼らなくてもよくなる時期です。

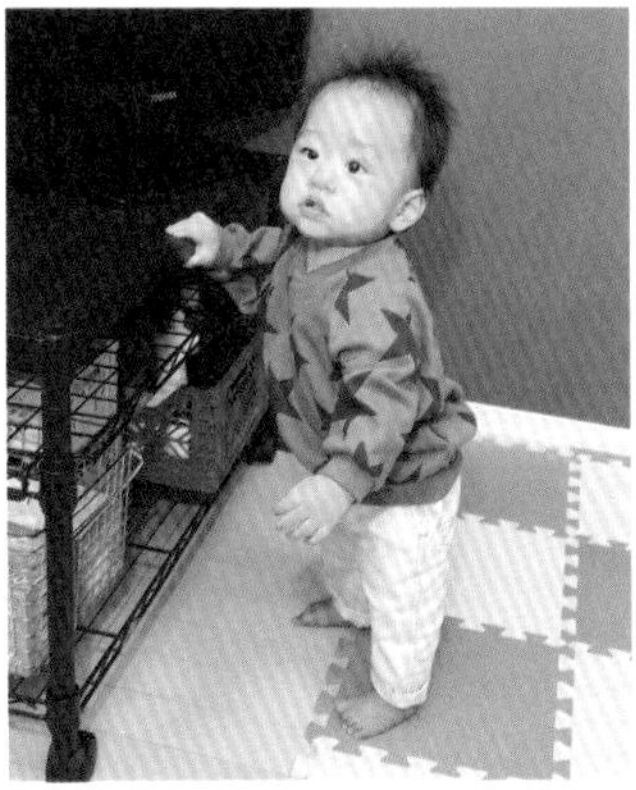

はじめはよちよち歩きですが、慣れてくればバランスよく歩けるように。

心

言葉を話すための準備もついに大詰め

大人の言葉をかなり理解するようになります。「バイバイ」というと手を振ったり、「どれ？」と聞くと指をさしたり。「ちょうだい」「どうぞ」のやりとりもできるようになります。まだ意味のある言葉にはならないけれど、自分の気持ちを伝えたくて、言葉にならない声をたくさん出すようになってきます。今は大人の話す言葉をたくさん聞いて、頭にためている時期です。親ははっきり、ゆっくりと話しかけることを心がけて。

好奇心もますます旺盛に。引き出しの中身を全部出したり、リモコンを操作したり。親がびっくりすることもたくさんやってくれます。

生活

3回の離乳食もよく食べるように

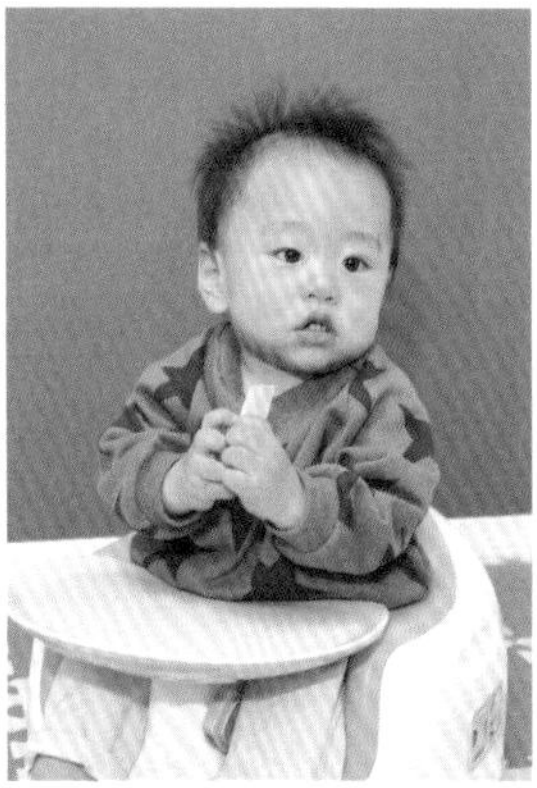

1日に1〜2回ほど、補食(おやつ)を食べるようになります。

3回の離乳食も進み、栄養を食事からとるようになるので、食後の授乳は欲しがらなければそろそろ卒業です。とはいえ、まだ一度に十分な量を食べられないので、3食では不足しがちな栄養は小さなおにぎりなどの間食で補うようにします。

食欲と食べ物への興味から、手づかみして食べる子もいれば、親の食べる様子を見て、スプーンやフォークを使いたがる子もいます。自分で食べるという意欲をもたせることも大事ですので、できるだけ好きなようにさせましょう。正しいもち方は、まだ教える必要はありません。

夜は早い時間にぐっすり眠れるようになり、生活リズムも安定してきます。

1歳〜1歳3カ月 お世話のポイント

毎日同じ時間に寝る、起きる習慣を

睡眠時間、離乳食、外遊び、お風呂など、一日のスケジュールはほぼ決まっています。生活リズムを整えるためにも、できるだけ毎日同じ時間帯に行うように心がけましょう。3回の離乳食も大人といっしょに食べるのが理想です。好き嫌いやムラ食いが目立つなら「これおいしいね」、「やわらかそうだね。食べてみよう」などと声かけを。おいしそうに食べる様子を見せるのは、食べる意欲を高めるのに効果的です。食事は適度に会話をしながら、楽しい雰囲気づくりを心がけましょう。子どもは食べ物を手づかみで食べたり、グチャグチャにしてこぼしたりすることが多いもの。濡らしたタオルをそばに置いたり、ビニールシートを敷いたりするなど、口や手、周囲の汚れ対策も必要です。動きが活発になり、着替えや寝ながらのおむつ替えをいやがる子もいます。あらかじめ着やすいように衣類を重ねておく、パンツ型のおむつに切り替えるなどの工夫を。

手づかみやスプーンで食べたいという意欲を大切に。ママは見守ってあげましょう。

このころの一日(例)

時	
0	ねんね
1	
2	
3	ねんね
4	
5	
6	
7	離乳食・授乳
8	
9	児童館
10	おやつ
11	うんち／離乳食・授乳
12	ねんね
13	ねんね
14	おやつ
15	ママとお買いもの
16	
17	
18	離乳食・授乳
19	お風呂　歯みがき
20	
21	ねんね
22	
23	ねんね

From 先輩ママ

最近では、ひとりで上手に歩けるようになったせいか、視界がぐっと広がったようでいろんなものに興味が出てきました。ただ、キッチンや玄関など危険な所が大好きなので、私は気が休まるときがありません。そして食事や遊びも気に入らないとイヤイヤするように。成長を喜ばないとなぁ、と思いつつ、毎日過ごしています(笑)。

(1歳2カ月の男の子のママ・かおりさん)

脳を育てる遊び・コミュニケーション

「歩くのが楽しい」と感じられる遊びを

たくさん歩けるようになる子、ようやく一歩、二歩が出始める子。このころの「歩き」の度合いはさまざまですが、気にする必要はありません。ですが、歩くことはバランス感覚や脳の前頭前野を鍛えるのにとてもいいのです。前頭前野は脳の司令塔といわれる前頭葉のなかでも、善悪の判断や感情のコントロールをする重要なところ。人間らしい行動をするために大切な場所です。赤ちゃんの歩きの発達度合いに合わせて、「楽しくあんよができる」遊びを取り入れましょう。

体を大きく使う遊びもできるようになります。パパにサポートしてもらって、ダイナミックにさか立ちに挑戦しても。

あそび1 認識力をアップ 型はめ遊び

そろそろ丸、三角、四角などの形の違いも認識できるようになるころ。形の違うブロックを入れる「型はめ遊び」は知能の発達や、手先を器用にする働きかけをします。単純な形が難しく感じることも。できるところだけでかまいません。

あそび2 指先の発達をうながす なぐり描き

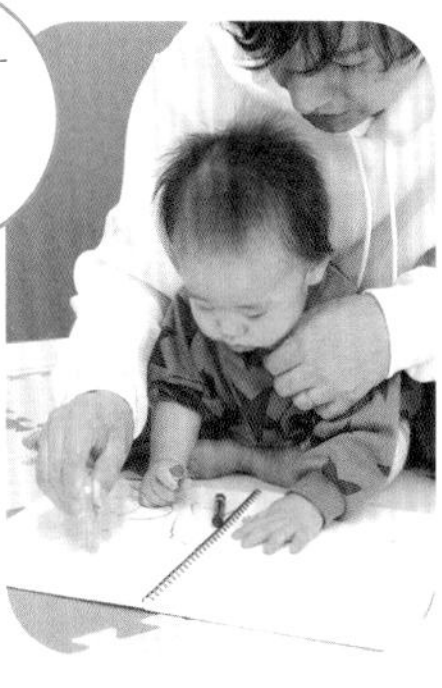

1歳からなぐり描きが始まります。クレヨンなどを握ってグルグルと描いたり、点々を描いたりします。こういった指先の動きが脳に刺激を与え、その発達を促す効果が期待できます。

あそび3 歩く感覚を刺激 よちよち歩き

大人の足の甲に子どもをのせ、両手を後ろからもって、いっしょに歩きます。まだひとり歩きが上手にできない子も、足を交互に出す感覚、体のバランスを取る感覚をつかめます。「イチ、ニ」「右、左」などと声をかけながら、楽しくやりましょう。

あそび4 勇気を出して! ジャンプ遊び

歩くのが上手になってきたら、体を大きく使う遊びもどんどん取り入れましょう。低い台に立たせて子どもの両手をもったり、脇を支えたりして「せーの!」でジャンプ。なかなか勇気が出ないかもしれませんが、できたときの満面の笑みは、達成感でいっぱいの証拠です。

1歳〜1歳3カ月の 気がかりQ&A

Q 意味のある言葉がまだ出ない

A 発語がまだであっても なん語が出ているなら 一歳半ごろまで待って

この月齢でお話しする子どももいますが、まだ言葉が出なくても普通です。大人の言葉をまねるような発音をする「なん語」が出ていれば、耳は聞こえているはずなので、1歳6カ月ごろまで待ってください。なかには耳あかがたまっていて聞こえにくいために言葉が遅い子もいます。その場合は一度耳鼻科で耳掃除をしてもらってくださいね。1歳6カ月健診（163ページ参照）はとても重要なので必ず受けてください。

Q 歯ぎしりのくせをやめさせたい

A ストレスとは無関係。一時的なものと考え、気にしないでください

ストレスが原因ではなく、歯が生えてきたことと関係があります。そのため、やめさせる方法を考える必要はありません。一時的なものととらえ、気にしないことをおすすめします。

Q 体重増加がゆるやかになってきた

A 身体発育曲線に沿って少しずつでも増えれば問題ありません

このころになると、赤ちゃんは活発に動き、体重の増加もゆるやかになります。母子健康手帳の身体発育曲線に沿って少しずつでも増えていれば問題ありません。

Q 食事中はいつも途中で歩き回ってしまう

A 席を立ったら即終了。食事は時間を決めて集中できる環境に

食事タイムはすわって食べることが基本です。おもちゃが目の前にあったり、テレビがついていると食事に集中できません。食事タイムは15〜20分と決めて、席を離れたら、「ごちそうさまね」とおしまいにしてしまってください。栄養を気にして執拗に追いかけて与えるようなことはせず、次の食事タイムまでお預けにします。食事と食事の間もおなかがすくまでしっかりあけ、間食も与えないようにしましょう。

Q 保育園に通い始めたら病気ばかりで心配

A 病気になりやすい反面、免疫力が強化され かぜをひきにくく

保育園や幼稚園に入園し、集団生活が始まると、感染症にかかりやすくなります。一方、いろいろなかぜをひくことで免疫力が強化され、大きくなるにつれてかぜをひきにくくなる面もあります。病気になったら、しっかり治して免疫力を元に戻してから登園することで、次のかぜもひきにくくなります。子どもの病気を家族がもらってしまわないように、手洗いやうがいを忘れずに。

Q 指しゃぶりのくせをやめさせたい

A 3〜4歳でやめれば歯列に影響しないので あわてなくて大丈夫

入眠儀式として指しゃぶりをしている子の場合、やめさせるのは至難の業です。一方、昼間の遊びの時間にする指しゃぶりは、手遊びに興味をもたせることでその時間を短くさせ、やめさせていくことができます。3歳まではおおらかに見守ってあげましょう。ただし、4歳以降も続くと歯並びなどいろいろなところに影響が現れます。前歯に子どもの指1本分の隙間がある場合は、早めに歯医者を受診してください。

Q 夜間授乳だけでもやめるべき？

A 決心が揺らぎそうなら一気に卒乳したほうが 楽かもしれません

ママが卒乳の時期を決めて、これでおしまいと心に決められたら、少しの期間頑張ってください。つらいときは、おっぱいにバイバイできたときの充実した我が子の顔と自分を想像してみて。夜間ぐっすり眠る我が子を見て、卒乳してよかったと思えることでしょう。決心が揺らいでしまいそうなら、夜間だけとか昼間だけにせず、一気に進めたほうがよいかもしれません。

1歳3カ月～1歳6カ月

ひとり歩きも安定して、よく動き回るようになります

1歳3カ月～1歳6カ月のサイズ目安

男の子
身長▶73.0～84.8㎝
体重▶8.19～12.23kg

女の子
身長▶71.1～83.2㎝
体重▶7.61～11.55kg

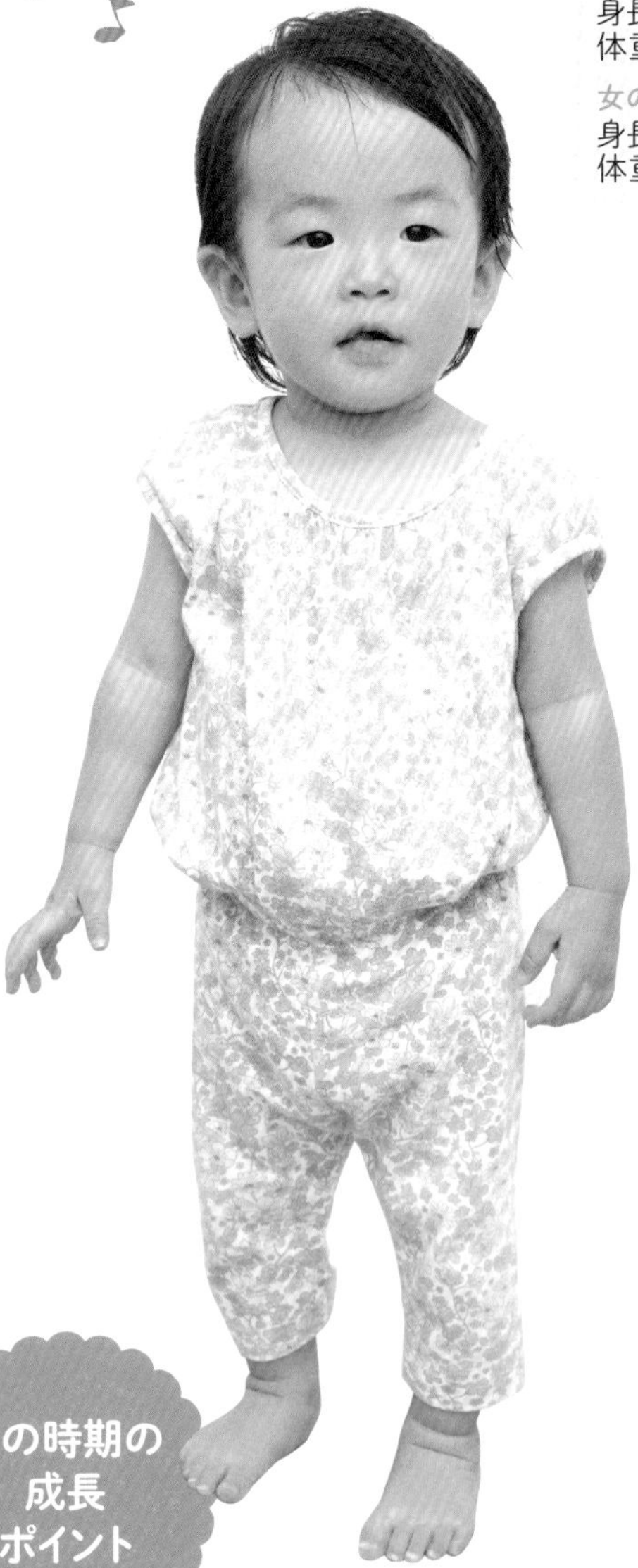

MODEL 髙室十暖《とあ》ちゃん

この時期の成長ポイント

- よちよち歩きから、少しずつ安定して歩けるようになります
- 前歯は上下4本くらい生えそろいます
- 指先が器用になり、道具を使った遊びもできます
- 気に入らないとかんしゃくを起こします

体 「あんよが上手」になり スタスタ歩きます

だいぶ上手に歩けるようになってくるでしょう。なかにはものをもって歩いたり、小走り気味になったりする子もいます。

まだひとり歩きをしない子もいますが、心配いりません。この時期に走ったり、ジャンプしたりするなど運動能力の発達が早くても、将来の運動能力につながるわけではないのです。1歳を過ぎてから、少しずつでも歩こうとしているなら大丈夫です。道具を使った遊びも上手になります。

ボールを投げる、積み木を積むといった高度な遊びもできるようになります。クレヨンをもって殴り描きや、スプーンを握って食事ができるなど、手先もますます器用になります。

前歯が上下4本くらい生えそろってくると、やわらかいものなら前歯で噛み切り、奥の歯ぐきで噛みつぶすことができるようになります。離乳食はそろそろ卒業です。

お絵描きでは、直線だけでなく曲線も描けるようになっていきます。

心 気に入らないと かんしゃくを起こします

何か気に入らないことがあると、大泣きする、ものを投げる、ママをぶつ、なかには噛みついたりする子もいます。イヤなことはイヤなのです。自己主張ができるほど成長した証拠ですが、絶対にやってはいけないことをしたときは、親は毅然とした態度で「これはダメだよ」と言わなくてはいけません。子どもはまだ善悪の判断はできませんが、親が一貫してダメなことはダメと言うことで、やってはいけないことを少しずつ意識していきます。

身の回りのものになんでも興味をもつ時期だけに、親は頭から「ダメ」ではなく、危険ではない範囲でやらせてみることも大事。好奇心の芽がぐんぐん伸びるのですから。

生活 こぼしたり遊んだり。食事タイムは大変です

離乳食も完了期になります。手づかみで食べたり、スプーンを使いたがったりする子も多くなります。スプーンはまだ上手に使えないので、口に運ぶ前にこぼしたり、食器をたたいて遊んだりして周囲を汚してしまいますが、まだマナーがわかる時期ではないので、叱らないように。ある程度の量を食べられているようであれば、食事を切り上げてもいいでしょう。

「いただきます」のあいさつや手洗い、食後の歯みがきも大事です。まねっこ遊びが好きな時期なので、まずは親がお手本を示してから、子どもといっしょにやり、少しずつ習慣にできるといいでしょう。

子どもが自分で食べようとする気持ちを大切にして親はサポート役に。

脳を育てる遊び・コミュニケーション

「紙を破く」ことで手先の感覚を刺激

右手と左手を別々に動かしたり、指先を使ったりすることも上手になってきます。大人が見本を示せば、「紙を破く」こともできるでしょう。

チラシや新聞紙などのやわらかい紙を破く遊びは、単純な行為ですが脳をたくさん刺激します。上手に破くには片方の手で新聞紙をもち、別の手を動かさなくてはいけません。「どうやってもって、手を動かしたら破けるのか」と考え、実際に動かしながら破く感覚を覚えていきます。考えながら破くことで、手を使うことがますます上手になっていくのです。

体を使いながら、握る力や腕の力も強くなっていきます。

あそび 1
考える力もつく
ビリビリ遊び

最初は親が子どもをひざにのせて同じ方向を向き、後ろから手を回してちらしやおりがみなどをもち、破く様子を見せましょう。破るときの指の形をよく見せて。最初は自由に破くだけ。慣れたら細長いひものように破ることに挑戦を。

あそび 2
歩く力を強化
カタカタ手押し車

いすやダンボール箱など、子どもが両手で押すと動くぐらいの大きさ、重さのものを用意して、手押し車代わりに使わせてあげましょう。子どもの胸くらいの高さのものが、押しやすいようです。下半身の筋力が発達し、ひとり歩きにつながります。

From 先輩ママ

意味のある言葉を話すようになってかわいさが増した一方で、自分の思い通りにやりたいという欲求も強くなり手を焼くことも増えてきました。好きな色などの「好き」が伝わってくることも増え、我が子の個性を感じます。今までは欲しがらなかったママのスイーツも欲しがるようになったので、目の前で食べられなくなったのが悩みです！

（1歳4カ月の女の子のママ・志緒さん）

「歩行器」を使うと早く歩けるようになる？

赤ちゃんを歩行器に入れると簡単に移動できるので、赤ちゃんは喜ぶでしょう。ですが、歩行器はあくまでも遊びのなかで使うもの。歩けるようにするものではありません。むしろ、つま先立ちしていることが多く、歩くのに必要な「足裏全体を床につける感覚」が育ちにくいので、ひとり歩きが遅くなる可能性があります。

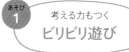

1歳3カ月〜1歳6カ月の 気がかりQ&A

Q お昼寝をしなくても睡眠時間は足りる？

A 昼寝はまだ必要ですが夜早い時間に寝る子はリズムを変えなくてOK

この月齢では、お昼寝はまだ必要です。朝はさらに早く起こして朝日を浴びせ、お昼寝タイムは遅くても15時までに終わらせるようにしましょう。だらだらと寝かせておくと、今度は夜に眠らなくなってしまいます。

ただし、お昼寝しなくても18〜19時に夕食を食べて眠ってしまうのであれば、まとめ寝をしているのかもしれません。そういった場合は、あえてリズムを変えなくてもいいと思います。

Q かんしゃくを起こすので困っている

A 堂々としていた大人が最後に泣きまねすると子どももハッとします

伝えたいけど伝わらない、そんな気持ちがかんしゃくとなって現れます。子ども側も、何が気に入らなかったのかわからずに、だだをこねている場合が多いようです。ですので、かんしゃくを起こしたら、「きたな」と構えて大人は堂々としていてください。最後に「ママにもわからないわ」と泣きまねをすると、なんで怒ってたんだっけ？と子どももハッと我に返って落ち着きます。

Q まだ歩かないので練習させるべき？

A 立っちやつたい歩きができるようになればもうすぐ歩けます

1歳6カ月で9割のお子さんが歩くようになりますが、この月齢ではまだなんともいえません。ここまでの発達に問題がなければあまり心配いりませんが、1歳6カ月健診（163ページ参照）は大切ですので必ず受けてください。歩く練習をさせたり、歩行器を買い与えたりする必要はありません。はいはいで背筋や手足の筋肉が鍛えられ、立っちやつたい歩きができるようになれば、やがてひとり歩きできるようになるはずですよ。

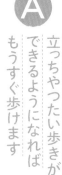

TOPICS

気になるくせと発達障害

育児の悩みのなかでも、発達の遅れへの不安は大きくなりがちですが、原則的には経過を見守ることが大切です。

指しゃぶりなどのくせや吃音《きつおん》は心配しすぎず経過を見守って

乳幼児によく見られるくせの代表的なものが指しゃぶりです。1歳半ではおよそ3割ほどの子どもに見られますが、その後徐々に減少していきます。親が過敏に指摘すると逆に悪化することもあるので、叱るのではなく他の遊びに誘導するなどして気をそらしてあげるといいでしょう。鼻をこする、つめを噛む、性器をいじる、髪の毛を抜くといったくせも同様に対応します。

2歳ごろに現れて親を不安にさせる吃音も、大人になるまでに消失する場合がほとんどです。親としては気になって言い直しをさせたくなりますが、話題にすると子どもも深刻に捉えてしまいがち。規則正しい生活を心がけ、ていねいにコミュニケーションを取ってあげるといいでしょう。

特定の場面で無口になってしまう「選択性緘黙《せんたくせいかんもく》」は医師に相談を

幼児から小学校低学年に比較的よく見られる症状に、チックがあります。頻繁にまばたきをする、頭を振る、肩をすくめる、肩や手足をピクッと動かすなどの運動チックと、せき払いや「アッ」という声が出てしまう音声チックに大きく分けられます。ほとんどがくせと同様に一時的なもので、自然に消失します。ただし、症状が強くなってきたり、長引いたりするときは受診しましょう。

一方、親が気づきにくい症状が、「選択性緘黙」です。家族とは自由に話せるのに、保育園や幼稚園など家族以外の人が相手だと話せなくなるという症状が現れます。「人見知りが強い子」として捉えられることが多いですが、近年は「不安障害」という病気の一種と判断されることもあるので、専門家に相談してください。

よく見られる子どものくせ

指しゃぶりには、不安や緊張を解く効果もあるため、無理に禁止はしません。4歳を過ぎても頻繁にしている場合は、かかりつけ医などの指導を受けましょう。

チックはわざとやっているのではなく、不安やプレッシャー、緊張などがきっかけになるといわれています。そのため、注意したり叱ったりすることは逆効果です。

選択制緘黙は話そうと思っても話せない症状です。不安障害の一つとされています。無理に話させようとせず、専門家のサポートを受けながら、気長に治療を。

発達障害は脳機能の問題により発達の遅れや偏りが出ること

発達障害とは、生まれつきもった脳の一部の機能の障害によって、発達に遅れや偏りが生じてくることをいいます。2022年に文部科学省が行った調査によると、全国の公立小・中学校の通常学級に在籍する児童生徒のうち、学習面や行動面で著しい困難を示す発達障害の可能性のある子どもは8・8％に及ぶことがわかりました。発達障害は病気ではない、身近な特性なので、専門家でないと判別がつかない場合も数多くあります。

発達障害は、「自閉スペクトラム症」「ADHD（注意欠陥・多動性障害）」「LD（学習障害）」の大きく3つに分類されます。複数の障害が重なって現れるなど、程度や年齢、生活環境によって症状は異なります。

いずれのタイプも、社会生活を送る上で苦手なことがあるため、成長するにつれてさまざまな問題や困難に直面します。その子らしく成長していくためにも、早めに気づき適切なサポートを受けることが大切です。

発達障害の種類

【自閉スペクトラム症】

自閉症、高機能自閉症（アスペルガー症候群）、そのほかの広汎性発達障害をまとめた総称。

自閉症

言葉の発達の遅れ、コミュニケーションや対人関係の障害、行動のパターン化、こだわりなどの特徴が現れます。

特徴 ●言葉の発達が遅い ●こだわりが強い ●同時に2つ以上のことをするのが苦手 ●人づきあいが苦手 ●感覚が鋭敏　など

高機能自閉症（アスペルガー症候群）

自閉症のひとつで、コミュニケーションや対人関係の障害、興味や関心の偏り、行動のパターン化が見られます。

特徴 ●知的な遅れは目立たない ●こだわりが強い ●同時に2つ以上のことをするのが苦手 ●人づきあいが苦手 ●感覚が鋭敏　など

【ADHD（注意欠陥・多動性障害）】

じっとしていられず、考えるよりも先に動いてしまう、集中できないなどの特徴が7歳までに見られます。

特徴 ●睡眠サイクルが不安定 ●順番が待てない ●衝動的に行動する ●じっとしていることができない　など

【LD（学習障害）】

知的発達は問題なくても、読む、書く、計算など特定の分野が極端に苦手な状態です。

ディスレクシア

読み書きの困難があり、人口の5～8％いるといわれます。小学校以降にならないと指摘されにくい障害です。

特徴 ●鏡文字を書く ●物事を順序立てて理解することが苦手 ●ひらがなは読めても漢字の読みは苦手　など

※これらの特徴は判断目的のものではなく、あくまで目安です。

「子育てが大変」と感じたときが相談のタイミングです

発達障害は病気ではありません。例えば、電話や電球などの発明で知られるトーマス・エジソンも、幼少期にADHDやLD、高機能自閉症（アスペルガー症候群）などの発達障害をもっていたことが知られています。疑問に思ったことはすぐに「なぜ？」と聞き、たびたび授業を中断させたことで学校から見放され、小学校を中退してしまいました。その後、エジソンの母が自ら家で勉強を教えたといわれています。

つまり、発達障害の子どもの子育ては、特性とうまく付き合い、才能を伸ばすことが大切なのです。そのためにも、乳幼児健診は必ず受け、発達をチェックしてもらいましょう。発達障害のサインから自己判断するのは避けます。

子どもの発達やクセなどの心配なこと、育てづらさを感じたりすることがあれば、まずはかかりつけ医や保健師に相談を。もし、子どものクセが半年以上続くようであれば、専門家（子どもの心相談医）に相談をしましょう。

1歳6カ月～2歳

歩く距離も長くなり、小走りやボール蹴りもできるように

1歳6カ月～2歳のサイズ目安

男の子
身長▶75.6～90.7cm
体重▶8.70～13.69kg

女の子
身長▶73.9～89.4cm
体重▶8.05～12.90kg

MODEL 高橋奏子ちゃん

この時期の成長ポイント

- 階段の上り下りや、小走り、ボール蹴りができる子もいます
- ひとり歩きもしっかりしてきて、長い距離を歩けるようになります
- 離乳食は完了し、幼児食がスタートします
- 「ママ、大好き」「パパ、だっこ！」といった二語文を話し始めます

体

活動範囲が広がり ますます動き回ります

体重はいよいよ10キロを超え、身長も1カ月に1センチくらい成長します。親はそろそろ抱っこするのが大変になってきたのではないでしょうか。

「歩き」の発達の度合いには個人差がありますが、この時期になると多くの子が上手に歩けるようになります。歩き始めて半年ほど経つと、小走りになったり、ジャンプしたり、階段をよじ登ったりと動きも活発に。2歳近くになると、階段の上り下りや、ボール蹴りもできるようになる子もいます。

足腰がしっかりするだけでなく、手もめざましい発達をします。スプーンで食べる、積み木を積む、クレヨンでグルグルと線を描くなど、できることがますます増えてくるでしょう。

離乳食が完了し、幼児食への移行の時期です。犬歯や臼歯も生えてきて、食べられるものも多くなりますが、好き嫌いもはっきりしてきます。

やわらかいボールを蹴れるようになり、サッカーごっこを楽しめます。

心

自己主張が強まり、やりたいことが増えます

歩いて好きなところに行けたり、手足も自由に動かせるようになるので、これまで以上に好奇心も旺盛になり、「これもやりたい」「あれもしたい」と自己主張が強くなります。ひとりで着替えをしたがる子も多いようです。

大人のまねも大好きで、お手伝いをしたがることも。もちろんまだ上手にはできませんが、できるだけ子どものやりたい気持ちを尊重してあげましょう。

この時期の「やってみる→できた」の体験を重ねることは達成感につながり、同時に記憶力も伸びていきます。しだいに自分のものと人のものとの区別ができる力もついてきます。

生活

言葉のやりとりができるようになります

これまでにたくさんの言葉を聞いて頭にためてきましたが、そろそろ言葉が口から出てくるようになります。なん語ではなく、意味のある言葉で意思疎通ができるようになってくるのです。

「ママ、大好き」などの二語文が言えるようになり、自分の気持ちを伝えられるようになると、自分の思い通りにならなくてと起きていたかんしゃくも、少しずつおさまってくるでしょう。

ただ、言葉の発達も個人差は大きいものです。2歳になっても二語文が出てこないようであれば、かかりつけ医を受診してください。

大人の掃除や料理のまねがしたい時期です。代用できるものをもたせて。

1歳6カ月～2歳 お世話のポイント

身の回りの危険やマナーは根気よく教えてあげましょう

活発に動き回るのでますます目が離せなくなります。とくに走ったり、ジャンプをするようになると、道路に飛び出したり、高い所から飛び降りようとしたりとヒヤヒヤすることも多くなるでしょう。子どもは、まだ自分の行動の先に危険があることは知りません。そういうことをしたら、「危ないからダメ」と、はっきりした態度で制することが大切です。

外出も多くなり、電車に乗ったり、レストランや公共の施設に行ったりするときに、子どもが騒いだり歩き回ったりして、周囲の人に迷惑をかけることも。必ずその場でマナーを教えていきましょう。

危険の察知もマナーも、まだこの時期の子どもは一度に理解することはできません。何度も注意されながら、危ないことはしてはいけない、人に迷惑になることはしてはいけないと覚えていきます。親は「またか」と感情的に怒るのではなく、根気よく言い続けることがポイントです。

子どもが正しい行動に修正できたときや、上手にできたときは思い切りほめてあげましょう。

このころの一日（例）

From 先輩ママ

“動き”の成長はゆっくりめでしたが、ここにきてテレビ番組に合わせて踊ったり、ドアノブを回して開けたり……と、できることがグンッと増えてビックリ。あと女の子だからなのか口が達者で、2語3語が出てくるようになりました。話せるようになって、さらに自己主張が強くなってきました。そろそろイヤイヤ期に突入しそうな予感です。

（1歳9カ月の女の子のママ・陽子さん）

脳を育てる遊び・コミュニケーション

「ごっこ遊び」で想像力を伸ばす

大人のやることに興味をもって「やりたい」気持ちが高まります。ぬいぐるみや人形を抱っこしたり寝かしつけたりといった「人形ごっこ」や、おもちゃのカメラで写真を撮るまねをする「カメラごっこ」など、「ごっこ遊び」で想像力を伸ばしましょう。ままごとやミニカー遊びもいいですね。ただこの時期になっても、おもちゃを口に入れることがあります。おもちゃはなめてもいいものを用意しましょう。

外遊びも楽しくなります。公園などで思いっきり体を動かしましょう。ブランコやすべり台は、重力の感覚を育てる最適な遊びです。

あそび1 スプーンを使って お豆すくい

大きめのスプーンで大きめの豆をすくってお皿の中へ。最初はスプーンを上から握ってもつのでもいいのですが、慣れたら正しいもち方の見本を見せて、少しずつできるようにしましょう。道具を使った遊びは、集中力や考える力を伸ばし、手先の感覚を刺激します。

あそび2 崩すのが楽しい 大きなブロック遊び

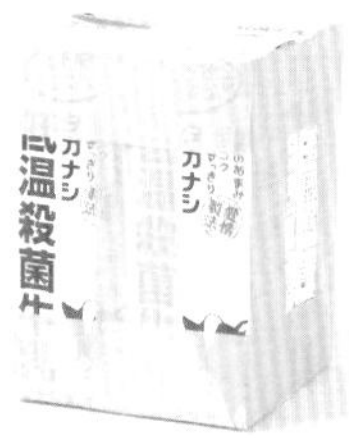

牛乳パック４本や６本をまとめて作るくらいの大きなブロックを使ったブロック遊びがおすすめです。積み重ねる動作も体を大きく使います。積み重ねるだけで楽しいですが、高く積み上げて「せーの」で一気に崩すのはもっと楽しい。「また作ろう」という気持ちを伸ばします。

あそび3 パパの背中で お馬さんごっこ

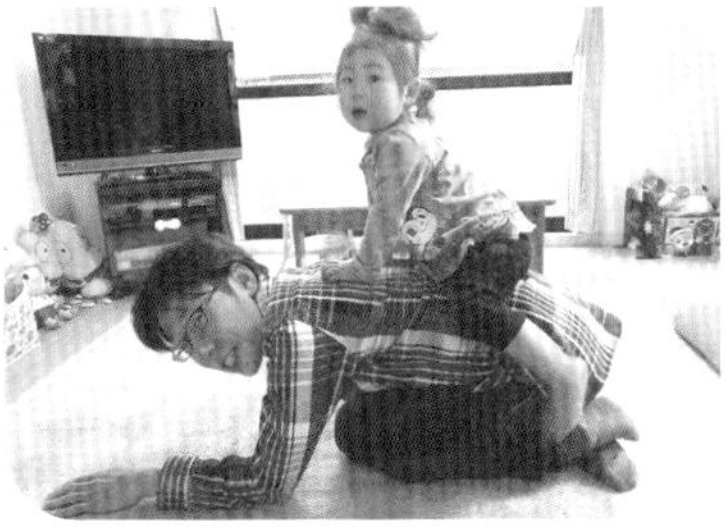

体力勝負の遊びはパパに活躍してもらいましょう。パパの背中に乗る「お馬さんごっこ」は目線が高くなり、いつもと違った景色が見えて、新鮮な気分で子どもは大好き。スキンシップにもなります。パパはときどき上体を上げてみましょう。子どもは落ちないように、パパの体にしがみついたり、バランスを取ったりします。

1歳6カ月～2歳の気がかりQ&A

Q トイレトレーニングではじめにすることは？

A おしっこのことを共通の言葉で理解させましょう

まず、おしっこのことをチッチなどと共通の言葉として理解するために、おむつ替えのときに「チッチ出たね」などと声をかけてあげてください。トイレをテーマにした絵本などを読むのも有効です。「チッチ出たね」「チッチ気持ちいいね」と何度も言って、本当に出たときにチッチと言ってくれたらステップ1の終了です。次のステップに進みましょう。

TOPIC おむつはずれは子どものペースで
↓106ページ

Q 間食をあげないと大泣きされる

A 間食は補食として決まった時間にあげてください

補食が必要な年齢ですので、決まった時間に与えるようにしましょう。泣けばもらえるということを繰り返すことはよくありません。泣かなくてももらえるということを学ばせてあげてください。また、間食は「補食」と考え、お菓子ではなく、おにぎりや果物、ふかし芋など、栄養補給になるものを選ぶとよいでしょう。欲しがるだけ与えることはせず、決まった量にすることが大切です。

Q 大人がマスクを着用している場合、発達に影響は？

A 喜怒哀楽の表現、共感性、コミュニケーション力などの発達に影響がでる可能性も

0歳～1歳6カ月にかけては、言語の発達をはじめ、コミュニケーション能力や共感性を発達させる重要な時期です。赤ちゃんは、大人の表情を見ながら感情を読み取り、口の形をまねて言葉や食事の咀嚼《そしゃく》を覚えていきます。大人がマスクを着けていると、口元や表情が読みとれないため、感情表現や発語の遅れなど、発達に影響が出る可能性があります。離乳食期の「もぐもぐ」と咀嚼する動きも、マスクで見えないためまねしづらく、うまく噛めないといったケースもあります。

マスクを着けている場合は、わかりやすい発音を心がけたり、大きなジェスチャー付きで表現したりすると、伝わりやすくなります。食事を食べさせる際は、大人もなるべくマスクを外し、口元を見せるよう、こころがけましょう。

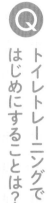

Q ものを投げることをやめさせたい

A もし投げてしまったら なぜ投げてはダメかを ていねいに説明します

投げていいものと投げてはいけないものの区別がついていない年齢ですので、投げられて困るものは隠しておいてください。投げてはいけないものを投げたら、その場で「これは食べるときに使うものだから投げてはダメよ」などと、ていねいに教えてあげましょう。親がものを投げるのを見ている子は、それをまねするので、いくら言葉で伝えても言うことを聞きません。

Q 歩けるのに抱っこをせがんでくる

A 触りたいものがあると降りて歩きます。眠いときは抱っこを

子どもにとっては、歩くより抱っこのほうが楽で気持ちがいいので、せがむのは当然です。でも、触りたいものがあると降りたがります。「あっ、こんなところにアリさんがいるよ」などと声をかけながら歩くと、つられて歩きますよ。そのほか、急に眠くなってしまったときも抱っこを求めてきます。そういうときは、抱っこできるのはこの年齢だけだと思って抱っこしてあげてくださいね。

Q 子どもをたたいてしまい 子どもといるのがつらい

A 子育てに脅しは不要。つらいと感じるなら カウンセリングを

子育てに「おしりぺんぺんします」などの脅しは必要ありません。痛いという感覚を体験させても反省にはつながりません。たたかれて育てられた子は、誰かをたたいて要求を通そうとします。子どもはどんなに虐待されてもママが好きと心から思っています。まずは子どもに謝って、ハグしてあげてください。子どもといるのがつらいのは重症です。早めにカウンセリングを受けることをおすすめします。

TOPICS

イヤイヤ期、〃魔の2歳児〃を乗り越えるには

1歳後期からだんだん強くなる自己主張。いわゆる〃魔の2歳児〃の対応のしかたについて伝授します。

なんにでも「イヤ！」と言うのは自我が芽生えだした証です

生まれたばかりの赤ちゃんは、自分と他人との区別がつきません。ママと自分は一心同体であると思っています。その後、大人とのかかわりを通じて「自分は他人とは違うんだ」ということを徐々に学び、1歳6カ月ごろになると「自分でやりたい」という自我が芽生えます。すると、相手の意思に関係なく、なんにでも「イヤ！」と言って、自分の要求を押し通そうとするようになります。本当に言いたいことがあってもうまく言えない、自分でやりたいのにうまくできない……その思いがすべて「イヤ！」で表現されるのです。強烈な自己主張にびっくりするかもしれませんが、これは成長の証拠です。

イヤイヤに命令や脅しは禁物 なるべく選ばせてあげましょう

子どものイヤイヤが増えてくると、「早くしなさい！」「何回言ったらわかるの！」と頭ごなしに叱りがちですが、命令や脅しは逆効果です。子どもの自己主張を受け止めて、「どっちがいい？」と選択させてあげるといいでしょう。こうすることで、だだをこねていた子どもも自分の気持ちをわかってもらえたと納得し、心が安定していきます。

覚えておきたいのは、1歳児は「じっとしていなさい」などと止められても、その意味を理解して行動を抑えることがまだできないということ。そのため、「ここに座っててね」などと行動を促すような言葉をかけてあげることがポイントです。また、うまくできなくてかんしゃくを起こしていたら、「自分で洋服を着たかったんだよね」というように、子どもの気持ちを代弁してあげてください。

2歳6カ月からの「自分で！」には時間に余裕をもって対応を

2歳6カ月ごろになると、イヤイヤもレベルアップします。これまでは、自己選択させればおさまっていたものが、今度は「どっちもイヤ！」と言い出します。また、都合が悪いことは無視したり、逆のことをしたりするなどの抵抗もうまくなります。3歳になると口も達者になるので、つい腹が立ってしまう瞬間もありますが、言い返さずに「大人になったな」と見守ってあげてほしいものです。

イヤイヤ期の成長をサポートしてあげるには、時間にも余裕をもつことがポイント。「自分で！」と言われたら、なるべくやらせてあげてください。そして、もしできなかったら手伝ってあげましょう。全部ではなく部分的に手伝ってあげると、子どもも達成感を得られます。

このつらい時期を乗り越えるからこそ、「子育ては自分育て」といわれます。

これはNG!

1 大人が先にやってしまう

子どもが自分でしたいと言っていることを、「どうせできないだろう」と大人が先取りしてしまうことは、子どもの自発性を奪う行為なので避けてください。子どもがこだわりがちなことが1日の行動にあれば、時間を前倒しにして誘導してあげると、親もあせることなくやらせてあげることができます。

2 交換条件を出す

子どもの要求に、「ご飯を全部食べなかったらブドウをあげないよ」などと交換条件を出してしまうことがあります。子どもはブドウ欲しさに言うことを聞きますが、そもそもなぜごはんを食べなくてはならないのかはわからないまま。そのうち、交換条件がないと言うことを聞かなくなってしまいます。

3 子どもの失敗を叱る

例えば、洗濯物をたたみたがってすでにたたんだ洗濯物の山を崩してしまったときなど、子どもが自分でやりたがったことを失敗したときに叱るのはやめましょう。失敗してしまったという時点で、子どもはショックを受けています。その中で、大人が叱りつけるのは傷口に塩を塗るようなものです。

\もし/ 他の子を噛んでしまったら？

友達とかかわりたい気持ちをうまく表現できなかった結果

保育園など、1～2歳の子どもが集まる場で見られるのが「噛みつき」や「ひっかき」です。他の子どもに関心が高まってきたものの、言葉や遊びで表現できずに、噛みついたりひっかいたりするなどの乱暴なアクションを取ってしまいます。噛みついてしまう子どもは、人とかかわる力が弱い傾向にあるので、大人のサポートが大切です。

子どもの気持ちを代弁してやり、大人が子ども同士をつないで

もし、子どもが噛みついてしまったら、大人が噛みついた理由を探り、「ラッパが欲しかったんだよね」などと気持ちを代弁してあげてください。そのとき、「○○ちゃん痛いって泣いてるよ。かわいそうだよね？」と相手が痛がっていることも伝えます。そして、子どもの輪に大人も入っていっしょに遊び、かかわり方を教えてください。

2〜3歳

心も体も赤ちゃんから幼児へ。自分でできることが増えます

2〜3歳のサイズ目安

男の子
身長 ▶ 81.1〜97.4cm
体重 ▶ 10.06〜16.01kg

女の子
身長 ▶ 79.8〜96.3cm
体重 ▶ 9.30〜15.23kg

MODEL 湊 璃巴ちゃん

この時期の成長ポイント

- 身長が伸びますが、なかでも足が伸びてまっすぐになってきます
- 乳歯は上下20本近く、生えそろいます
- 自立心が芽生えて、なんでも「イヤイヤ」するようになります
- 「なんで?」「どうして?」と質問が多くなります

体

手足が伸びてスリムに。幼児体形になります

運動量がますます増え、ずんぐりした赤ちゃん体形から、すらっとした幼児体形になってきます。身長も伸びますが、この時期はとくに足が伸びる時期。足腰もしっかりしてきます。

多くの子が走ったり、ジャンプしたりができるようになります。階段も手をつかずに上り下りできたり、すべり台やブランコ、三輪車なども乗れるほど、運動能力がぐんと伸びます。

2歳代の後半以降は、膀胱の機能が発達し、おしっこをためられるようになってきます。2時間くらいおむつが濡れていないなら、おむつはずれの時期かもしれません。昼間はパンツで大丈夫でも、夜はまだおむつをはずせない子が多い時期です。排泄機能の発達も個人差が大きいので、あせる必要はありません。

3歳近くになると、歯も乳歯上下20本がほぼ生えそろいます。虫歯もできやすくなります。

ソファや台から飛び降りるのも上手になるのでドタバタにぎやかです。

心

2歳は「イヤイヤ期」。自立への第一歩です

2歳を過ぎるとなんでも自分の力でやりたがるようになります。親がやってあげたり、手伝ったりするのもいやがりますが、「いけません」と禁止されたり、「こうしなさい」と言われると、激しく抵抗します。自分でやらないと気が済まないけど、やってみるとできない。そんな自分にもイライラして「ママ、やって！」と甘えることも。これは自我が芽生えてきても、まだママやパパに甘えたいという気持ちの表れです。自立と甘えの間を行ったり来たりしながら成長していきます。

好奇心も高まるばかり。3歳近くになると、どんなことも「なんで？」「どうして？」と聞いてくることが多くなります。

生活

基本的な生活習慣を身につける時期です

お医者さんごっこなど、「ごっこ遊び」に熱中する姿も見られます。

一日の生活の流れがほぼ安定してきます。お昼寝は日中に1回か、しない子もいます。日中よく遊んで体を動かし、早寝できるようであれば、お昼寝はしなくてもかまいません。生活のリズムを安定させると、子どもの情緒の安定にもつながります。

親のまねをしたがり、なんでも自分でやりたがる時期です。あいさつや歯みがき、手洗い、着替えなどの基本的な生活習慣を、遊び感覚で少しずつ身につけていくことができます。その場で親が見本を示しながら、あせらずにできるようになるのを見守りたいものです。

2〜3歳 お世話のポイント

自分でやらせながら、さりげなくサポート

「イヤイヤ期」が始まり、なんでも「自分でやる」と言ったら、できるだけ本人の気が済むまでやらせましょう。しばらくして、できなくて「やって」と甘えてきたときは、突き放したり、「自分でやるっていったでしょ」と叱ったりせずに、やってあげて、子どもの気持ちを満たしてあげてください。できなくてかんしゃくを起こしてしまったら、さりげなく手伝ってあげるのも方法。

この時期のお世話は、手を出すことより「好きなだけやらせて見守る」を心がけたいものです。親もがまんが必要な場面も多いですが、子どもの「自分でできた」という自信は、次もやってみようという意欲につながります。

とはいえ生活習慣の定着までには、まだ親の手はかかります。歯みがきは「自分でやる」と頑張ってもみがき方は不十分です。みがき残しがないかチェックし、仕上げみがきをしてあげてください。

友達と一緒に遊べるようになります。もしケンカになったら、様子を見て仲裁に入ってあげて。

● このころの一日（例）●

0			
1			
2			
3			睡眠
4			
5			
6			
7	朝食		
8		外遊び	
9			
10			
11	昼食		
12			
13			お昼寝
14			
15	おやつ		
16			
17		室内遊び	
18			
19	夕食		
20	お風呂	歯みがき	
21			
22			睡眠
23			

From 先輩ママ

なんでも自分でやりたがり、着替えもお出かけの準備も徐々に自分でできるようになってきました。でも朝の忙しいときや、やるって言ったのに結局やらないなどヤキモキする場面もあります。なるべく余裕をもって準備するように心がけてはいるのですが、なかなか大変です。寝かしつけてからのコーヒータイムが至福の時です☆

（2歳11カ月の女の子のママ・有美さん）

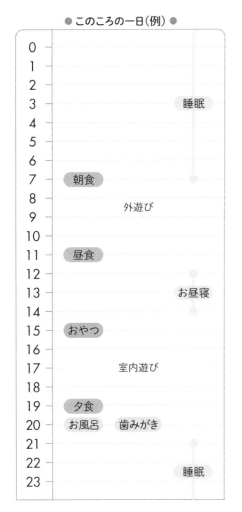

2〜3歳

脳を育てる遊び・コミュニケーション

道具を使った遊びで手先に意識を集中

大人をまねて道具の使い方を覚える時期です。はさみやスプーンなども遊びのなかで、使えるようにしていきましょう。新聞紙を切る、スプーンで小さいものをすくうなどの遊びは、集中力を高め、指先を器用に動かす練習になります。

ボール投げや輪投げといった「目標とする人やものに向けて投げる」遊びもおすすめです。投げるという動きの感覚を身につけ、集中力も養います。

階段の上り下りも、体重移動しながらバランスを取る練習ができる遊びとしておすすめ。階段から落ちてケガをしないように大人が見守るなかで、たくさんさせましょう。

階段は下りるほうが運動としても高度。手すりをしっかり持つように教えて。

あそび1

はさみの練習
紙吹雪作り

まず、紙を縦に細長く幅2㎝くらいの帯状に切ります。子どもがやるのは難しいなら、親がやってあげましょう。できた帯を2㎝くらいの長さになるようにはさみで切っていきます。できたら、手ですくって舞い上げて紙吹雪を楽しみましょう。

あそび2

記憶力アップ
かくれんぼ

かくれんぼは、記憶力や、予測して行動する力を伸ばします。最初は隠れるところを見せたり、子どもが見つけやすい場所に隠れて、すぐに「ここだよ」と教えたりするところから。本気で隠れて、子どもを不安にさせてはいけません。

あそび3

線を描いて
平均台遊び

平均台は使いません。床の上にビニールテープをまっすぐ2mくらい貼って、その直線の上を歩く遊びです。線があるだけで、歩くという行為に集中するのでバランス感覚や足の裏の感覚を養います。慣れてきたら後ろ向きで歩いても。

2～3歳の気がかりQ&A

Q じっとしていないのはADHD（注意欠陥・多動性障害）？

A 3歳健診の途中で部屋から出ていったら経過を見ることも

子どもはじっとしていません。3歳健診のときにママやパパの抱っこではなくひとりでいすに座らせて健診をしますが、ママやパパと話している間に部屋から出ていってしまう場合は多動の傾向があるかもしれないと経過を見る目安としています。親が対応の仕方を早期に学ぶことで、叱る回数も減って親子で苦しまずに済みます。子育てが大変と思うときは地域の保健師や「子どもの心相談医」（91ページ参照）に相談を。

Q おむつが濡れても平気な顔をしている

A 不快な感じがわかるトレーニングパンツを使ってみましょう

おむつが濡れたらなるべく早く取り換えることが大切ですが、高性能の紙おむつでは蒸れる不快さもないので、不快感を得られるトレーニングパンツがおすすめです。ママの掃除が増えて大変ですが、足全体がびしょびしょになって気持ち悪いと思えると「取り替えて」と言ってくるでしょう。その後、おしっこが出たら教えてねと伝えておくと「出た」と教えてくれるようになります。

Q おむつがはずれたのにまたおもらし

A 寒くなってくるとタイミングがずれ失敗することも

寒くなるとタイミングがずれて、失敗してしまうことは多いです。失敗が増えてきたら一旦おむつに戻し、暖かくなったらまた再開という程度に考えてあげてください。

Q 周りの子と比べて言葉が少ない

A 育児日記をつけて、3カ月ごとに見ると成長を実感できます

語彙《ごい》を増やす速度は個人差が大きく、女児は早めです。育児日記をつけて、3カ月単位で成長を確認してください。テレビ漬けや、親のスマホ依存による話しかけ不足がないか、確認してみましょう。

Q 友達をたたいたり突き飛ばしてしまう

A 子どもに理由を聞いていけないことだと教え、いっしょに謝りましょう

まず相手の子の親にひと言謝り、自分のお子さんに理由を聞いてあげてください。理由はなんであれ、たたいたり突き飛ばしたりすることはいけないこととときっぱりその場で話し、相手の子にいっしょに謝りましょう。明らかに相手が悪いときは、大人が代わりに相手の子に「おもちゃを取り上げたり、たたいたりしてはいけないのよ」と伝えてあげてください。その行動や言葉を子どもは学びます。

Q 左利きかもしれない。直すべき？

A 左利き用品も多いので矯正する必要はなし。個性と考えましょう

昔は、文房具やキッチン用品などに左利き用の扱いがなく、左利きの人は不便な思いをしていたようです。そのため、親は子どもが不便な思いをしないようにと右手を使うように矯正していました。

しかし、現在では左利き用の製品がたくさん売られているので、矯正する必要はとくにありません。無理に矯正するのではなく、個性のひとつとして考えてあげるといいでしょう。

Q テレビやスマホはどのくらい見せていい？

A 長時間のメディア視聴は発育に影響を及ぼします。家庭でのルール作りを

スマホやタブレットで、子ども向けの動画やアプリを見せている人も多いと思います。今や学校でもタブレットやパソコンを使う時代ですので、「絶対利用してはダメ」ということではありません。しかし、4時間以上のメディア視聴には視力や言葉の発達に影響を及ぼす（64ページ参照）といわれ、日本小児科医会では、2歳未満はメディア視聴を避け、2歳以上は2時間までの視聴を提言しています。

近年は、メディア視聴時間の増加で、運動不足による筋力低下などが問題になっています。体力や運動能力を伸ばすためには、外で体を動かして遊ぶ時間が大切。子ども同士のふれあいで社会性を身につけ、言葉を覚えていきます。大人も自分の「スマホ生活」を見直してみましょう。

TOPICS

おむつはずれは子どものペースで

おむつは、親が「はずす」のではなく、子どもの体と心の準備が整えば自然に「はずれる」ものです。

STEP 1 言葉がわかるようになってきたら〝チッチ〟など共通の言葉で理解を

いきなり「トイレへ行こう」と言われても、子どもはなんのことをいっているのかわかりません。トイレトレーニングの第一段階は、おしっこやうんちを共通の言葉で認識してもらうこと。おむつ替えのたびに、「チッチでてスッキリしたね」などと声をかけてあげてください。また、トイレや排泄がテーマの絵本などをいっしょに読み、トイレのイメージ作りも並行するといいでしょう。その後「チッチでた」と教えてくれるようになったら、第一段階卒業です。

STEP 2 トイレに行くという時間を生活の節目に設けましょう

おしっこの間隔があくようになってきたら、お散歩や食事の前後など生活の節目にトイレタイムを設けましょう。「おしっこでる？」と聞いても、この時期の子どもは「でない！」と言います。その後、あまり時間をおかずに「チッチでそう…」と言って親をあわてさせたり、間に合わなくておむつにしたりすることがよくあります。これらを防ぐポイントは、尋ねるのではなく誘うこと。水分を多めにとっている日などは、子どもがしたいそぶりを見せなくても、タイミングを見てトイレに誘ってあげましょう。

絵本などでトイレを知ってもらおう

トイレトレーニングOKのサイン

1 おしっこの間隔があく

膀胱の機能が発達してくると、2～3時間おしっこをためることができるようになってきます。昼寝の後などにおむつが濡れているかチェックしましょう。

2 ひとりで歩ける

ひとり歩きができるようになることも、トイレトレーニング開始のサイン。歩けるということは、脳が十分に発達したということを示しています。

3 言葉を理解できる

尿意や便意など自分の気持ちを言葉で伝えられるようになることも大切です。「チッチ」など共通の言葉で理解できていればいいでしょう。

トイレでできたときはたくさんほめてあげましょう

トイレトレーニングを始めたばかりでも、タイミングが合えばおしっこに成功することがあるでしょう。そういうときは、たとえ偶然であっても「チッチできたね」とほめてあげてください。達成感が得られるだけでなく、おしっこがでたことを膀胱の感覚と合わせて認識できます。

STEP 3 お兄さん&お姉さん パンツに替えてみましょう

トイレでおしっこに成功する頻度が上がってきたら、いよいよお兄さん&お姉さんパンツの出番です。おもらしが心配な場合は、防水シートを吸水性のある素材ではさんだ3～6層構造のトレーニングパンツも市販されています。少しのおもらしであればキャッチしてくれますが、紙おむつとは違って不快感があります。洗濯したときに乾きづらいところが難点です。布おむつと同様、ライフスタイルや子どもの性格に合わせて選ぶといいでしょう。

おもらししてしまっても 叱らないことが大切です

トイレトレーニングにあせりは禁物です。トイレが間に合わなかったときは、尿意を伝えられていればほめてあげてください。おもらしをしてしまった場合は、「チッチしたくなったら教えてね」と声をかけてあげましょう。トイレ嫌いにさせないよう、とにかく叱らないこと。

おむつはずれで気になる！ Q&A

Q トイレトレーニングに向いている季節は？

A 取り組みやすい春～夏がおすすめ

夏は、汗や吐く息からも多くの水分が失われる「不感蒸泄《ふかんじょうせつ》」があり、おしっこの間隔も長くなるため、トイレトレーニングにはいいタイミングといわれます。また、おもらしをしてしまっても、洗濯物が乾きやすい季節ということもママにはうれしいですね。

Q おしっこはできるのにうんちができない

A うんちのコントロールは別物と考えて

うんちはおしっこと違って、いきまないと出せません。床に足が届かない洋式のトイレだといきみづらくて嫌がっている可能性もあるので、足元に踏み台を置いたり、おまるで練習したりするのもおすすめです。うんちが自立するのは3～5歳。長い目で見守ってあげましょう。

Q 夜のおむつはいつ卒業できるの？

A 体の機能が整うのを待ちましょう

睡眠中のおしっこの量が減少し、膀胱にためておけるようになれば、おねしょをしなくなります。この機能が整うのは、大体5～6歳ごろといわれており、なかには小学生になってから夜のおむつをはずせた子もいます。おねしょシーツを敷くなどの対策をするのがおすすめです。

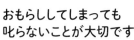

TOPICS

親子の防災対策

いつ起こるのかわからない自然災害。いざというときのためにパパとママで話し合い、対策をしっかりしておきましょう。

家族との連絡方法や避難場所、非常持ち出し品の確認を

災害対策の基本は、いつ何が起こっても大丈夫な心構えと準備を行うこと。

まず、災害時の避難場所の位置を市区町村のホームページなどで確認しましょう。一時避難場所は、学校や公園などが設定されていることが多く、家族の集合場所にできます。

次に決めておきたいのは、災害時の家族の連絡方法。NTTの「災害用伝言ダイヤル（171）」や携帯電話各社の「災害用伝言板」など、利用しやすいサービスを決めておくことが大切です。

最後に、避難持ち出し品のチェックを忘れずに。ベビーフードなど賞味期限のあるものは、半年に一度確認し、新しいものと入れ替えを行いましょう。

災害用伝言ダイヤルなどは事前の体験利用が可能

「災害用伝言ダイヤル(171)」や携帯電話各社の「災害用伝言板」は、体験利用日が設けられています。

- 毎月1日・15日（00:00～24:00）
- 正月三が日（1月1日 00:00～1月3日 24:00）
- 防災週間（8月30日 9:00～9月5日 17:00）
- 防災とボランティア週間（1月15日 9:00～1月21日 17:00）

携帯電話の災害伝言板

災害時には携帯電話各社によってインターネット上に「災害用伝言板」が開設されます。全キャリアからの伝言検索が可能です。

伝言の登録

1. キャリアのポータルサイトのトップメニューから「災害用伝言板」に移動。スマートフォンの場合はアプリを開く
2. 「登録」を選択
3. 安否情報の状態を選択し、メッセージを入力。入力後、「登録」を選択する
4. 完了

伝言の確認

1. キャリアのポータルサイトのトップメニューから「災害用伝言板」に移動。スマートフォンの場合はアプリを開く
2. 「確認」を選択
3. 安否を知りたい人の携帯電話番号を入力し、「検索」を選択する
4. 検索結果が表示される

赤ちゃん用の防災グッズも忘れずに

大人用の避難グッズといっしょに、赤ちゃん用の持ち出し品もセットしておきましょう。

□ 紙おむつ（最低3日分）	□ 母子健康手帳、健康保険証、乳児医療証
□ 粉ミルクまたは液体ミルク（最低3日分）	□ 靴（あんよができれば）
□ 飲料水（1リットル）	□ 抱っこひも
□ 哺乳瓶、消毒グッズ	□ おやつ、おもちゃ
□ ベビーフード、スプーン	□ バスタオル
□ 着替え（最低3日分）	※ママの生理用品も忘れないようにしましょう
□ おしりふき	

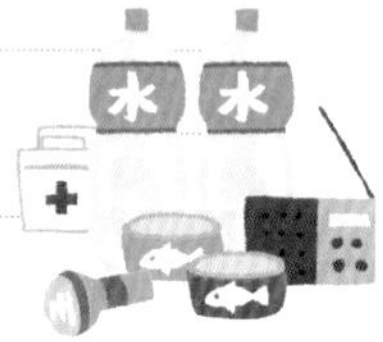

Part 2

これさえ読めば怖くない！
お世話の基本

赤ちゃんとの生活が始まったら、まず気になるのはお世話の仕方。
おむつの替え方から赤ちゃんとのお出かけまで、
パパ&ママが知りたいお世話の基本をていねいに解説します。
ニュースで話題の最新情報もチェック！

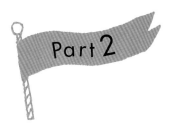

パパ、こうじ
今では一通りの育児はできますが…
最初は典型的な初心者パパでした
スマホやテレビを見つつ
ながら育児
口を出したら、こう主張…
オレだって息抜きの時間が欲しい…
…
ママはいわゆるガルガル期※
はあああ!?
こちとらトイレですら自由にできないんですけどォォォ!?
ガル
ガル
そんな感じなので
やりたいときだけ育児してくれればいいから!!!
と、ママからキレられることも…
それでもパパなりに一生懸命お世話していましたが…
もっとやさしく持っておしりふき使いすぎ
うんち取れてないよちゃんとみてる?
ガル
ガル
自信もなくし、仕事の忙しさから
自信
ズドーン
横から口を出されるのが大キライ
育児から遠ざかってしまう時期もありました
オレは仕事で家族に貢献すればいいか…
数カ月後…
ママにも育児の余裕が生まれ
パパも仕事の余裕ができた頃
お互いの様子を見る余裕も出てきました
チラッ
風呂入れてくるわ
ヨロシクー
感謝の気持ちも少しずつ生まれてきました
5分でも10分でもゆったり過ごせて幸せだなぁ
ありがたい
この頃から「二人三脚の育児」ができるようになってきたと思います

※ガルガル期とは医学用語ではありませんが、出産後、ママが赤ちゃんを守るために、攻撃的になる、感情が不安定になるといった時期を言います。

突然ですが!!
ママ（かなこ）が
パパ（こうじ）に
やってもらって
助かること3
1 体を使った全身あそび！
持ち上げるのは大変！
子どももパパも
楽しそうでうれしい！
2 お風呂や子どもとのおでかけ！
完全な自由時間は
それだけでストレス
発散になる！
3 話をじっと聞いてくれる！
ひとりで抱え込まず
話を聞いてくれる
人がいる安心感！
逆にパパがありがたかったことは何ですか？
オレはね…
やっぱり…口を出さないでそっと見守ってくれたこと！
主導権をオレにくれるとやる気も出る!!
あとで「アドバイス」として話してくれたときはありがたかったよ
得意・不得意なことの分担をしてたのもありがたかったな
フロはオレ、上がったあとの保湿はママとか
ママと「同じ完璧」を求めないのも大切なことなんだろうね
分担は家庭それぞれだろうね
そんなこんなで注意深くパパの育児を見て、口を出していたママも…
ガルル…
ビクビク
次第に安心して"まかせる"ことができるようになりました
子どもと関わるの楽しい!!
今になって思えばお互いに感謝の言葉が足りなかったよね
オレは産後のガルガル期ナメてたわ…
ゴメンて ホルモンバランスの変化だから コントロール不能なの
いつもありがとうね
これからもよろしくね
THANK YOU!
ママもパパも別の人間だから、お互いを尊重して歩むことは大変だけど、やっぱりママの一番の味方はパパ！
二人三脚の育児は、つらいことを半分に、楽しさは2倍です！

抱っこの仕方

親子の大切なふれあいです

首がすわっていない赤ちゃんを抱くのは初めは緊張するかもしれませんが、すぐ慣れて楽になります。

抱きぐせを気にせず抱っこしてもOK

　抱っこは、親子のスキンシップとして大切な時間です。小さくてふにゃふにゃした赤ちゃんを抱っこするのは怖いかもしれませんが、ポイントを覚えれば簡単です。よこ抱きするときは、赤ちゃんをできるだけ体に密着させ、ひじの内側で頭を支えましょう。手首だけで頭を支えると、腱鞘炎《けんしょうえん》になる場合もあるので気をつけて。首がしっかりしてきたら、たて抱きをしてあげると視界が変わって喜びます。

　赤ちゃんは、ママの鼓動を聞くと、おなかにいたころを思い出して安心します。思う存分抱っこしてあげてください。

低月齢期の基本　よこ抱きの方法

1

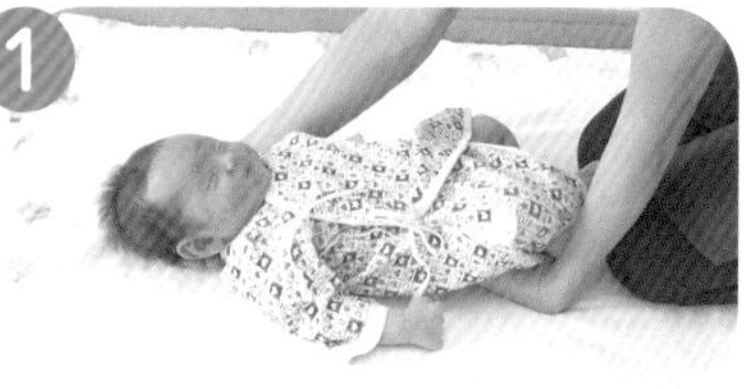

赤ちゃんの首の下に手を入れる

頭を支える側の手を、赤ちゃんの後頭部と首の間あたりに差し入れます。首もしっかり支えることがポイント。

2

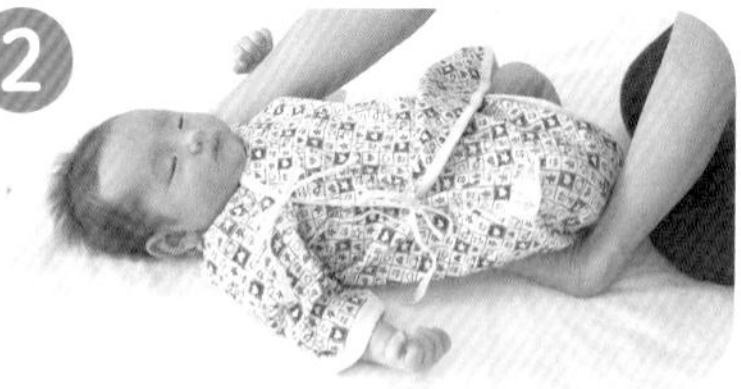

反対の手でおしりを支える

反対側の手を赤ちゃんのおしりの下に差し入れ、おしりを包むように支えます。お股をはさむように持つ方法もあります。

3

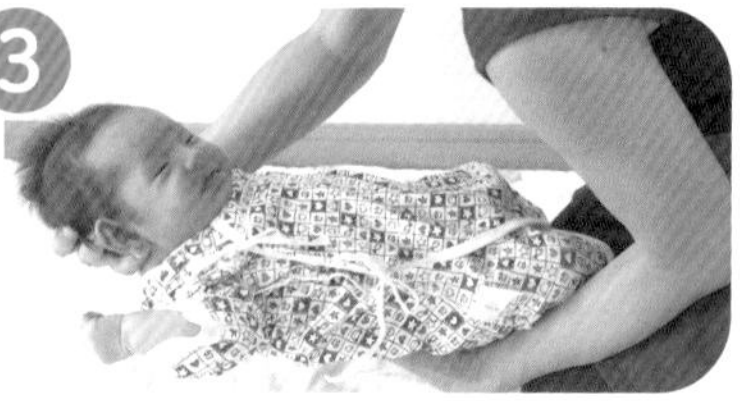

声をかけながら抱き上げる

赤ちゃんの首とおしりを支えて、ママの体ごとゆっくりと起こします。赤ちゃんが驚かないように語りかけてあげて。

4

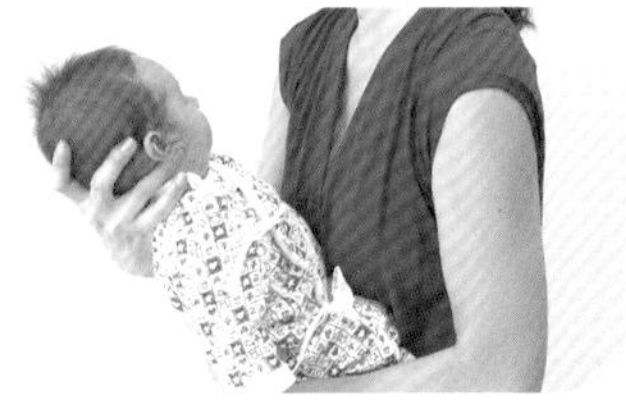

赤ちゃんを胸に引き寄せる

赤ちゃんをママの胸に引き寄せます。こうすることで、ママの腕や腰への負担が軽くなります。

5

ママのひじの内側に頭をのせる

赤ちゃんの頭を、ママのひじの内側までずらします。ひじを曲げると頭をしっかり支えられます。

6

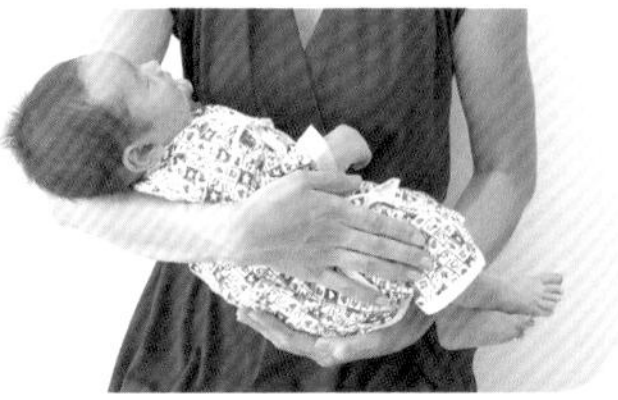

背中からおしりをしっかり支える

足側の手で、赤ちゃんの背中からおしりを包むように支えれば完成。鼓動を聞かせると赤ちゃんも落ち着きます。

眠っていても大丈夫 抱き下ろす方法

1

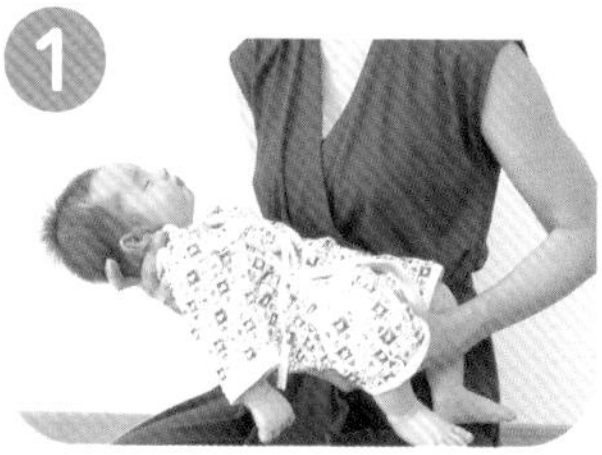

頭をひじから外す

赤ちゃんの頭をママのひじからはずし、手のひらで支えます。

2

お股を支える

おしりを支えていた手をずらし、赤ちゃんのお股をはさむようにします。

3

おしりから下ろす

ひざをついてすわり、赤ちゃんのおしりからゆっくりと下ろします。

4

頭を下ろして手を抜く

最後に赤ちゃんの頭をそっと下ろし、ママの腕を引き抜きましょう。

首をしっかり支えて たて抱きの方法

1

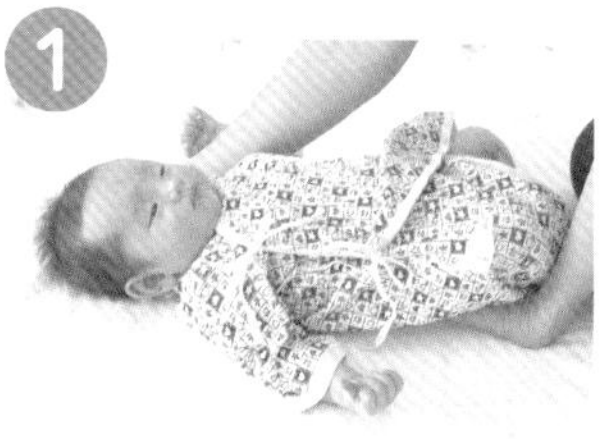

首とおしりを支える

よこ抱きと同じように、赤ちゃんの首とおしりの下に手を差し入れます。

2

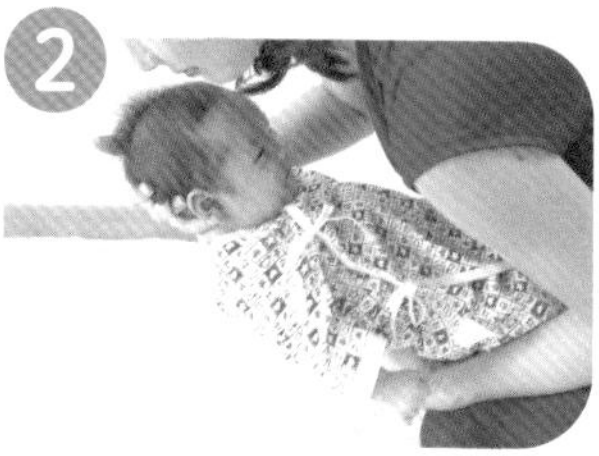

ゆっくり抱き上げる

ママの体ごと起こすイメージで、そっと抱き上げましょう。

3

ママの胸に引き寄せる

赤ちゃんと向き合うように、体を起こして抱き寄せます。

4

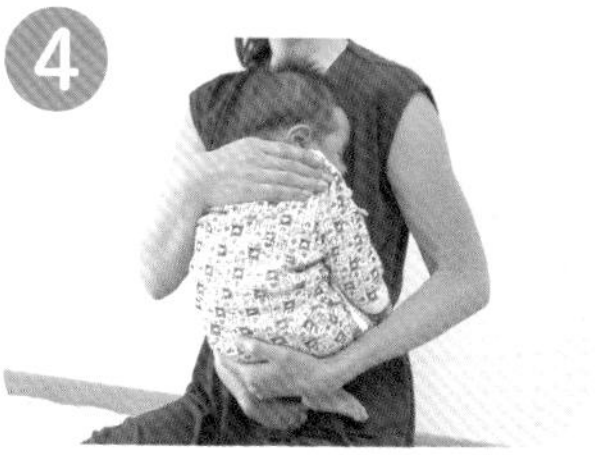

首とおしりを支える

赤ちゃんのおなかを密着させ、首とおしりをしっかり支えてください。

ポイントをおさえよう 抱き替えの方法

3

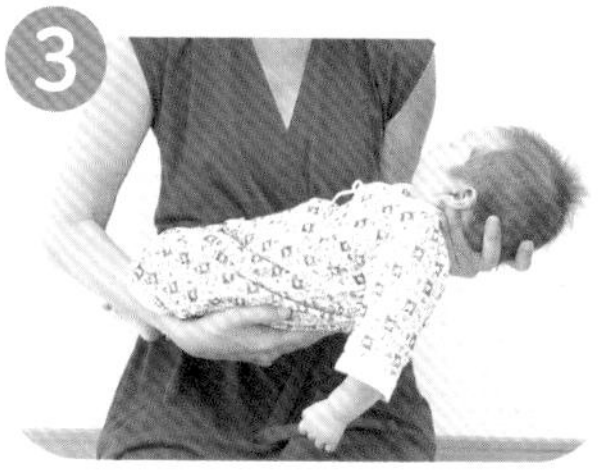

頭をひじの上にのせる

手で支えている赤ちゃんの頭をひじの内側に移動させましょう。

2

おしりを軸にして回す

おしりの位置はそのままで、頭を反対側にもっていくように回します。

1

片腕で全身を支える

頭側の腕でおしりまで支え、逆の手をおしりからはずして首に添えます。

おむつ替えの基本

授乳のたびにおむつをチェック!

低月齢のころは排泄の回数が多いので大変ですが、おむつかぶれを防ぐためにもおしりは常に清潔に。

紙おむつ

使い捨てなのでコストは高め。吸収力と通気性を兼ね備えた高い機能性が魅力です。おしっこを知らせるサインつきのものも。

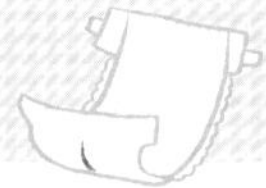

テープ型

新生児～はいはいまで　寝かせたまま替えられます

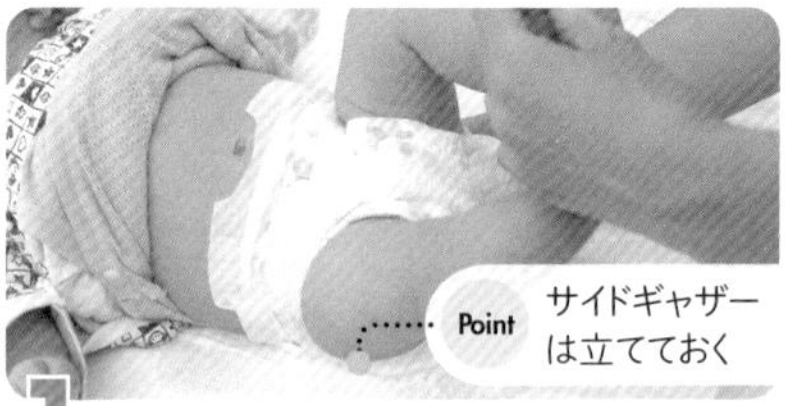

Point
サイドギャザーは立てておく

1 新しいおむつを下に差し込む

汚れたおむつをはずす前に、新しいおむつを開いておしりの下に敷きます。うんちのもれを防ぐために内側のギャザーは立てておきましょう。

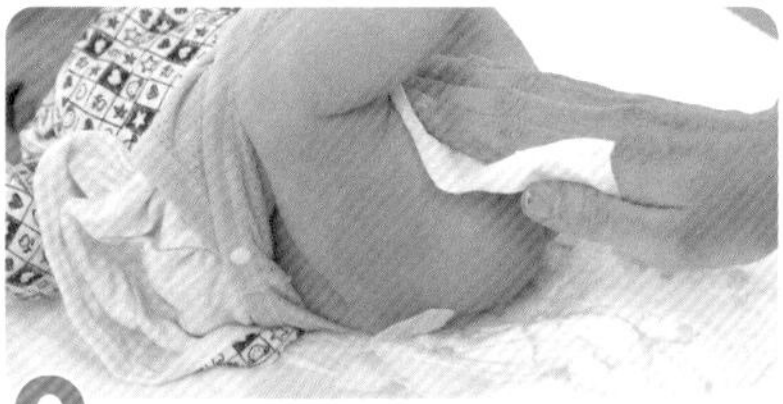

2 おしりの汚れをきれいにふく

汚れたおむつを開き、おしりにつかないように軽く折りたたんでおきます。次に、赤ちゃんの両足をおなか側に倒し、おしりふきで汚れをしっかりふき取りましょう。

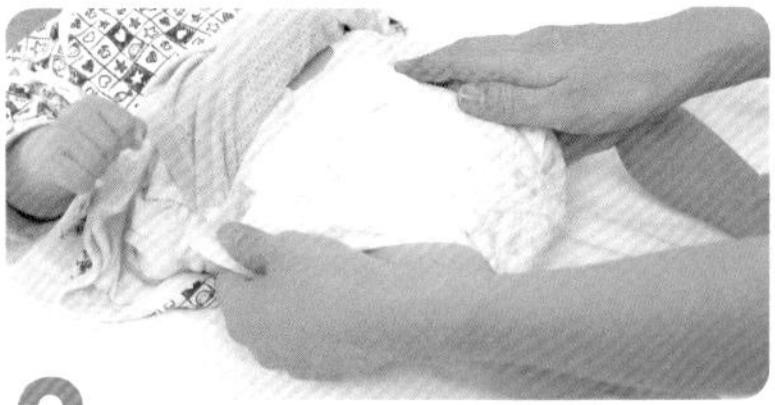

3 新しいおむつを体に沿わせる

汚れたおむつを抜き取ってから、新しいおむつを体にフィットさせるように当てます。このとき、内側のギャザーがおしりをすっぽりと包み込むように立っているかどうかも確認しましょう。

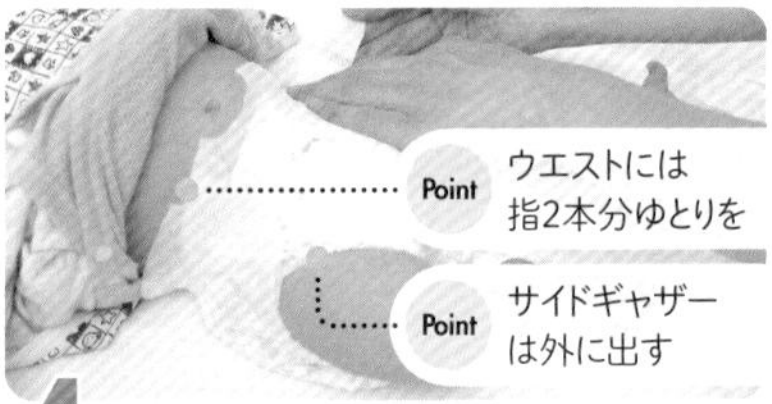

Point
ウエストには指2本分ゆとりを
Point
サイドギャザーは外に出す

4 テープを留めて形を整える

おなかのテープを左右対称になるように留めます。おなかは締めつけすぎないよう、指2本分のゆとりをもたせて。おへそが乾いていなければ、おへそにかかる部分をカットします。

紙おむつの捨て方

1 **うんちはトイレに流す**

おしっこのときはそのままたたんで捨て、おむつについたうんちはトイレに流します。

2 **おしりふきを包み丸めてから処分**

おしりをふいたおしりふきを内側に入れてくるくると丸め、テープを留めます。地域のルールに従って処分してください。

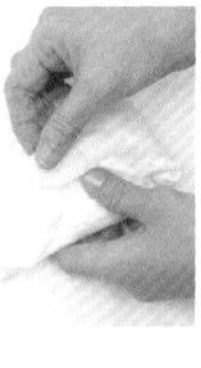

Point 男女別おしりのふき方

男の子

裏のふき忘れに注意

おちんちんの裏側や太もものつけ根のうんちもふき取って。

女の子

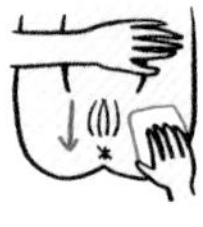

前から後ろが原則

外陰部にうんちが入らないように、肛門の方向にふきます。

布おむつ

布おむつとおむつカバーを購入すれば、繰り返し使えるので経済的でゴミも出ません。ただし、洗濯の手間がかかるのが難点です。

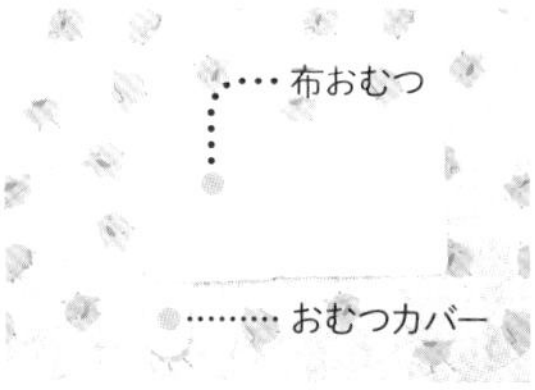

1 布おむつをセットする

布が二重になった輪型のおむつの場合は、あらかじめ四つに折りたたんでおきます（下記参照）。おむつカバーの上に布おむつを重ね、セットしておきましょう。

布おむつのたたみ方

2 長い辺を半分に折る

横の長さが半分になるように長い辺を折ります。

1 短い辺を半分に折る

布おむつを広げ、短い辺を半分に折って横長にします。

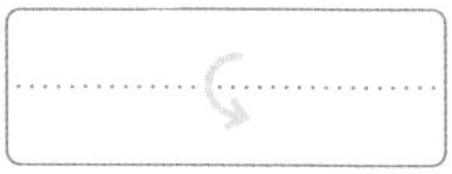

2 汚れたおむつをはずし、おしりをふく

おむつカバーをはずし、おしりの汚れをふきます。おむつの汚れていない部分を使ってもかまいません。おむつカバーも汚れていたら、いっしょにはずしてしまいましょう。

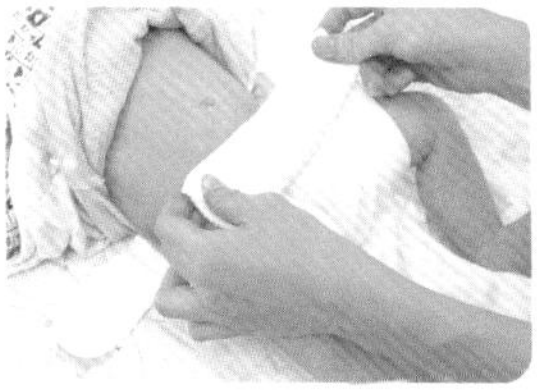

3 新しいおむつを当てる

足のラインに合わせるように端にギャザーを寄せながら、新しいおむつを当てます。男の子は前を、女の子は後ろを外側に折り返すともれにくくなります。

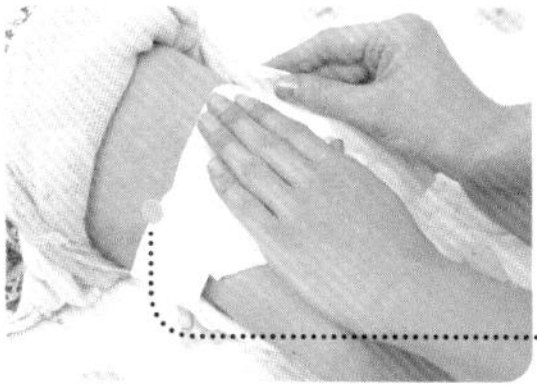

4 カバーのベルトを留める

カバーのベルトをゆったりめに留めます。おむつカバーからおむつがはみ出さないように注意。

Point ウエストには指2本分ゆとりを

パンツ型

動き回るようになったら便利です

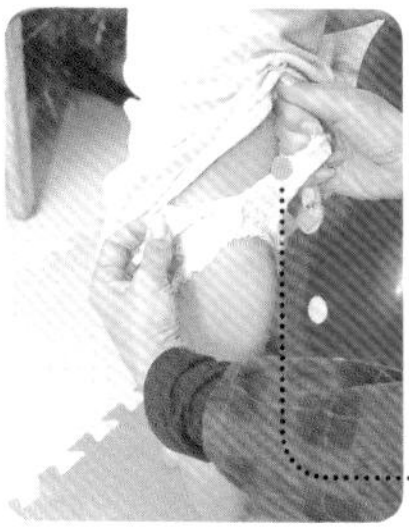

1 汚れたおむつをはずす

おむつのサイドを破って開きます。おしっこのときは破らずにそのまま脱がせてもOKです。

Point わきがやぶれます

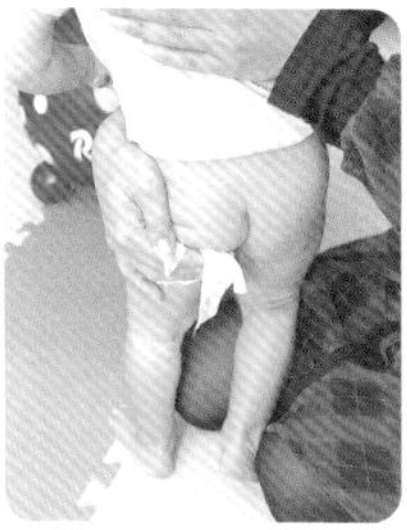

2 おしりふきでふく

つかまり立ちの状態でおしりを突き出させて、おしりふきできれいにふきます。汚れが残りやすい太もものつけ根にうんちがついていないかも確認を。

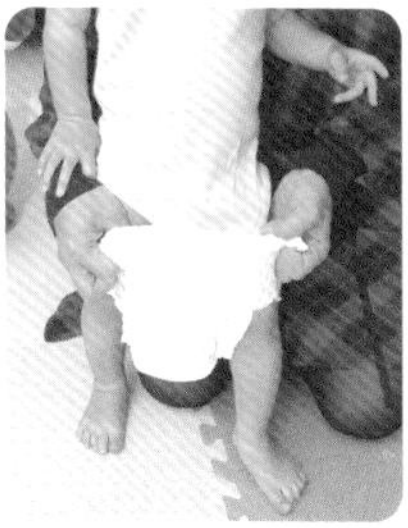

3 片足ずつ通す

おむつのウエスト部分を両手で持ち、片足ずつ通してはかせます。男の子の場合は、おちんちんが内側のギャザーの間にあり、下向きになっているかを確認してください。

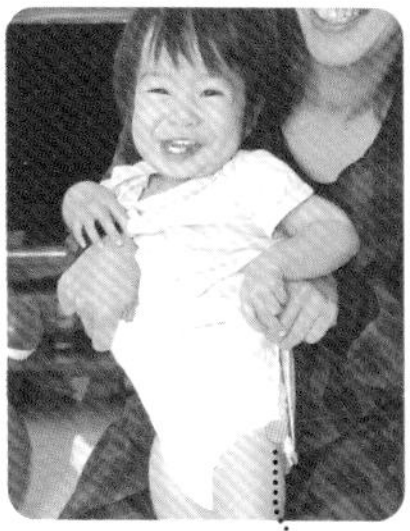

4 おなかまで引き上げる

おむつのウエスト部分をおなかまで上げます。太もものつけ根に指を入れて一周させ、ギャザーが立てば完成！

Point ギャザーは外向きに

妊娠中のママは手洗いを忘れずに

妊娠中のママで、サイトメガロウイルス(※)への免疫がない場合は、おむつ交換の後は念入りに手洗いを。母子感染を防ぐため、上の子の唾液や尿に触れないよう注意してください。

※妊娠時に感染すると母子感染し、赤ちゃんに難聴や脳の障害などが現れる可能性のあるウイルス。

生後
1カ月〜は
いっしょに

沐浴・お風呂

抵抗力のない新生児はベビーバスを使って沐浴《もくよく》を。1カ月健診でOKが出たら大人といっしょに入れます。

沐浴

生まれて1カ月に満たない赤ちゃんでも新陳代謝は活発。毎日できるだけ同じ時間帯にベビーバスで沐浴させてあげ、清潔にしましょう。

沐浴のNGタイミングは？

●授乳直後　授乳直後の沐浴は母乳・ミルクを吐く可能性があります。

●夜遅いとき　遅い時間の沐浴は、生活リズムを狂わせるので避けましょう。

●熱があるとき　熱があってつらそうなときは、体をふけば十分清潔になります。

1 必要なものを準備しておく

- □ ベビーバス
- □ 洗面器または手おけ
- □ バスタオル
- □ ベビーソープ
- □ 沐浴布・ガーゼ（ガーゼ2枚でも可）
- □ 湯温計
- □ 着替え一式
- □ ベビー用のローション、クリームなど

沐浴後、すぐ着替えができるようにおむつは広げておきます。ウエアの内側に肌着を重ね、袖を通しておくとスムーズです。

2 お湯の温度をチェック

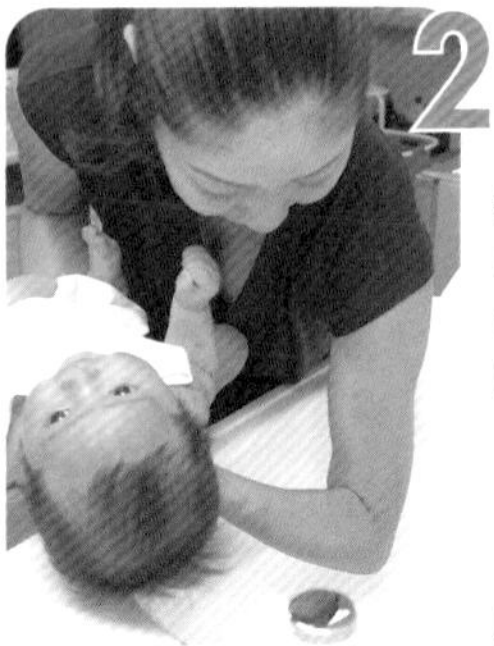

赤ちゃんを湯船に入れる前に、ひじでお湯の温度を確認しましょう。大人が少しぬるく感じるくらいの38〜39度が適温。

3 ゆっくりとお湯に入れる

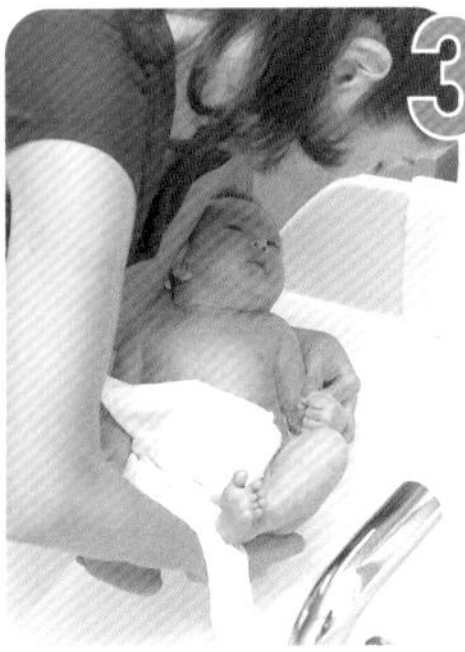

足先からゆっくりと湯船に入れます。沐浴布を胸にかけ、両手を抱え込むと赤ちゃんが怖がりにくいといいます。

4 顔や耳をガーゼでふく

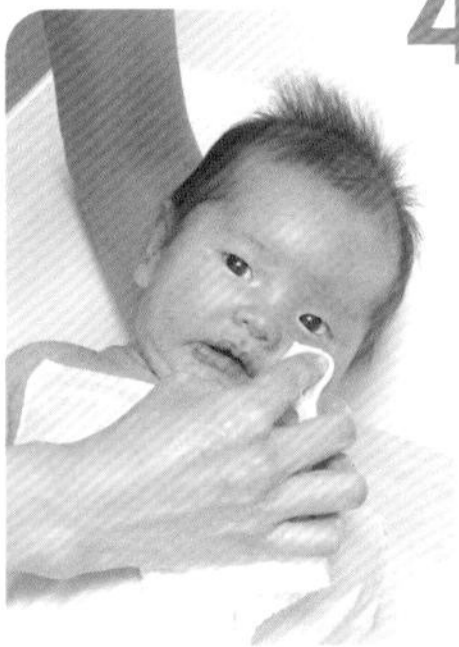

お湯で濡らし、よくしぼったガーゼで、赤ちゃんの目の周りをふき取ります。耳の穴の前や胎脂《たいし》が残りやすい耳たぶの裏側もふいてください。

5 頭を洗う

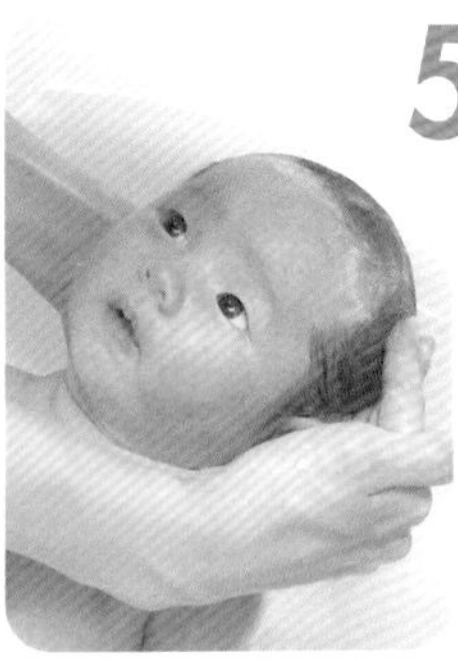

髪の毛を濡らしたガーゼでふき取るように洗います。生後1カ月近くになったらベビーソープを使ってもかまいません。

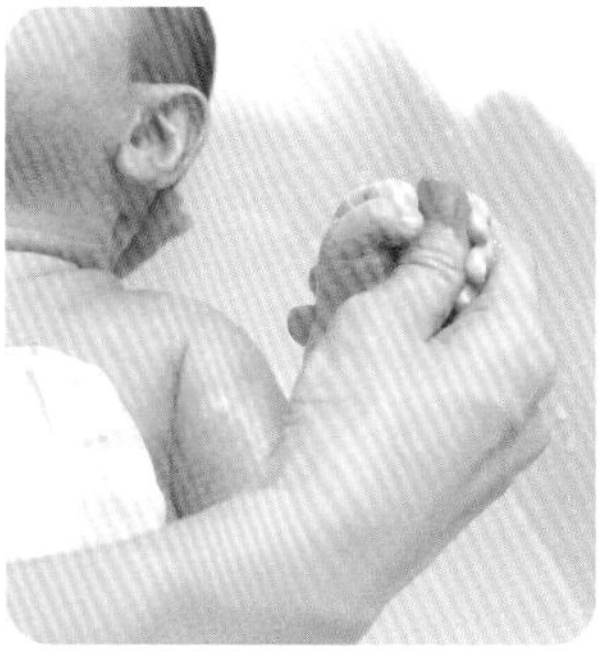

6 首から手まで洗う

首は母乳やミルクで汚れやすいため、親指と人差し指ではさむように、しわの間も洗います。次にわき、腕、手を洗います。握った手は小指側から親指を入れて開きます。

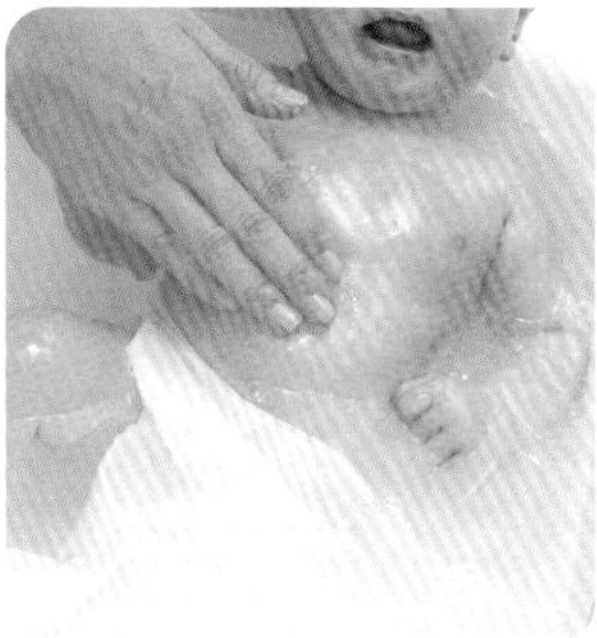

7 胸からおなかまで洗う

胸からおなかにかけてを洗いましょう。おなかは「の」の字を書くように軽くマッサージをしてあげてください。

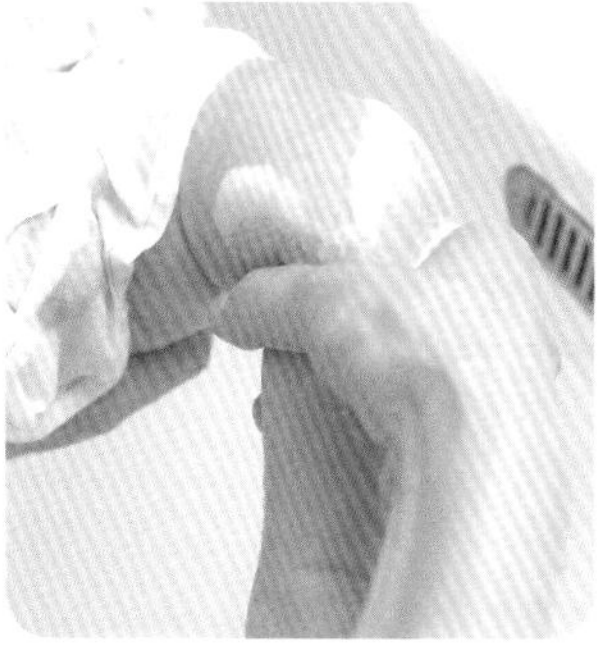

8 足を洗う

足は手のひらで包むようにもち、手首を回すように洗います。ひざの裏、足の裏は親指でなでるように洗いましょう。

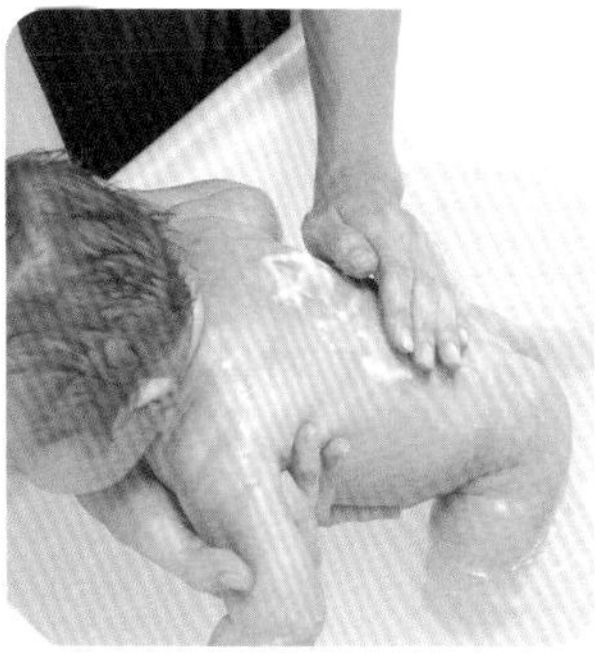

9 背中を洗う

洗っていた側の手を赤ちゃんのわきの下に入れます。赤ちゃんの体を起こすようにうつぶせに返し、背中を洗いましょう。わきの下も胎脂が残りやすい部分です。

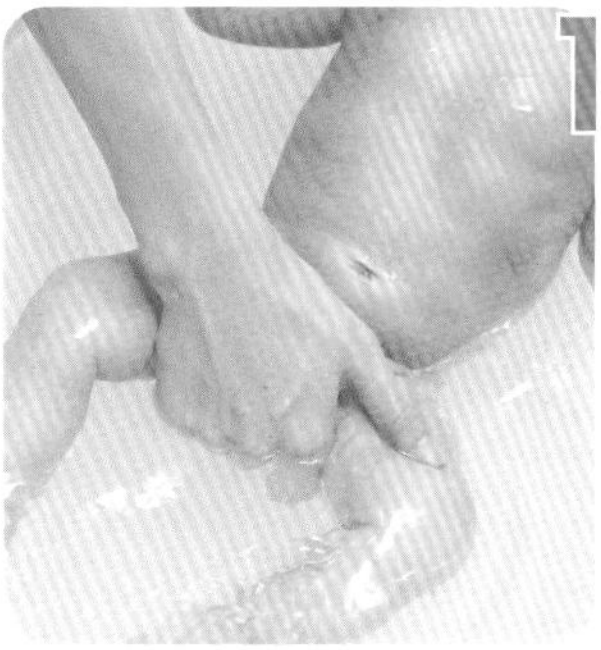

10 おしり、お股を洗う

あおむけに戻し、性器とおしりを洗います。男の子はおちんちんの裏側を忘れずに。女の子は前から後ろに洗いましょう。

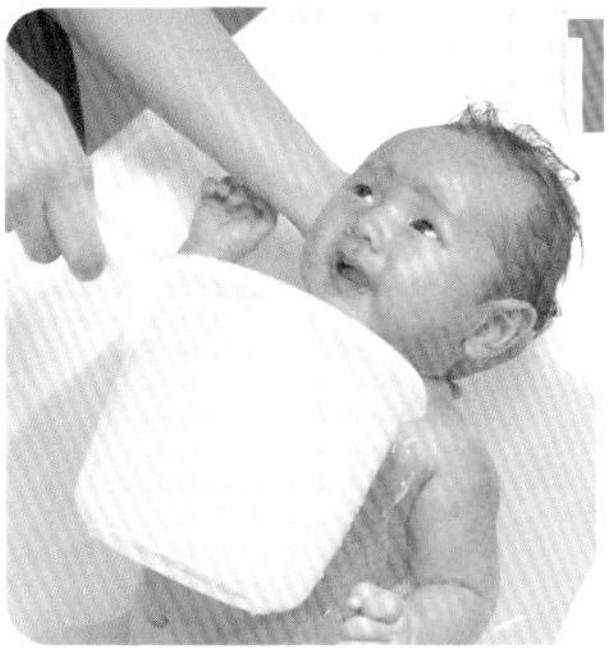

11 湯船につかり、上がり湯を

肩から下をお湯につからせます。最後に新しいお湯を洗面器にくみ、胸からおなかにかけてあげましょう。

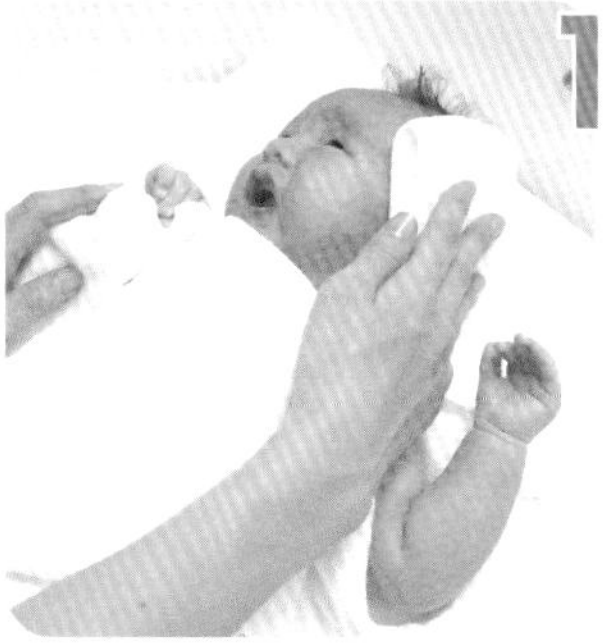

12 タオルで体をふく

ベビーバスから出たら、バスタオルで包んであげましょう。頭と顔をふいたら、押さえるように全身の水分を拭います。ベビーローションなどで保湿をします。

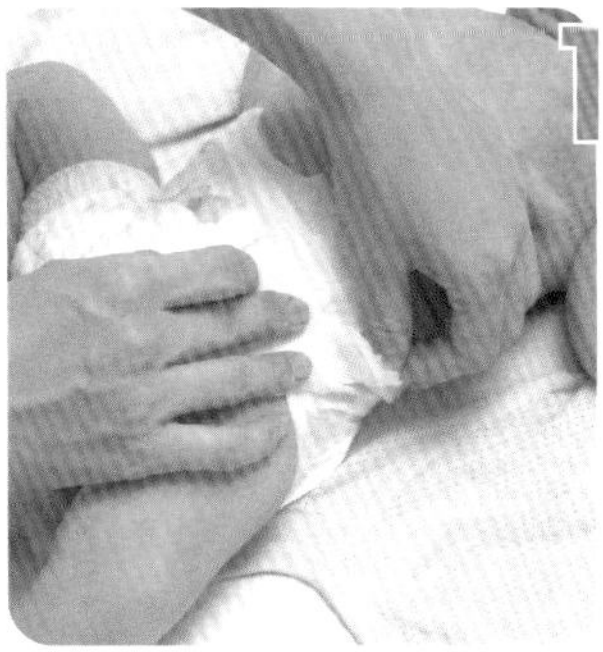

13 おむつをつけ、ウエアを着せる

用意した着替えの上に赤ちゃんをのせ、先におむつをつけます。次に肌着とウエアの袖に腕を通し、ひもなどを結びます。

お風呂

1カ月健診でOKが出たら、大人といっしょのお風呂に入れます。お風呂上がりにあわてないよう、着替えなどの準備をしっかりしておきましょう。

あると便利！なバスグッズ

バスチェア

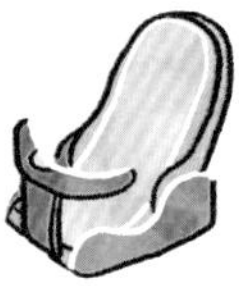

リクライニングできるタイプのものは首すわり前から使えます。すわらせたまま洗えるので安全です。

バスマット

お風呂場で赤ちゃんを寝かせて洗えるマット。大人が体を洗っている間の赤ちゃんの待機場所としても便利。

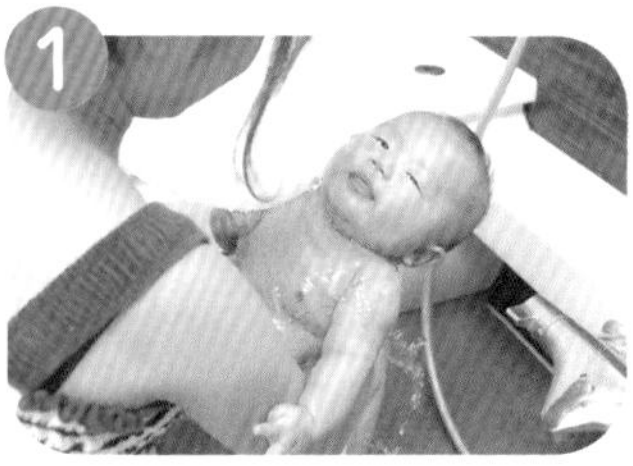

1 かけ湯をして湯船へ

赤ちゃんにかけ湯をしてから湯船に入ります。少し温まりましょう。

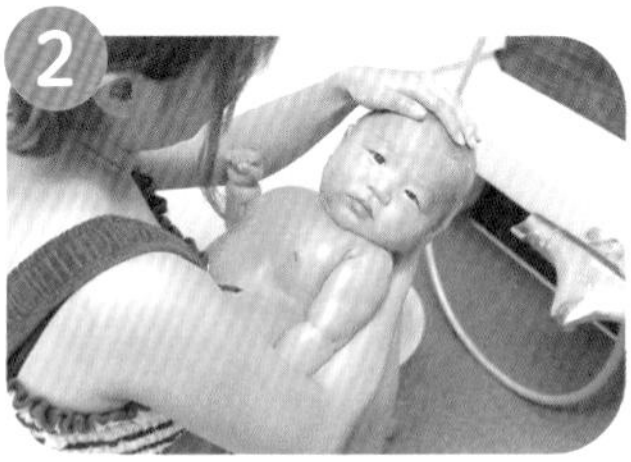

2 顔、頭を洗う

上から順に洗っていきます。まず顔と頭をしっかり洗いましょう。

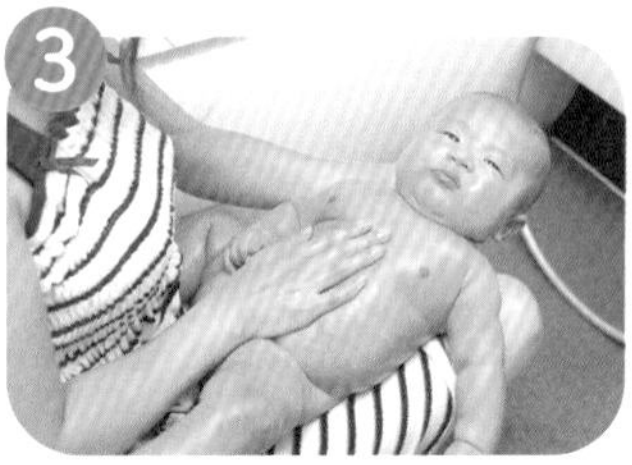

3 体を洗う

次に体を洗います。汚れがたまりやすい首やわきの下も忘れずに。

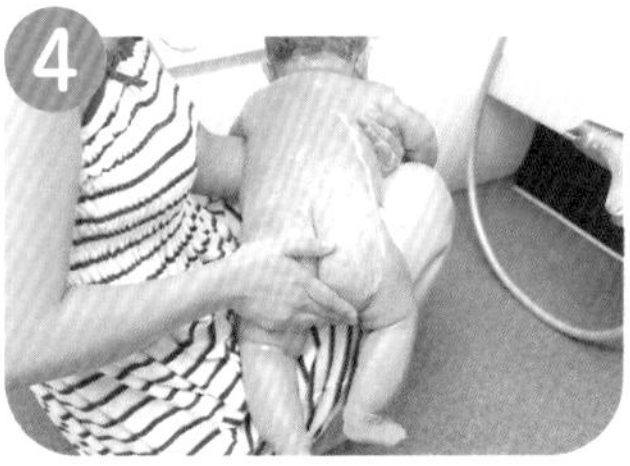

4 背中、おしりを洗う

うつぶせにして背中を洗った後、おしりやお股を洗います。

5 湯船につかる

石けんをきれいに流してから湯船へ。のぼせない程度に温まります。

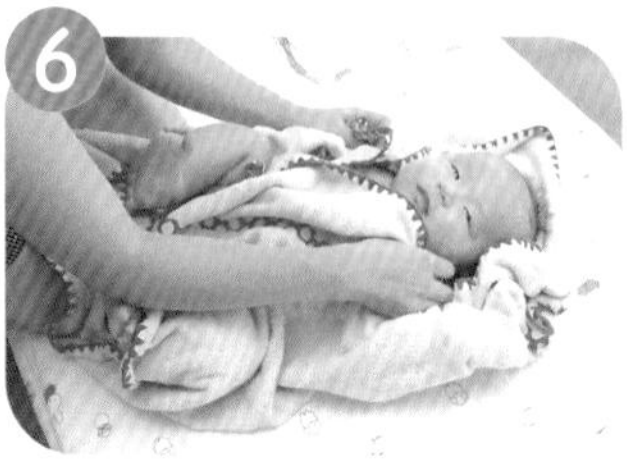

6 タオルで水気を取る

やわらかいタオルで肌を押さえるようにふいてあげましょう。

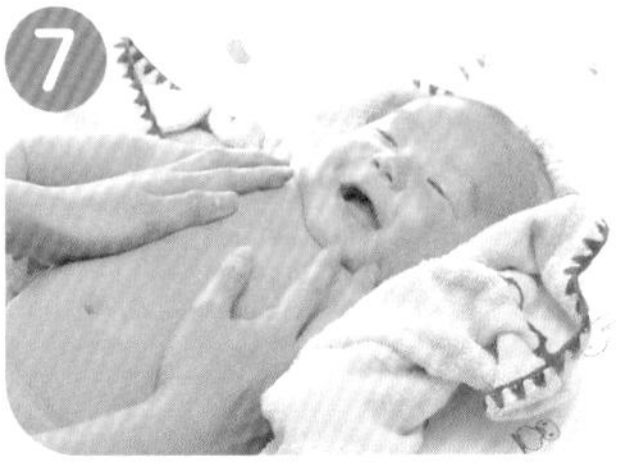

7 保湿剤でスキンケアを

ワセリンなどの保湿剤を全身にのばしたら、服を着せましょう。

人気の首浮き輪は

正しい使用法で

首に取りつける乳幼児用の浮き輪が人気ですが、おぼれる事故が発生しています。万が一、鼻と口が水につかったままだと、死亡する危険もあります。赤ちゃんがご機嫌でも、絶対に目を離さないようにしましょう。

※❷〜❹のように、膝の上で洗うのが難しいようであれば、クッション性のある浴室内マットの上で洗っても問題ありません。

お手入れ

皮膚が薄く、バリア機能も未熟な赤ちゃんの肌はとても繊細です。入浴後は赤ちゃん用の保湿剤で肌をケアする習慣をつくりましょう。

トラブルがなくてもスキンケアは大切

皮膚のバリア機能が未熟な赤ちゃんには、スキンケアがとても大切です。

冬に見られるカサカサ肌は石けんによる洗いすぎが原因のこともあります。洗いすぎた場合は、入浴後に必ず保湿剤を塗って肌の乾燥を防ぎましょう。肌トラブルを放置すると、幼児になってからアレルギーを引き起こす可能性があります。とくにトラブルがなくても、入浴後に保湿剤でスキンケアする習慣をつけるといいでしょう。また、入浴後は目、鼻、耳などのお手入れもおすすめです。

へそ　へその緒がとれるまでは消毒を

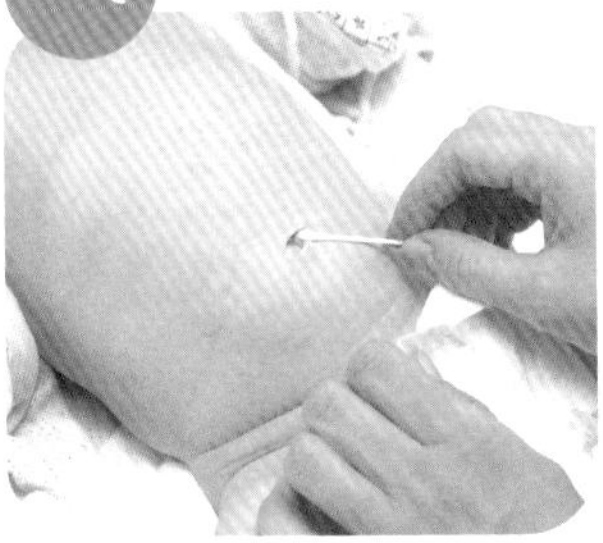

へその緒が取れるまでは、消毒液をしみ込ませた綿棒で消毒しましょう。取れた後は、お風呂上がりに水分をしっかりふき取ればOK。汚れがあるときは綿棒で取ってあげて。

目　目やにがあるときはガーゼでふく

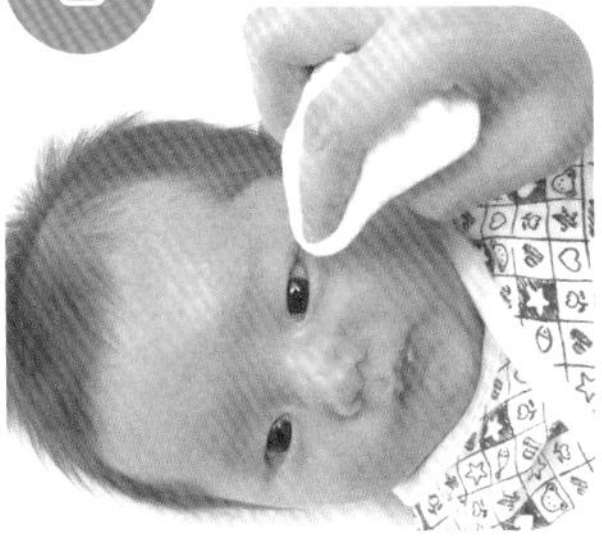

湿らせたガーゼやコットンを人差し指に巻き、目頭から目尻に向かってやさしくふき取ります。違う部分をふくときは、ガーゼの同じ面を使わず、使っていない面に変えてください。

つめ　2〜3日ごとにチェックを

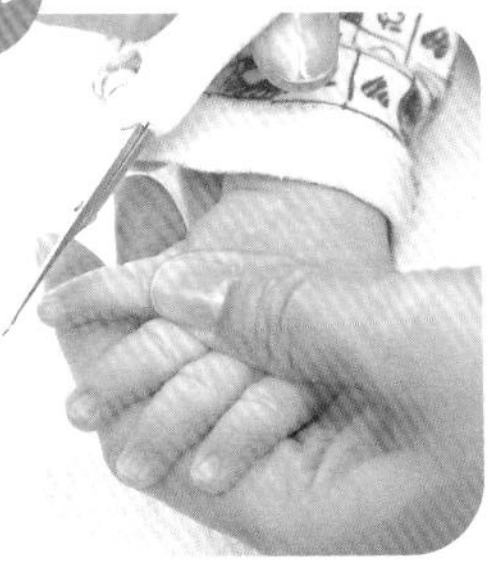

①

深づめに注意して数回に分けて切る

白い部分を少し残して切ります。何度かに分けて切るか、やすりをかけると切り口が鋭くなりません。

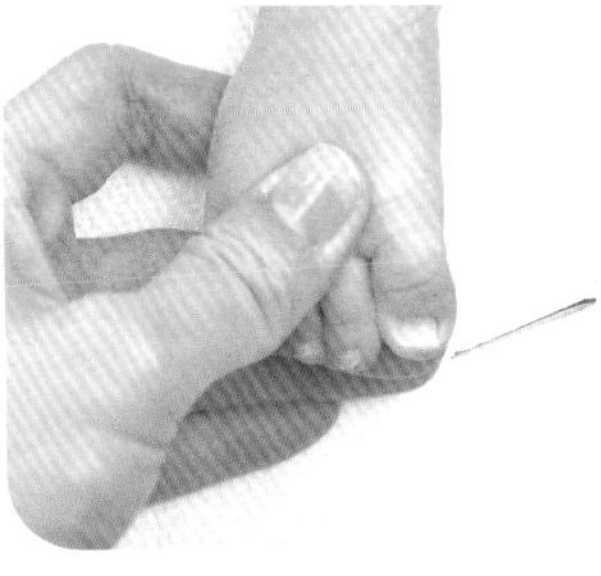

②

指とつめにすき間を作るのがコツ

足のつめは、親指で指を押さえ、人差し指で指の腹を下げ、指とつめにすき間を作って切ります。

鼻　入り口の汚れを綿棒で取る

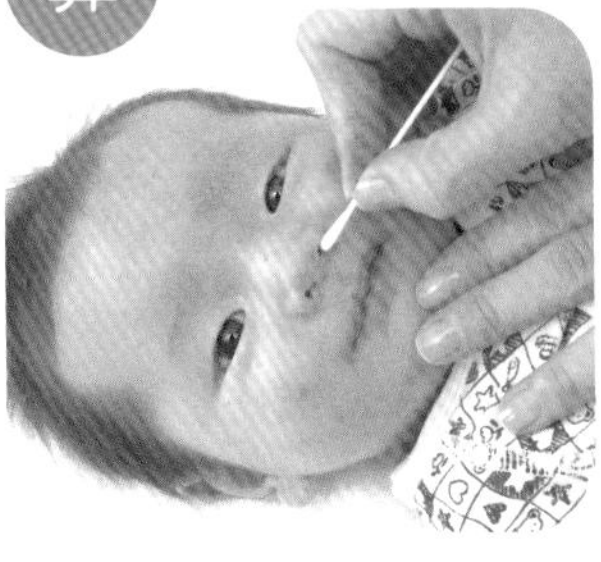

鼻の入り口に綿棒の先を入れ、回しながら鼻くそを絡め取ります。綿棒が鼻の奥に入らないように、顔をしっかり押さえて行うこと。奥の汚れは自然にでてくるので取らないで。

耳　裏側やみぞの汚れにも注意

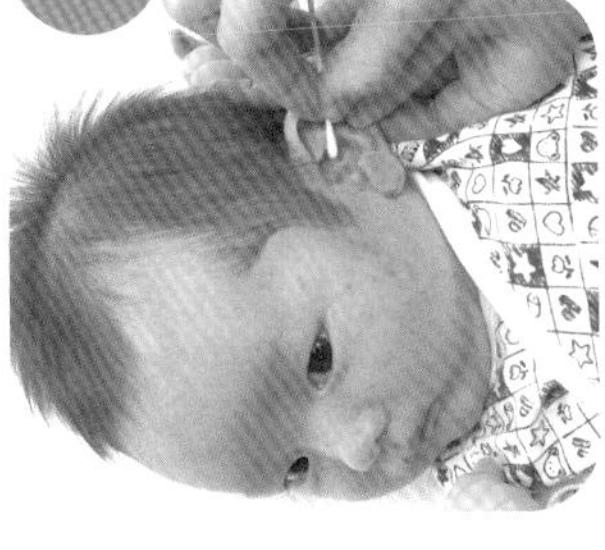

耳の裏側は、湿らせたガーゼでふいてあげましょう。綿棒は耳の奥まで入れず、耳のみぞの水分をとったあと、入口付近をふくだけで十分です。

こんにち"歯"したら はじめよう

歯の生え方と歯みがき

乳歯が顔を出す7カ月ごろから歯みがきを始め、口の中に触れられることに慣らしていきましょう。

乳歯が生えたら予防開始 虫歯ゼロを目指そう

唾液には虫歯菌（ミュータンス菌）が出す酸を中和する働きがありますが、就寝中は唾液の分泌量が減るため虫歯菌が増加し、虫歯リスクが高まります。歯みがきは歯の健康を守るための基本。歯ブラシ嫌いにさせないためには、赤ちゃんのころから口の中への刺激に慣れさせることが大切です。まず、下の歯が顔を出したら、濡らしたガーゼで歯の汚れを取ります。1歳ごろからは、赤ちゃん用の歯ブラシで1本ずつ磨くようにしましょう。1歳を過ぎたら自分でみがくまねをスタート。仕上げみがきも忘れずに行います。みがき残しが起こりやすい部分は、とくに重点的にみがいてあげてください。

そのほか、食後にお茶を飲ませて食べかすを洗い流してあげることも虫歯予防になります。赤ちゃん用のイオン水は虫歯の原因になるので常飲させないで。

乳歯が生える時期			その時期のお手入れ	乳歯の名称
0歳	7カ月 8カ月 9カ月	下の前歯 Aが2本出る	食後に ガーゼなどでふく	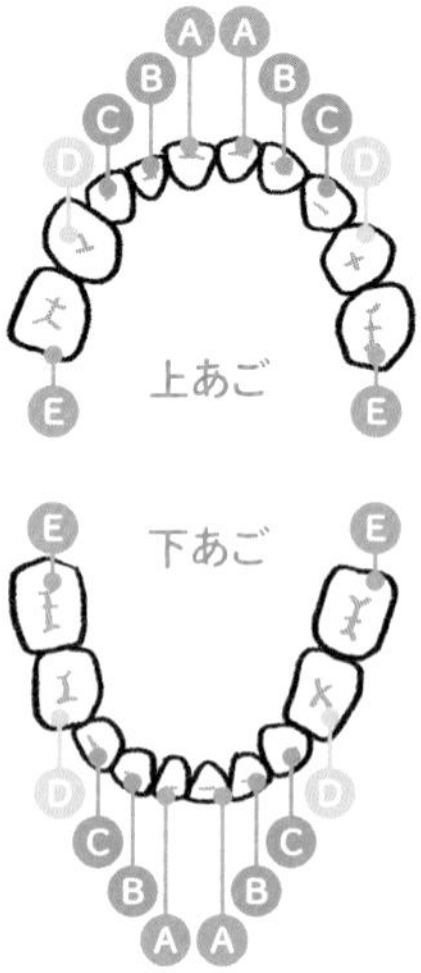
	10カ月 11カ月	上の前歯 Aが2本出る	赤ちゃん用の 歯ブラシを用意。 仕上げみがきは 大人がして	
1歳	1カ月 2カ月 3カ月 4カ月	さらにBが 上下2本ずつ 増え 上下8本に		
	5カ月 6カ月	最初の奥歯 Dが生える	そろそろ自分で みがくまねを しましょう。 仕上げみがきは ひざの上にのせて 大人がして	
	7カ月 8カ月 9カ月 10カ月 11カ月	前歯と奥歯の 間に犬歯 Cが出てくる		
2歳〜3歳		第2乳臼歯 Eが生え、 乳歯がそろう	うがいの練習を スタート	

A 乳中《にゅうちゅう》切《せっ》歯《し》
B 乳側《にゅうそく》切《せっ》歯《し》
C 乳犬《にゅうけん》歯《し》
D 第一乳臼歯
E 第《だい》二《に》乳臼《にゅうきゅう》歯《し》

＼虫歯を防ぐ／
仕上げみがき

自分みがきをするようになった後も、小学校中学年(8〜9歳)くらいまで親の手で仕上げみがきをする習慣を。

歯ブラシの持ち方

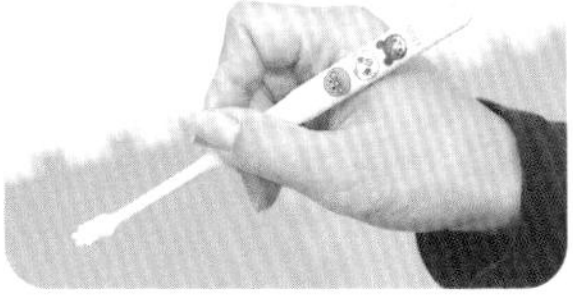

歯ブラシは、鉛筆もちで軽く握りましょう。

歯ブラシの選び方

子ども用の歯ブラシは、痛がることのないように毛が硬すぎないものを選んでください。植毛部が2cm程度で、毛足は1cm弱の短めのものが使いやすいでしょう。土台から反った毛先がはみ出すようになったら交換を。

仕上げみがきの姿勢

1歳までは“抱っこみがき”

あぐらをかいて赤ちゃんをよこ抱きし、赤ちゃんの片手をわきの下にはさんで固定します。

1歳からは“寝かせみがき”

親の足の間か、正座したひざの上に子どもの頭をのせ、あごを押さえてみがきます。

仕上げみがきの注意点

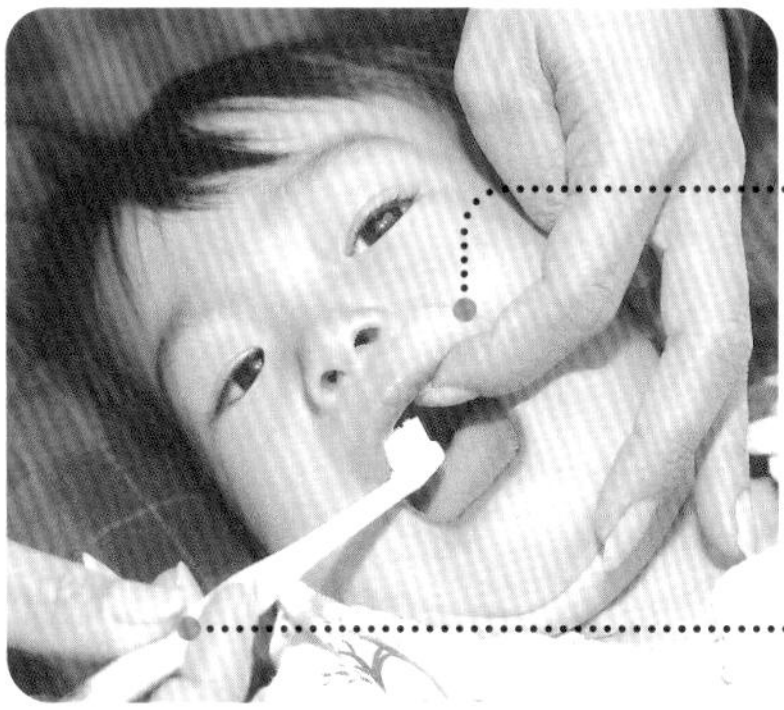

上唇の裏側のスジ(上唇小帯《じょうしんしょうたい》)をガード

一度に1〜2本の歯をみがくイメージで、歯ブラシを横に30回程度細かく動かします

みがき残しやすい場所はしっかり

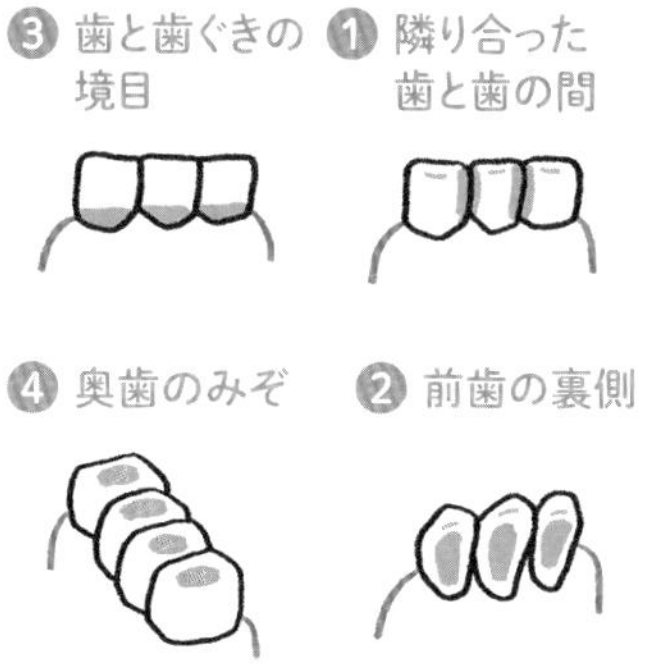

歯のケア Q&A

Q 歯並びの悪さは親から遺伝する？

A 遺伝よりも生活習慣が歯並びに影響しています

歯の形や大きさ、あごの形は親から遺伝しますが、あごの大きさはその後の食生活によって変わります。やわらかいものばかりを食べているとあごは発達せず、永久歯の生えるスペースが足りなくなり、歯並びも悪くなる可能性があります。

Q 乳歯は生えかわるから虫歯になってもいい？

A 乳歯が虫歯で抜けると永久歯が曲がることも

乳歯の虫歯を放置すると、永久歯の歯並びに影響します。乳歯には、永久歯が生える場所を確保する役割もあります。もし生えかわる前に乳歯が抜けると、隣の歯が傾き、永久歯が曲がって生えることがあります。

キホンを覚えれば簡単

肌着&ウエアの選び方・着せ方

汗っかきな赤ちゃんには、なるべく汗の吸収のよい綿素材の肌着やウエアを選んであげましょう。

短肌着をベースに気温に合わせて調節

赤ちゃんには、肌着とウエアを組み合わせて着せます。新生児は、体温調節がまだうまくできないので、大人より1枚多く着せるようにします。ただし、布団を掛けていれば大人と同じでいいでしょう。

1カ月以降は大人と同じ枚数を基準に、背中が汗ばんでいたら1枚少なくします。赤ちゃんは手足で体温調節をしているので、靴下は基本的にはかせません。

着せる枚数の目安

新生児…大人+1枚
体温調節機能が未熟な新生児は、大人より1枚多めが目安です。

1〜3カ月…大人と同じ
1カ月以降は大人と同じに。暑さ寒さは背中を触って判断を。

4カ月〜…大人と同じか−1枚
寝返りできるようになったら大人と同じか1枚少なめでも大丈夫。

肌着・ウエアの基本の着せ方

準備
肌着は重ねておく

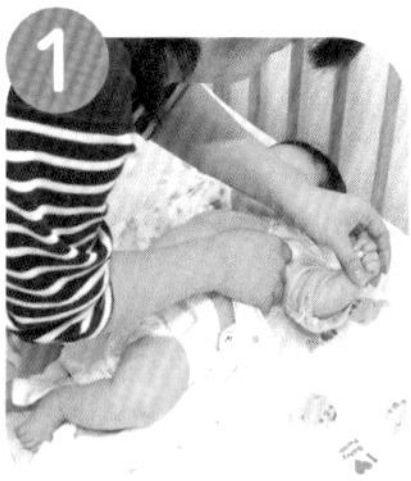

1 赤ちゃんの手を袖に通す
袖口から赤ちゃんの手を引くようにして袖を通します。

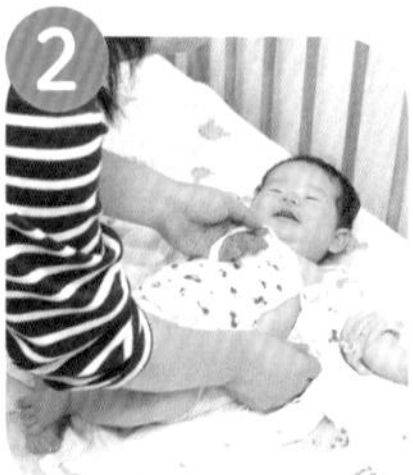

2 内側のひもを結ぶ
肌着の内側にあるひもを少しゆったりめに結びます。

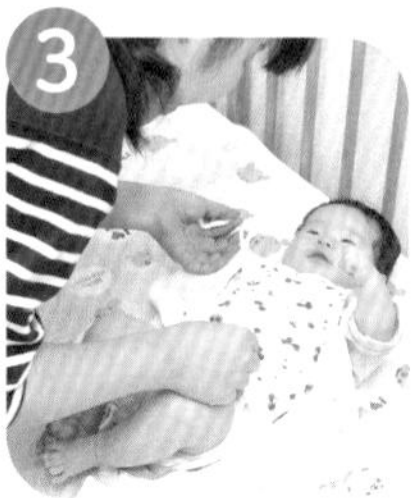

3 外側のひもを結ぶ
肌着のあわせを整え、外側のひもを結びましょう。

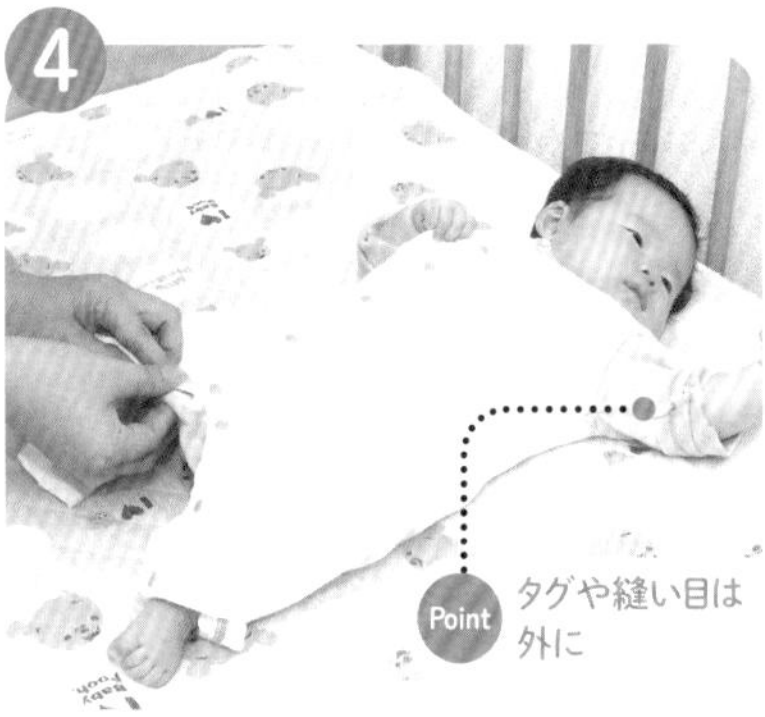

4 ウエアのひもを結んでスナップを留める
最後にウエアのひもを結び、スナップを留めます。上下別のウエアのときは、はだけてもおなかが冷えないよう肌着をズボンの中へ。

サイズの目安

サイズ表示	身長	体重	月齢期
50	50cm	3kg	0カ月
60	60cm	6kg	3カ月
70	70cm	9kg	6カ月
80	80cm	11kg	12カ月
90	90cm	13kg	2歳
95	95cm	14kg	3歳

主な肌着・ウエアの種類

ウエア

ロンパース
つなぎ型のウエアで、股下をスナップで留めます。

ツーウェイオール
スナップの留め方でドレスとカバーオールの両方に。

カバーオール
長袖・長ズボンが一体になったつなぎ型のウエア。

肌着

コンビ肌着
裾が二股に分かれた長肌着。よく動く子におすすめ。

長肌着
足先までの丈の肌着で、短肌着に重ねて使います。

短肌着
腰までの丈の肌着で、ひもで結ぶタイプが主流です。

季節別 ウエアの目安

0～6カ月

秋・冬

基本：肌着2枚 ＋ カバーオール か ツーウェイオール

お出かけのときは：帽子 ＋ 靴下 ＋ 厚手のはおりもの

春・夏

基本：肌着1枚 ＋ カバーオール か ツーウェイオール（夏はロンパースでも）

お出かけのときは：帽子 ＋ 靴下 ＋ はおりもの

6カ月～

秋・冬

基本：かぶり型の肌着 ＋ 長袖Tシャツ ＋ トレーナー ＋ ズボンなど

春・夏

基本：かぶり型の肌着 ＋ 半袖Tシャツ か 長袖Tシャツ ＋ ズボンなど

ひもつき子ども服に注意しましょう

子ども服のひもやリボン、フードが、遊具や自転車などに巻き込まれておきる事故が増えています。経済産業省は子ども服のひもに関する日本工業規格(JIS)を制定し、7歳未満向けの洋服では、窒息事故の原因になりやすいひもつきのデザインが制限されています。フリーマーケットなどでもフードや首回りのひもがない洋服を選ぶといいでしょう。

JIS案で認められていない服の例

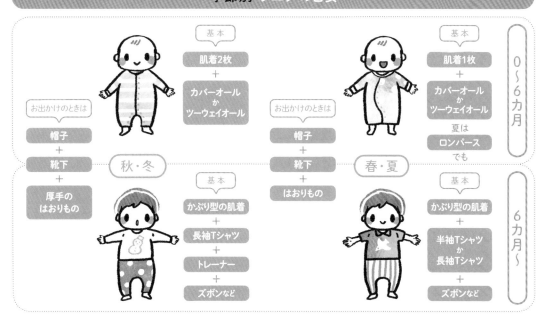

赤ちゃんのペースを守って

赤ちゃんとのお出かけ

赤ちゃんとの生活に慣れてきたら、いっしょに外出してリフレッシュしましょう。

少しずつ距離をのばして親子で気分転換を

3カ月になり、日々の散歩に慣れてきたら、少し離れた所にもお出かけしてみると、いい気分転換になるでしょう。

初めは2〜3時間の滞在時間を目安に、大きな公園やショッピングモールなどがおすすめ。もう少し大きくなったら、動物園や水族館へ家族で出かけるのも楽しい思い出になります。ただし、6カ月未満の子を連れての帰省は避けて。

赤ちゃんの負担にならないスケジュールを考え、事前に移動方法や授乳・おむつ替えの場所を確認しておきましょう。場所によってはベビーカーをレンタルできる場合もあります。食事をする場所が子連れ可能かどうかも要確認。低月齢のころは座敷が便利です。

事前に調べておきたいこと

- □ 電車や道路が混雑する時間帯
- □ ぐずったときに立ち寄れる場所
- □ 授乳・おむつ替えの場所
- □ 調乳設備（ミルクの場合）
- □ 食事する場所は子連れOKか
  - ねんねの時期は座敷が◎
- □ ベビーカーなどのレンタルの有無
- □ エレベーターの有無（ベビーカーの場合）

お出かけのときのもちものは？

基本アイテム
- 母子健康手帳、乳児医療証、保険証、おくすり手帳
- 替えのおむつ、おしりふき（少し多めに）
- ビニール袋（汚れ物入れとして）
- 着替え（1〜2セット）
- ガーゼ・タオル、おしぼり
- 調乳セット（ミルクの場合）

月齢に応じて
- 離乳食、エプロン
- おやつ、お茶、液体ミルク
- おもちゃ（絵本など）
- 抱っこひも

何度か外出するうちに必要なものがわかります

出かけるときに使うバッグは、軽くてたくさん入るものを。行程によって必要なものは変わりますが、おむつやおしりふき、着替えは多めにもっていくと安心です。使用済みのおむつは、もち帰る前提でビニール袋を用意するといいでしょう。

おでかけには「液体ミルク」が便利！

乳児用の液体ミルクは、液状の人工乳を密封したもの。常温で保存が可能で、調乳の手間もなく、哺乳瓶に移し替えて※、すぐに飲めます。

災害時の備えとしても活用できます。

※紙パック、缶タイプともに、移し替えずに飲める専用乳首があります。

赤ちゃんとのお出かけ

抱っこひもを使う

低月齢から使えて便利な抱っこひも。さまざまなタイプがありますが、いずれの場合も使用法を守ることが大切です。

抱っこひもの種類

よこ抱き
首がすわる前から使えます。

おんぶ
両手が使えるので家事に便利。

たて抱き
対面と前向きの2種類あります。

スリング
一枚の布で赤ちゃんを包みます。

月齢に合ったものを正しい使用法で

抱っこひもは、たて抱き、よこ抱き、おんぶ、スリングの4タイプに大きく分けられます。最近は、新生児から使えるたて抱きタイプの抱っこひもが人気です。なかでも、肩と腰で支える疲れにくい構造のものを使うママやパパが多く見られますが、同時に落下事故も増えています。また、スリングでの股関節脱臼にも注意が必要です。

危険 赤ちゃんの落下に注意

前かがみになるときは必ず手で支えて

前かがみになったときなどに、抱っこひもから赤ちゃんが落下する事故が多発しています。このような事故を防ぐためにも、肩ひもは適切な長さに調節し、抱き下ろしはすわった姿勢から行いましょう。前かがみになるときは必ず赤ちゃんを手で支えてください。

抱っこする時はコアラ抱っこが安心

赤ちゃんを正面からたて抱きすると、両膝と股関節が曲がったM字型開脚になります。ちょうどコアラが木につかまった姿勢と似ていることから、「コアラ抱っこ」と呼ばれています。スリングで横抱きにする場合はM字開脚の姿勢が取れず、両足が伸ばされる危険があるので注意しましょう。

1番人気 肩と腰で支えるタイプの抱っこひものつけ方ポイント

指導：田中由美子、橋本のり子（日本ベビーダンス協会）

1 ウエストベルトは腰骨にのせるように

抱っこは、赤ちゃんのおでこにキスできる高さにするのが基本。ウエストベルトは腰骨の位置を目安に、高めの位置で留めましょう。

2 赤ちゃんのおしりを支えて肩ひもを引き締める

赤ちゃんのおしりを支えながら、肩ひもを引き締めます。赤ちゃんと大人の胸の間に手のひらが入るくらいの密着度がベストです。

3 背中のバックルを肩甲骨あたりに調整

背中のバックルは、背筋を伸ばしたときにちょうどいい位置まで下げましょう。腕のつけ根の延長線上、肩甲骨のあたりが目安です。

ベビーカーを使う

上手に歩ける2歳ごろまで活躍するベビーカーは、ライフスタイルや周囲の環境に合ったものを選ぶのがコツです。

ベビーカーの種類

A型

- 生後1カ月～使用可
- 寝かせたまま使用可
- 150度以上のリクライニング
- 連続使用は2時間程度
- 両対面式・背面式

B型

- 生後7カ月～使用可
- すわらせて使用
- 110度以上の背もたれ
- 連続使用は1時間程度
- 背面式

生後1カ月から使うならA型、おすわりができてからならB型を

ベビーカーの形式は、日本の安全(SG)基準によって定められたA型とB型の2種類に大別できます。

A型は、150度以上のリクライニングが可能なので、生後1カ月ごろから寝かせた姿勢で使用できます。赤ちゃんの顔を見ながら使用できる両対面タイプも豊富です。

一方、生後7カ月ごろから使用できるB型は、すわってのるつくりになっています。A型よりも軽量でコンパクトなモデルが多いのが魅力です。

主な交通手段や利用環境、目的に合わせて選ぶのがポイント

ベビーカー選びの一番のポイントは、使用シーンを想像すること。収納場所が狭いならコンパクトにたためて自立することが必須になりますし、公共の交通機関をよく使う場合は、片手で折りたためて軽量であったほうが便利です。7カ月以降に軽いバギータイプを追加購入する人も多くいます。

また、座面が低いベビーカーは、夏には地面からの熱で高温になります。ハイシートタイプを選び、熱中症にも注意をしましょう。

鉄道・バス利用時の基本ルール

公共交通機関でベビーカーを利用する際は、周囲の人の移動の妨げにならないように操作しましょう。また、電車ではベビーカーを止める向きに注意し、車輪のストッパーを掛けること。バス乗車時には、固定ベルトでベビーカーを固定しましょう。

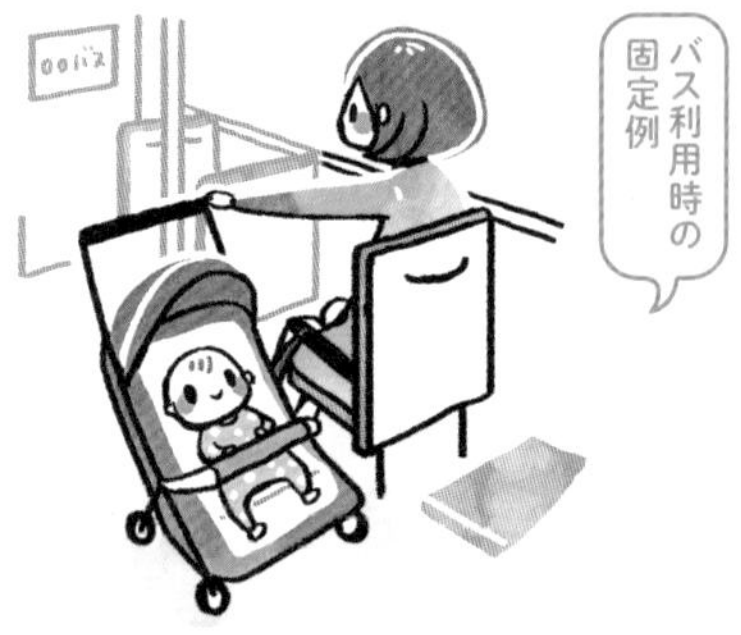

ベビーカーでの防暑&防寒対策

暑さ&寒さ対策には便利グッズを活用！

背中に保冷剤を入れられるシートや、足元まですっぽり覆うフットマフなど、ベビーカー向けの便利グッズがいろいろあるのでチェックしてみて。

自転車を使う

子どものせ専用車を選び必ずヘルメットをつけて

大人の自転車に同乗できるのは、6歳未満の子どもに限られています。荷台などの規格が合えば普通の自転車に子どものせを取りつけてもかまいませんが、新たに購入する場合はバランスが取りやすく、頑丈な構造になっている「子どものせ専用車」がおすすめです。

家の周辺に坂道が多い場合は電動アシストつきが便利です。

前方の子どものせは、親の目が届く安心感はありますが、後方に比べて転倒しやすいので注意。後ろのせは前のせよりも安定感があり、長くのせることができます。2023年4月からは、子どもだけでなく、自転車に乗るすべての人にヘルメットの着用が努力義務化されることになりました。

自動車を使う

6歳未満の子どもはチャイルドシート着用

6歳未満の子どもを自動車にのせて運転する際、運転者にはチャイルドシートを着用させる義務があります。

万が一交通事故に遭った場合、チャイルドシートを使っていない子どもが死亡または重傷を負う確率は、使用者の3倍！　抱っこをしていた場合、衝撃を受けてボールのように車外に飛び出してしまうことも考えられます。チャイルドシートを正しく使うことが、大事な子どもの命を守ることにつながるのです。チャイルドシートには、乳児専用タイプから幼児・学童期まで使える兼用タイプまで3タイプあります。きょうだいの予定やマイカーに合わせ、最適なものを選びましょう。

子どものせ専用車の例

大人もヘルメットを！
運転者もヘルメットを。大人用のカジュアルなものも増えています。
前のせ
4歳未満（15kg）まで
後ろのせ
1～6歳未満

BAA
安全・環境基準適合車
BICYCLE ASSOCIATION (JAPAN) APPROVED
B-00000000

◀自転車協会の安全基準マーク

▼子どもを2人のせるときは、BAAマークの下に幼児2人同乗認証マークがあるものを

幼児2人同乗基準適合車
社団法人自転車協会

チャイルドシートの種類

乳児専用	新生児～1歳	～10kg
乳児・幼児兼用	新生児～4歳	～18kg
乳児・幼児・学童兼用	新生児～7歳	～25kg

お出かけ前にチェック
肩ベルトは肩の高さに合ってますか？
肩とベルトにすき間はありませんか？

赤ちゃんとのお出かけ

TOPICS

2人目、どうする!?

育児に慣れてきたころ、ふと頭をよぎるのが「2人目、どうしよう?」。
2人目の壁を感じている人、必読です。

第1子のために弟妹を願う思いが2人目の壁を打破する原動力に

子育てにかかる家計や年齢などを考えて、2人目以降の出産をためらっているという声も多く聞かれます。そこで実際に第2子以降を出産した人にタイミングやきっかけを尋ねたところ、第1子のことを考えて決めたという回答が45・4％と最多になりました。続いて、第1子誕生後に家族で話し合って決めたという人も30・6％、産むなら今しかないと年齢をきっかけに出産を決めた人も30・0％いました。

2学年差きょうだいが人気の一方で4組に1組が5学年以上差に

現在2人目を考えている家庭に何学年差の子どもを希望しているかを聞いたところ、2学年差がトップに。また、実際に第2子を産んでいる家庭に子どもの年齢差を聞いてみても、2学年差が最も多いという結果になりました。

一方、5学年以上歳が離れたきょうだいも、26・8％いることがわかりました。第1子からある程度手が離れる4歳以降に、「2人目」が現実味を帯びる家庭も多いようです。

Q あなたの1人目と2人目のお子さんは何学年離れていますか？　もしくは、何学年離して産みたいですか？

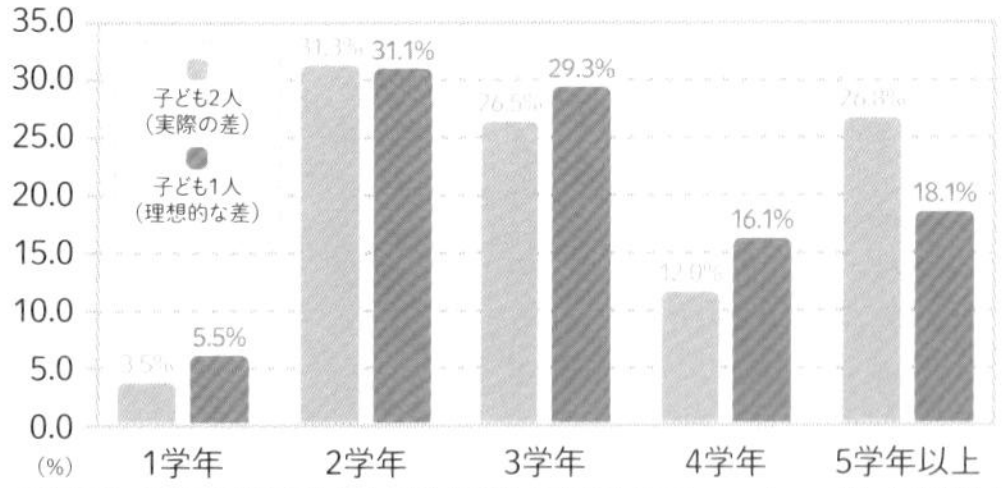

＊全国の25～44歳の既婚者で子ども1人の男女各200名／子ども2人以上の男女各300名の合計1000名を対象に調査を実施。回答の構成比は小数第2位を四捨五入しているため、合計は必ずしも100%にはなりません。

1more Baby応援団調べ（ふたりめ意識調査2014年度より）

Q あなたが2人目以降の子どもを出産しようと決めたタイミングやきっかけについて当てはまるものは？

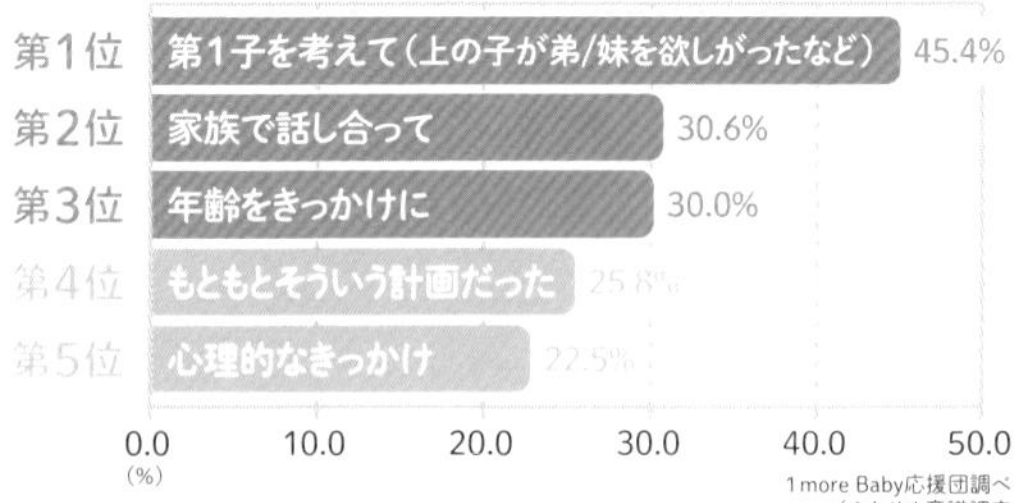

1more Baby応援団調べ（ふたりめ意識調査2014年度より）

2人目の前に、ママとパパの健康のことも考えよう！

トキソプラズマ&サイトメガロウイルス感染に注意

妊娠中のママは「先天性トキソプラズマ症」に注意。トキソプラズマが含まれた猫のフンへの接触や、トキソプラズマに感染した加熱不足の肉の摂取で感染します。土いじりや猫のフンの始末をするときには手袋をつけ、生肉はしっかりと加熱を。また、「先天性サイトメガロウイルス感染症」は、乳幼児の唾液や尿中に多く排出されているウイルスによる感染症で、離乳食の食べ残しを食べたり、食器を使い回したりすること で感染します。おむつ替えや、子どもとのキスにも注意しましょう。

風しんの検査をしていますか？ 2人目の前にワクチン接種を！

風しんは周期的に地域流行があり、抗体を持たないママが妊娠初期に感染すると、生まれる子どもの心臓や目、耳などに「先天性風しん症候群」という障害が出ることがあります。MR（麻しん風しん混合）ワクチンは、時間経過とともに抗体価が下がるため、大人のなかには数値が低い人がいます。現在、妊娠を希望する女性と家族を対象に、風しんの抗体検査※が受けられます。MRの接種後、2カ月は妊娠を避けるようにしてください。

※助成は各自治体によって異なります。

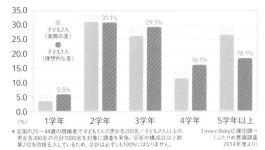

Part 3

おっぱい・ミルク、離乳食の基本

母乳やミルク、離乳食は赤ちゃんが育つ上で欠かせない栄養源です。
はじめての授乳から離乳の「いろは」まで、
みんなが悩む「食」についてレクチャーします。
試行錯誤しながら、ひとつひとつ乗り越えていきましょう。

赤ちゃんの大事な栄養源

母乳のメリットとミルクの役割

母乳とミルクには、それぞれの利点があります。特徴を知り、状況に応じて使い分けましょう。

母乳

母乳は赤ちゃんの完全栄養食品

母乳は、新生児の腸でも消化吸収しやすい飲み物です。炭水化物やタンパク質、脂肪など赤ちゃんに必要不可欠な栄養素が含まれています。また、母乳を経由して、ママの体内にある免疫物質が赤ちゃんに移行。病気になりにくい丈夫な体にするという利点もあります。とくに、出産して数日にわたって出る「初乳」には免疫物質が豊富に含まれています。

母乳のもとになるのは、ママの血液です。おっぱいにある乳腺という部位で、ママの血液は赤い色の成分である赤血球が除かれて、白い母乳へと変化します。

母乳はママにとってもいいことたくさん

母乳には、産後の子宮の回復を早めてくれる効果もあります。母乳を作るオキシトシンというホルモンが、子宮の収縮を促して出血を止める作用を持つためです。また、母乳を通じて赤ちゃんに栄養を渡し続けるので、妊娠中に増えた体重を速やかに減らす効果も期待できます。

赤ちゃんがぐずったり、夜泣きをしたりしたときに、すぐにサッとあげられるのも母乳の大きなメリット。細かい温度調整がいらず、道具も必要ないので、育児に忙しいママの強い味方です。

そして授乳は、ママと赤ちゃんの大事なスキンシップの機会でもあります。やわらかな乳首の感触とママのぬくもりは、赤ちゃんの心に安心感を与えてくれます。

母乳では不足しがちな栄養素も

母乳は赤ちゃんに最良の食事ですが、不足しがちな成分も。それがビタミンD、ビタミンK（※1）、葉酸、鉄分です。これらの栄養素は、ママが食事で摂取し、母乳から赤ちゃんに移行しますが、十分な量を与えるのは難しいといわれています。

葉酸や鉄分は、バランスのよい食事にサプリメントで補えます。鉄分が配給されているフォローアップミルクを離乳食に使うのも効果的です。ビタミンD不足には赤ちゃんの日光浴が大切ですが、赤ちゃん用サプリメントも市販されています。

母乳のメリット

- 赤ちゃんに必要な栄養分が豊富に含まれている
- ママの免疫物質も含まれていて、丈夫な体を作ってくれる
- いつでも手軽に与えられる
- 噛む力を育てる
- 産後の子宮の回復が早い
- 妊娠で増えた体重が減りやすい
- ミルク代がかからない

※1：赤ちゃんのビタミンK不足は、ビタミンK_2シロップの投与が推奨されています（163ページ参照）

ミルク

母乳に代わる大切な栄養素

母乳の栄養分やカロリーをもとに作られている現代のミルクは、免疫成分こそ含まれていませんが、母乳とほぼ変わらない飲み物です。産後すぐの時期はうまく母乳が出なかったり、赤ちゃんがもっと飲みたがったりと、うまく母乳を飲ませることができないときが多々あります。また、なかには母乳が出ない体質のママもいます。そんなときはミルクをあげることを検討しましょう。

よくある誤解ですが、ミルクで育てたからといって、赤ちゃんが太りやすくなったり、消化が悪くなったりすることはありませんので、安心してください。また、赤ちゃんはおなかの中でママからすでに免疫を受け取っているので、もしまったく母乳を飲ませなかったとしても、免疫力が弱くなる心配もありません。

「赤ちゃんに愛情が伝わらないのでは？」など不安に思うママもいるかもしれませんが、大丈夫です。授乳と同じように、胸に抱いて目を見つめ、ママのぬくもりを伝えてあげてください。

ミルクを足すタイミングは医師・助産師に相談を

授乳しても飲み足りない様子で泣き続けたり、乳首をずっと離さなかったり、おしっこの量や回数が少ないときなどは、ミルクを足すことを検討します。その場合、医師や助産師に相談して、本当に母乳が不足しているのか、どのくらいミルクをあげればいいかを判断してもらいます。

ミルクのメリット

- お湯と哺乳びんさえあれば、いつでも、どこでも与えられる
- ママ以外でも栄養を与えられるので、ほかの人にお世話を頼みやすい
- 母乳に比べて腹もちがいい
- 飲んだ量を把握しやすい
- ママが薬の服用やカフェインの摂取などに気を配らなくてもいい
- ママが授乳服を着る必要がない

HTLV-1(※2)の母子感染を防ぎましょう

日本は先進国の中でHTLV-1感染者数が最も多く、約100万人いると考えられ、近年、全国で感染者の広がりを見せています。現時点では、感染予防のワクチンは存在せず、治療法や予防する方法も分かっていません。
HTLV-1は、子宮内感染のほか、母乳を介した母子感染が多いことがわかっています。HTLV-1キャリアのママにはミルク育児が最も信頼できる予防法とされていますが(※3)、短期母乳栄養、凍結母乳栄養という選択肢もあります。

※2：成人T細胞白血病・リンパ腫などの原因となるウイルス
※3：3カ月以内の短期母乳栄養と完全ミルク栄養では赤ちゃんへの感染のリスクに明らかな差がないことが分かりました。

赤ちゃんが上手に飲める

授乳の仕方

赤ちゃんがおっぱいを飲みやすいように、飲ませ方や抱き方を工夫しましょう。

新生児期は泣いたら与え、生後2カ月から3時間おきに

産後すぐの赤ちゃんは、授乳のペースがまだつかめておらず、ママも母乳がまだあまり出ない人が多いようです。新生児期は授乳間隔を気にせず、赤ちゃんがおっぱいを飲みたがっているサイン（唇を動かす、手を口に持ってくる、頭を左右に振るなど）が見られたり、泣きはじめたら、飲みたいだけ飲ませましょう（自律授乳）。母乳が足りていない様子なら、ミルクを足すことも検討します。

生後2カ月を過ぎると、次第に授乳ペースができ、母乳の分泌量も多くなります。1回30分くらいまで約3時間の間隔で、左右を交互に授乳します。

準備するもの

- □ 授乳クッション
- □ ガーゼ
- □ タオル

基本の飲ませ方

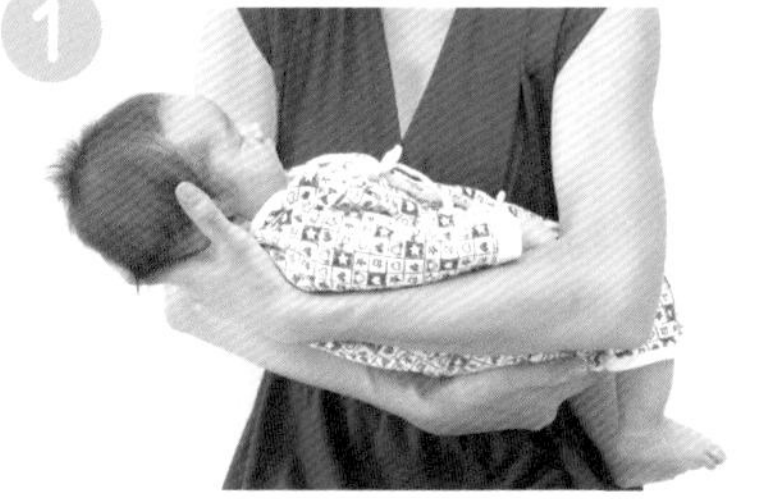

1 片手で支えるように赤ちゃんを抱っこする

赤ちゃんの首は耳、肩、腰が一直線になるように支え、もう一方の手でおしりを支えます。赤ちゃんの頭をおっぱいにもっていきます。

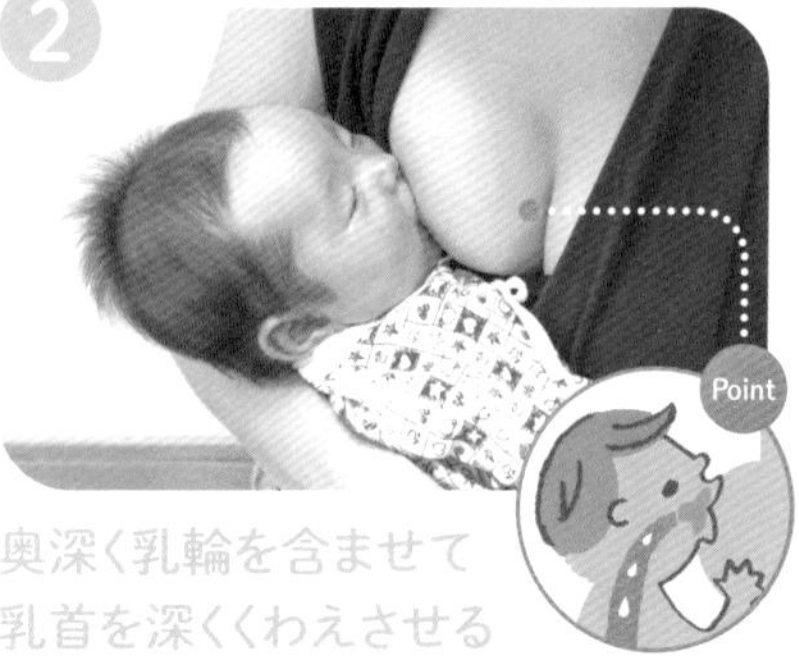

2 奥深く乳輪を含ませて乳首を深くくわえさせる

おっぱいの下側で赤ちゃんの上唇を刺激し、口を大きく開かせます。乳首が赤ちゃんの上あごの方を向くようにし、口の奥まで含ませます。

Point
うまく飲めているかな？
- □ 赤ちゃんの口は大きく開いている？
- □ 下あごが乳房についている？
- □ ほおが丸くなっている？

3 左右を均等に、交互に飲ませる

片側およそ5～10分を目安に、左右交互に飲ませてあげましょう。どちらか一方に偏らないよう、両方を均等に吸わせます。

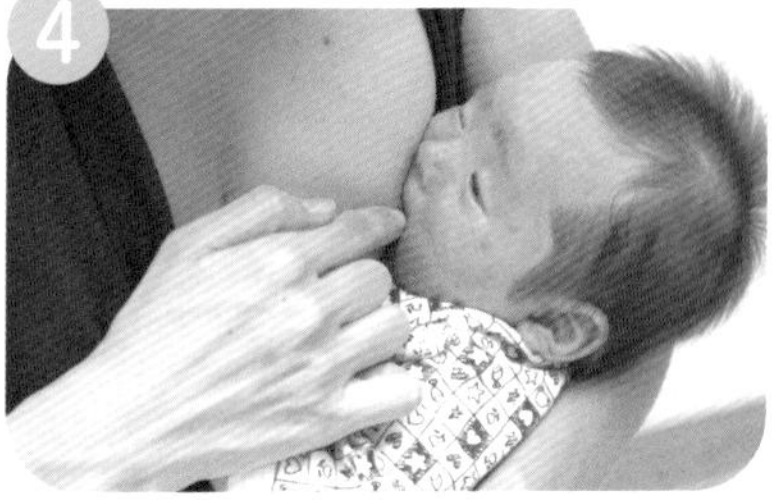

4 赤ちゃんの口から乳頭を離す

赤ちゃんの口の端に指を差し入れ、「プシュッ」と吸引の圧力が抜ける音がしたのを確かめてから、そっと乳頭と口を離しましょう。

ゲップのさせ方

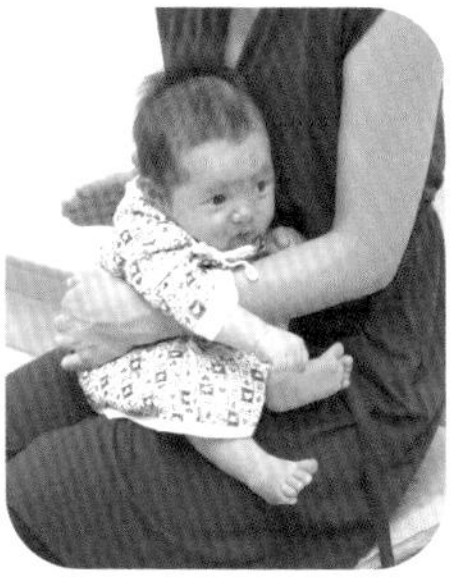

ひざにすわらせて

赤ちゃんの首がすわる月齢になったら、ママのひざにすわらせて、背中をさするかトントンする方法でもOKです。

ゲップが出ないときは

5分ほどゲップを出させようとしても出なかったらストップ。母乳を吐き戻したときにのどにつまらないよう、頭を横向きにして寝かせます。

たてに抱いて

たて抱きで赤ちゃんの背中をさするか、軽くトントンします。首がママの肩より上に出る前かがみの姿勢にすると、ゲップが出やすくなります。

抱き方いろいろ

フットボール抱き

フットボール選手がボールを抱くように、授乳したいほうの腕で赤ちゃんをわきの下に抱えこんで授乳します。

たて抱き

乳房と赤ちゃんが向かい合うように、ママのひざの上にすわらせ、首と背中を支えます。赤ちゃんの顔が届かなければクッションを敷いて。

添い乳

寝ている赤ちゃんと向かい合うように寝て、赤ちゃんの背中をそっと引き寄せ、乳首を含ませます。そのまま眠ってしまうと、窒息などの心配もあるので気をつけて。

よこ抱き

最も一般的な授乳時の抱き方。赤ちゃんを横に抱いて、赤ちゃんの頭をママのひじの内側にのせる格好で授乳します。

質のよい母乳を出すために

おっぱいトラブルを防ぐマッサージ

おっぱいのつまりや痛みを防ぎ、分泌をよくするためのマッサージ方法を覚えておきましょう。

毎日のおっぱいケアを習慣づけましょう

いつもスムーズに母乳が出てくれるといいのですが、乳管がつまって母乳の出が悪くなったり、左右のおっぱいで母乳の分泌が偏ったりと、なかなかうまくいかないこともあります。

定期的におっぱいをマッサージしてケアすれば、トラブルを未然に防ぎ、いつでも新鮮な母乳を赤ちゃんにあげることができます。ぜひ毎日の習慣にしましょう。ただ、痛みが激しい、熱をもっているなどの場合は、母乳外来を受診して。

乳首の傷にはオイルパック

赤ちゃんが口に入れてもよいワセリンや植物性オイルなどをコットンに含ませ、上からラップをかぶせて10～15分ほどおきます。

おっぱいの出をよくする 乳房のマッサージ

1 外から内に押す

マッサージするほうの乳房と反対側の手で、つけ根から乳房をずらすようなイメージで、外側から内側へと3回押します。

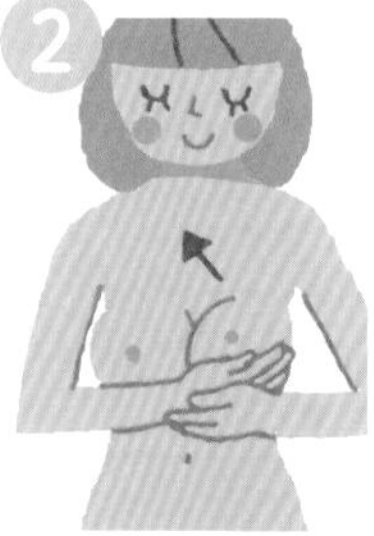

2 斜め下から斜め上に押す

今度は斜め下から上へと3回押し上げます。反対側の乳房も、❶❷を同じように繰り返します。

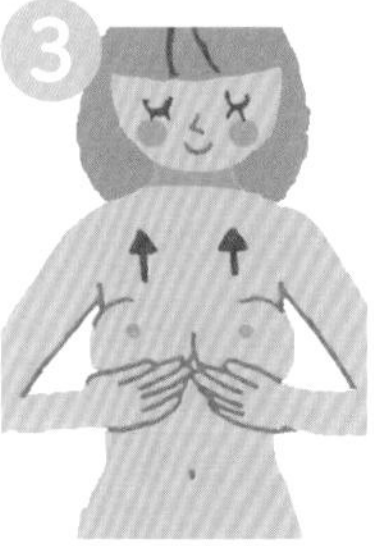

3 下から上へ押し上げる

乳房を両手でもち上げて、下から上へとゆっくり3回押し上げます。

乳管の通りをよくする 乳管開通マッサージ

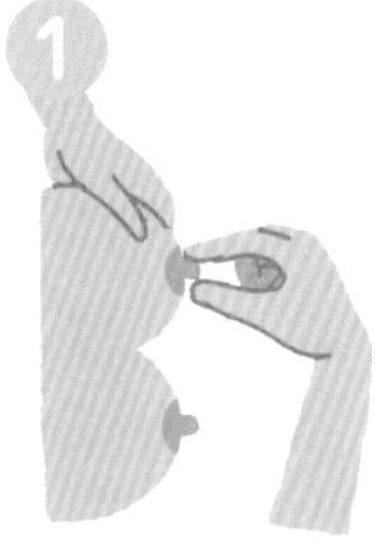

1 3本の指を当て乳輪全体をつまむ

乳房を片方の手でもち上げてから、もう片方の手の親指・人差し指・中指の3本を使って乳輪全体をつまみます。

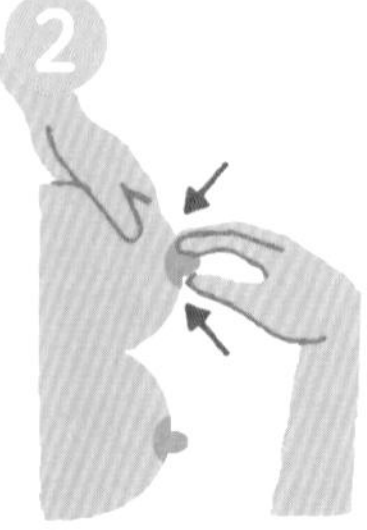

2 乳輪全体を引き出してひねる

乳輪全体をつまんだまま、前に引き出します。その後、乳輪全体をひねるようにし、皮膚表面をやわらかくします。

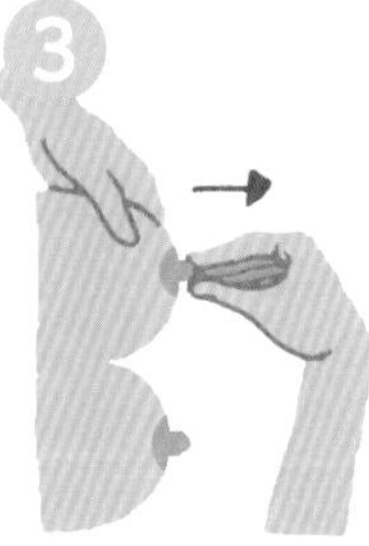

3 しぼるようにひっぱる

乳首のつけ根から先に向かって、3本の指でひっぱります。360度、指の位置を変えながら、まんべんなく行います。

母乳の保存

母乳は冷凍保存することもできます。赤ちゃんと日中しばらく離れなければいけないときや、薬の服用で授乳できないときなどに、冷凍母乳を解凍して哺乳びんであげると便利です。

解凍

1 解凍してからぬるま湯につける

冷凍庫から出したパックは、水につけて解凍してから、40度前後のぬるま湯につけて人肌に温めます。

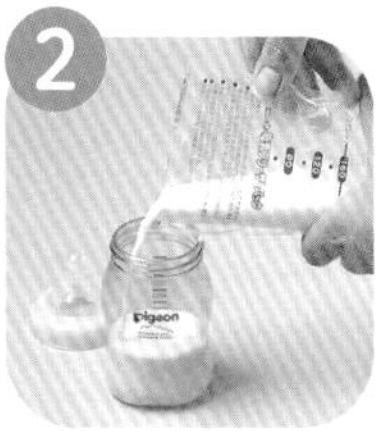

2 哺乳びんに入れる

人肌に温めた母乳を、あらかじめ温めておいた哺乳びんに移して、すぐに赤ちゃんに与えます。

保存できる期間

冷蔵 雑菌が繁殖しやすいので、冷蔵保存の場合は24時間以内に使い切りましょう。

冷凍 冷凍庫で保存できるのは2週間程度。期限が過ぎたら廃棄しましょう。

保存

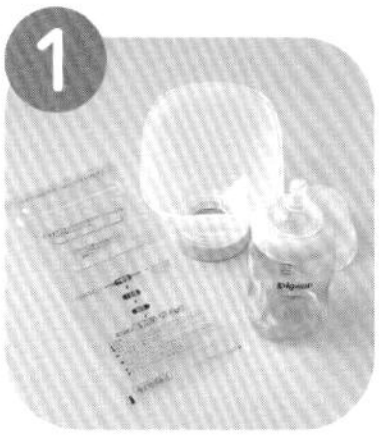

1 準備する

母乳を冷凍するパックと、母乳を入れる容器を用意しましょう。母乳専用の冷凍パックが市販されています。

2 搾乳する

乳輪を親指と人差し指でつまみ、少しずつ角度を変えながらリズミカルにしぼります。搾乳器を使ってもOK。

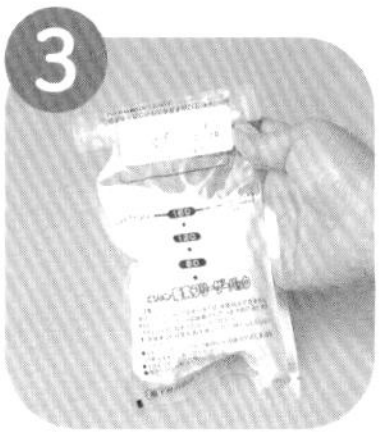

3 密閉して冷凍

しぼった母乳をすぐにパックにつめ、空気を抜いて密閉。日付と分量を記入して、冷凍庫で冷凍させます。

母乳の気がかり Q&A

Q 母乳をよく吐き戻してしまう

A **吐いても不機嫌でなければ大丈夫です**

赤ちゃんの消化器官は未熟で、吐き戻すのはよくあること。ご機嫌で、またおっぱいを欲しがるようなら心配いりません。

Q 片側のおっぱいの出が悪いみたい

A **おっぱいの出が悪いほうから飲ませて**

左右で母乳の分泌に差がある場合は、出が悪いほうの乳房から、角度を変えて飲ませているうちに出がよくなります。

Q 母乳が出すぎてむせてしまう

A **飲みきれない分は搾乳しましょう**

母乳の分泌が多すぎると乳腺炎を引き起こすことも。赤ちゃんが飲み残した母乳は搾乳を。そのうち分泌も落ち着きます。

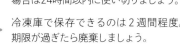

ミルクの与え方

作りたてを毎回あげて

赤ちゃんにミルクを与えるときは、正しい分量と回数を守り、衛生面に気を配ることが大切です。

作ったらすぐに与えて器具の消毒も忘れずに

赤ちゃんにミルクを与えるときは、パッケージに記載されている既定の量や濃度を守ってミルクを作ります(調乳)。

ミルクはとくに衛生面に気をつけましょう。雑菌がわきやすいので、作り置きせず、調乳して2時間が経過したら捨てること。飲み残しはすぐに捨て、飲み終わった哺乳びんは毎回洗って消毒しましょう。

ミルクを与えるときは、母乳と同じように、抱っこして赤ちゃんの目を見つめ、話しかけながら与えるようにします。

準備するもの

- 哺乳びん
- 粉ミルク
- ポット
- 消毒グッズ

レンジで使えるものも!

ミルクの作り方

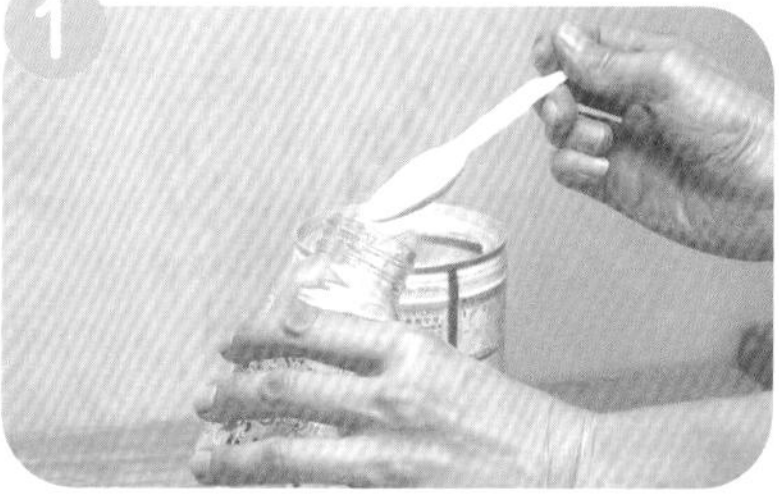

1 哺乳びんにミルクを量って入れる

正確に計量したミルクを哺乳びんに入れます。ミルクには缶入りのほか、計量の手間が省けるスティックタイプ、固形タイプがあります。

2 哺乳びんにお湯を入れる

沸騰させた後、70～80度の適温に保ったお湯を哺乳びんに入れます。70～80度で保温しておけるポットがあると便利です。

3 ミルクを溶かす

ミルクがダマにならないように、哺乳びんを軽く回して溶かします。強く振ると泡立ち、ゲップと吐き戻しの原因になるので注意。

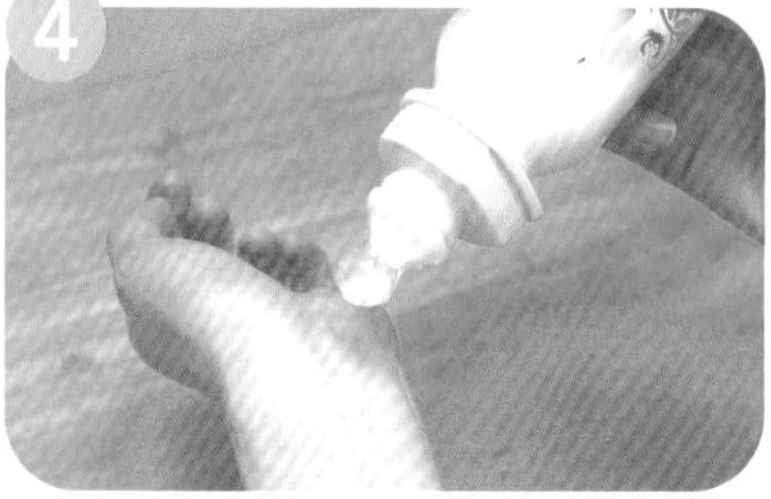

4 ママの手の甲や腕でミルクの温度チェック

哺乳びんにニプル(乳首)をつけて流水で冷まし、ママの手の甲や腕の内側にミルクを一滴落として温度チェック。生温かければOK。

哺乳びんの洗い方

1

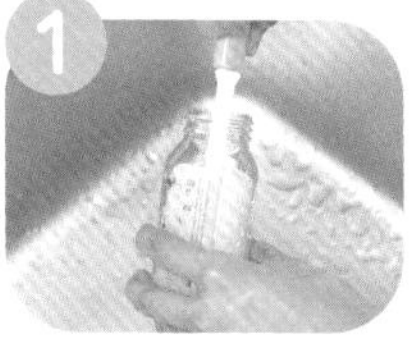

ブラシで洗う

ミルクを飲み終えたらすぐに、食器用洗剤か哺乳びん専用洗剤を使い、哺乳びんの底まで届くブラシでよく洗います。

2

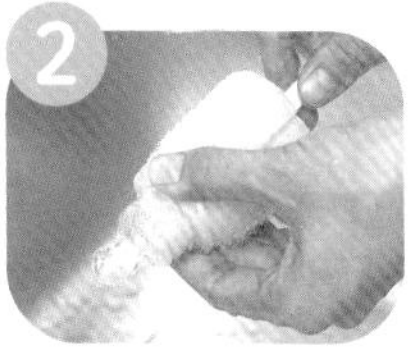

ニプルも洗う

ニプルの外側と内側、溝までしっかりと洗います。洗い残しがあると雑菌やカビの原因になるので注意します。

3

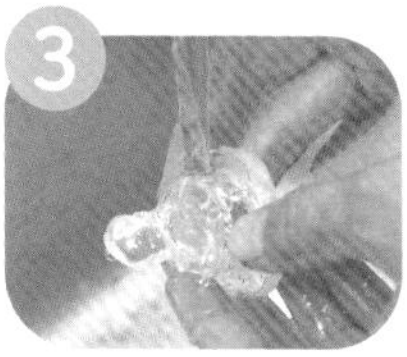

すすぐ

水道水で念入りにすすいで、洗剤を完全に洗い流します。ニプルは溝や裏側もしっかりとすすぎましょう。

4

煮沸消毒をする

沸騰したお湯の中に5分ほど入れて殺菌し、取り出します。専用ケースでの電子レンジ消毒や、哺乳びん消毒剤を使っても。

哺乳びんをいやがったら

ニプルの感触や吸い心地がよくない、サイズが合わないなどの可能性が。他のニプルを試してみて。

材質

シリコーン　天然ゴムのような味やにおいがなく、劣化しにくい一方、少し固めの感触。

インプレンゴム　やわらかい天然ゴムと固めのシリコーンの中間の固さ。乳首により近い感触。

ニプルの穴

丸穴　月齢ごとに穴の大きさをSサイズ、Mサイズ、Lサイズへと変えられます。

スリーカット　Y字型の切れ込み。赤ちゃんの吸う力の強さで出る量が変わります。

クロスカット　十字型の切れ込み。赤ちゃんの吸う力の強さで出る量が変わります。

ミルクの飲ませ方

1

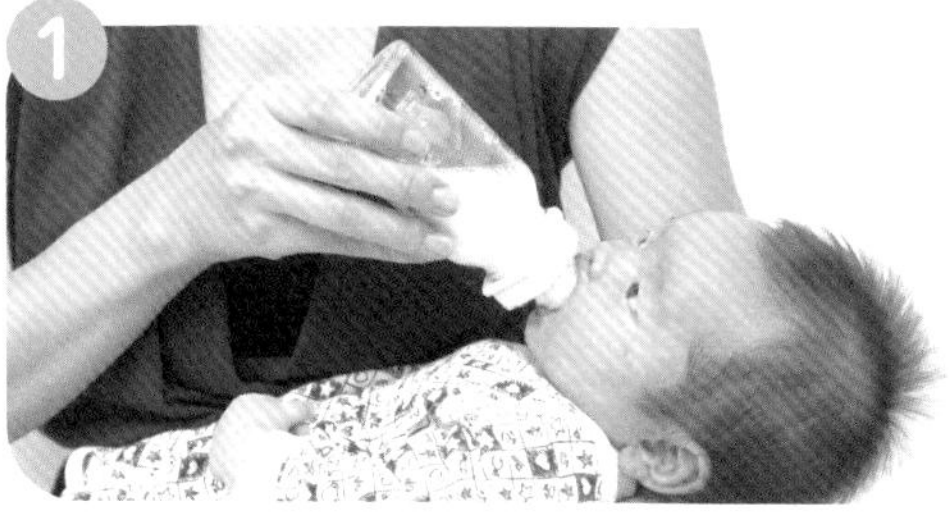

よこ抱きで、ニプル全体を口に含ませる

赤ちゃんをよこ抱きにして、利《き》き手で哺乳びんをもち、ニプルをしっかりとくわえさせます。

2

ゲップを出させる

たて抱きにして(首がすわっていればひざにすわらせてもOK)背中をたたき、飲み込んだ空気を出させます。

ミルクの量の目安

ミルクの量と回数は月齢ごとに目安が異なります。また、体重など個人差に合わせて調整しましょう。

月齢	体重の目安	できあがり量の目安	授乳回数の目安
～1/2カ月	3.1kg	80ml	7～8回
1/2～1カ月	3.8kg	80～120ml	6～7回
1～2カ月	4.8kg	120～160ml	6回
2～3カ月	5.8kg	120～180ml	6回
3～4カ月	6.5kg	200～220ml	5回
4～5カ月	7.1kg	200～220ml	5回
5～6カ月	7.5kg	200～240ml	4+(1)回
6～9カ月	7.7～8.4kg	200～240ml	3+(2)回

※各社調乳表を参考に編集部作成。この表はあくまでも目安です。
(　)内は離乳食後の授乳回数の目安です。

授乳期に
さようなら

卒乳と断乳

ママや赤ちゃんのさまざまな事情で、母乳やミルクを一切やめることを「卒乳」「断乳」といいます。

卒乳する時期はママと赤ちゃんが決めます

1歳を過ぎると、「復職が決まった」「体調がすぐれない」などの理由で母乳やミルクを与えることが難しくなったり、そろそろやめどきだと考えたりして卒乳（授乳をやめること）を検討するママが増えます。卒乳する時期は1〜2歳ごろが多いようですが、ママの状況や、赤ちゃんの成長の度合いによっても個人差があります。ベストなタイミングでさよならできるよう、事前に準備しておきましょう。

卒乳のタイミングは、赤ちゃんが1日3回の離乳食をしっかり食べ、おっぱいやミルク以外で水分をとれるようになったころ。そして、ママが思い残すことなく授乳をやめられそうだと思ったころです。卒乳は母子の体調がよいときを選び、パパやほかの人も卒乳をサポートできるように予定を調整しておくと安心です。

卒乳・断乳の種類

計画卒乳	部分卒乳	自然卒乳	断乳
「おっぱい・ミルクを完全にやめる日」を決めておき、それに向け母乳やミルクの回数を減らす卒乳法。時間はかかりますが、母乳育児のママは母乳の分泌を無理なく抑えられ、赤ちゃんにも負担なくできるのがメリット。	日中は授乳をやめ、夜間だけ授乳するなど、部分的に卒乳すること。0〜1歳で仕事に復帰したママに多い卒乳法。母乳育児のママは部分卒乳に伴い分泌が落ち着き、おっぱいがあまり張らなくなります。	ママの意向とは関係なく、赤ちゃんが自ら母乳またはミルクを飲まなくなるまで待つこと。離乳食が順調に進んだ1歳前後に飲まなくなる子もいれば、4歳ごろまでやめない子など、さまざまです。	ママの病気による服薬や入院など、母乳育児を続けることができなくなり、急に授乳をやめること。乳腺炎などのトラブルが心配なので、助産師に相談したり、おっぱいケアをしたりしながら行います。

あるある 「卒乳」の迷信 Q&A

Q 1歳になったらやめるべきなの？

A 子どもの自立を促すべく、そう指導されていた時期もありましたが、今は「赤ちゃんが欲しがるうちはあげてもOK」が主流です。

Q 授乳していると流産するの？

A 直接母乳で子宮収縮が起こることは事実です。妊娠経過が順調であれば無理に卒乳する必要はありませんが、医師と相談を。

Q 長い期間飲ませると栄養がなくなるの？

A 1歳を過ぎても母乳のカロリーはほぼ変わりません。離乳食が順調なら、母乳は栄養源というより精神的な安らぎの元になります。

Q 虫歯や歯並びに悪いの？

A 「夜間授乳は虫歯になる」「長期授乳は歯並びに悪い」といわれますが、直接の原因にはなりません。毎日のお口のケアのほうが大切です。

計画卒乳の進め方

1 卒乳する日を決める

卒乳の予定日を決めます。ママやパパが余裕をもって子どもをケアしてあげられる週末や連休、長期休暇などを見計らって行うとよいでしょう。カレンダーに○をつけて、「この日におっぱい(ミルク)バイバイだよ」と呼びかけます。

2 飲ませる時間を減らす

少しずつおっぱい、またはミルクの回数を減らしていきます。1日8回から7回、6回……と減らし、卒乳日は1回も授乳しないで済むようにスケジュールを組み立てます。その間、食事や外遊びなどの習慣をつけさせ、授乳から気をそらさせます。

3 子どもに言い聞かせる

卒乳を決めて以降は、授乳のたびに、カレンダーを見せたりしながら「○月×日でおっぱい(ミルク)はおしまいだよ」と伝え、心の準備をさせます。言葉がまだわからない赤ちゃんでも、繰り返すことでだんだん理解してくれることもあります。

4 卒乳日が来たら、やめる

卒乳日以降は、一切おっぱい(ミルク)をやめます。もし泣いてねだるようなら、抱っこしたり体をマッサージしたり、外に連れ出して遊んだりして、気をまぎらわせます。執着が強まらないよう、飲みたがっても決して与えないことが大切です。

保育園に通わせながらおっぱいを続けるには

1歳までは 冷凍母乳を与える

夜中や朝、仕事の休憩時間などに母乳を搾り、パックに詰めて冷凍したものを保育園に持参します。持参OKかどうかは保育園により異なるので、事前に確認しましょう。最初は日中おっぱいが張って痛むかもしれませんが、だんだん張りが落ち着き、必要なときのみ分泌される「差し乳」になっていきます。つらければ仕事の合間に軽く搾乳して。

1歳ごろからは 夜だけおっぱい

1歳を過ぎると、離乳食から十分な栄養をとれるようになるので、おっぱいから栄養をとらなくても大丈夫になります。このころから、夜間授乳のみにしてもいいでしょう。昼間は保育園でたくさん遊び、おっぱい以外の楽しみをいろいろ見つけてもらうことで、卒乳に向けて徐々におっぱいへの執着を薄めていくことができます。

勤務中にもできるケアに「圧抜き」があります。服の上から、両手で胸を寄せるように圧迫します。続いて、乳輪の外側のラインを親指と人差し指ではさみ、指の腹を合わせるようにそっと押します。

みんなの 卒乳ストーリー

2歳で卒乳 2歳の誕生日に卒乳
真理さん&芽唯ちゃん

2歳の誕生日に卒乳しようと計画し、1カ月くらい前から「2歳はお姉ちゃんなんだよ。ぱいぱいバイバイしようか」と言い聞かせました。当日、朝の授乳をしながら聞いたら、「うん、わかった」と口を離して、おっぱいにバイバイと手を振りました。

6カ月で卒乳 家族と相談して6カ月で卒乳
あゆみさん&晴之くん

子どもが1歳になる前に保育園入園と復職が決まり、2人目妊娠のため医師から授乳をやめるようにとの指導もあったので、家族と相談して6カ月で卒乳。ミルクも飲み、乳房トラブルもなく、スムーズに卒乳できました。

2歳2カ月で卒乳 病気をきっかけにまさかの卒乳
真菜さん&ゆいちゃん

2歳前に断乳を試みたら、1時間絶叫され、母子共にへとへとで断念。その後、2歳2カ月になった夏に、母子で手足口病に罹患。全身痛いと嘆いていたら「いたいの？」となでてくれ、その日が卒乳記念日となりました。

離乳食の基本

生後5カ月を過ぎたら

赤ちゃんが離乳食を始めるタイミングやその役割、得るべき栄養素について知っておきましょう。

離乳食は自立への第一歩です

離乳食は、赤ちゃんが母乳やミルクからだけではなく、固形の食べものからも栄養を摂取できるようになるための大事なプロセスです。そして離乳食によって、歯や舌の使い方を覚え、いろいろな味の食べ物があることを学習します。「離乳」の「食」と書きますが、離乳食を始めたらすぐに卒乳や断乳をしなければいけないわけではありません。

離乳食開始は5～6カ月ごろが目安。「首がすわっている」「寝返りができる」「5秒以上座れる」「大人の食事を見て興味を示す」などが開始のサインです。液体に近いトロトロ状から始め、少しずつ固形に近づけていきます。

7カ月～1年2カ月後には、離乳食の完了期を終え、いろいろな食材を食べることができます。

離乳食の役割

「食べる力」が身につく

口の中で食べ物をモグモグと咀嚼《そしゃく》し、ゴックンと飲み込む。人間が生きていく上で必要不可欠な「食べる力」が、離乳食を通じて身につきます。しっかり咀嚼運動ができるようになるのは、乳歯が生えそろう2～3歳とまだまだ先ですが、離乳食はその基礎となる大事な入り口です。

味覚の発達を促す

離乳食によって、赤ちゃんは食べもののさまざまな味を覚えていきます。甘み・酸味・塩味・うまみ・苦味など、赤ちゃん時代に経験するこれらの「味覚」は、10歳くらいまでぐんぐん発達。離乳期は濃い味や人工的な味は避け、素材を生かしたやさしい味で、味覚を育てましょう。

好奇心や冒険心が育つ

母乳やミルクだけを飲んでいた赤ちゃんは、離乳食によってさまざまな味や形、色、食感の食べものを口にすることになります。赤ちゃんにとっては食材のひとつひとつが、発見の連続。できるだけ種類豊富な食材を与えて、赤ちゃんの好奇心と冒険心を満たしてあげましょう。

生きる意欲を育む

ごはんを食べたいという欲求は、人間の根源的な生きる原動力。おっぱいやミルクをただ求めていた赤ちゃんは、離乳食を経て、「あの食べものを食べたい」「自分でスプーンを使ってたくさん口に入れたい」など、どんどん高度な欲求を満たせるようになっていくのです。

消化機能が発達する

赤ちゃんの体は母乳やミルクを消化する酵素を多く分泌していましたが、離乳期以降、大人と同じ消化酵素の分泌が促進されます。離乳の過程で、さまざまな食べ物を消化吸収できる力を身につけ、8歳ごろにはまだ未熟ではあるものの、大人とほぼ同じ消化機能となります。

栄養バランスは2〜3回単位で考えます

離乳食を与えるにあたって覚えておきたいのは、人間の体の基礎になる3つの栄養源グループです。

「エネルギー源」は、ご飯やパン、うどん、めん類など、主食になる食材。「たんぱく質源」は、肉や魚、豆類、卵など、主菜になる食材。そして「ビタミン&ミネラル源」は、野菜や果物など、主に副菜やデザートになる食材です。各グループからそれぞれ1種類以上の食材を使って主食と主菜、副菜を組み立てれば、栄養バランスのとれた離乳食メニューの完成です。ただし、毎食ごとに各グループの食材の目安量を必ず入れなくてはと思いつめる必要はありません。離乳食に慣れ、モグモグ期以降(7〜8カ月)、1日2〜3回の食事の間で、各グループから必要な量をバランスよくとれればOKです。

最初のうちは、なかなか食べてくれないかもしれません。でも、赤ちゃんは母乳やミルクでまだ栄養をとれているので大丈夫。食事に慣れさせるのを第一に考えましょう。

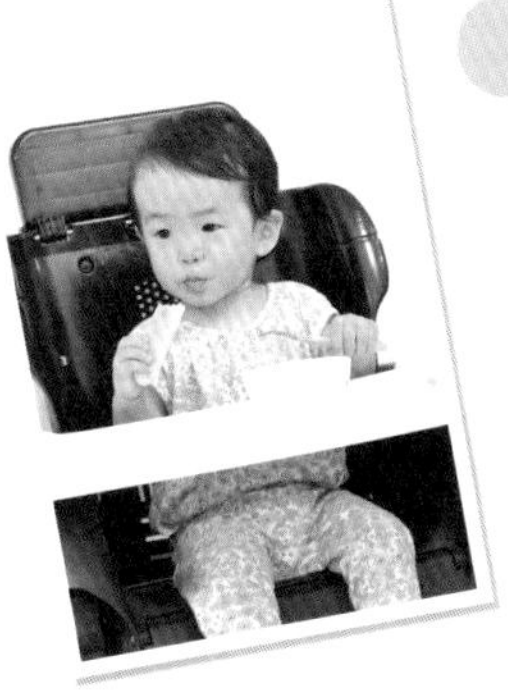

3つの栄養源グループ

主食

体を動かすための原動力になる

エネルギー源

体を動かすために必要な「糖質」をたくさん含む食品群。脳や筋肉の働きの源になります。離乳初期は米がゆからスタートします。

主な食材

ご飯、パン、うどん、じゃがいも、さつまいも、スパゲッティ、マカロニ、そうめん　など

副菜

体をメンテナンスする

ビタミン&ミネラル源

野菜や果物に豊富に含まれるビタミンとミネラルは、体の調子を整えてきれいにする大事な栄養素。さまざまな種類の食材を使用して。

主な食材

にんじん、キャベツ、トマト、小松菜、かぼちゃ、ブロッコリー、りんご、みかん、バナナ　など

主菜

血液や筋肉のもとになる

たんぱく質源

血液や筋肉を形作るとともに、体の抵抗力をつけて丈夫にします。とりすぎは内臓に負担をかけるので注意しましょう。

主な食材

鶏肉、豚肉、牛肉、レバー、鮭、ツナ、あじ、いわし、牛乳、チーズ、豆腐、納豆、しらす　など

徐々にステップアップして

離乳食の進め方

食べる力を無理なくつけさせるために、離乳食は段階ごとにかたさや量を調整しながら進めます。

赤ちゃんの発達に応じて4期に分けて進めます

離乳食は、液体に近いトロトロの状態の流動食からスタートして、少しずつ固形に近づけていきます。かたさと量を徐々にステップアップしていくことで、無理なく赤ちゃんの咀嚼《そしゃく》力を育てます。

ゴックン期・モグモグ期・カミカミ期・パクパク期の4期に分けて進め、食材や味つけのバラエティを増やし、1歳から1歳半ごろまでに幼児食に移行します。

4期の月齢はあくまでも目安。赤ちゃんの食の進み方や体調、うんちの消化の状態などを見て、ときには行きつ戻りつ、臨機応変に進めていきます。

ゴックン期 5〜6カ月ごろ

なめらかにすりつぶした食物を飲み込む練習の段階です。10倍がゆ〜7倍がゆのすりつぶし1さじ※から始めます。1日1回与えます。母乳やミルクは欲しがるだけ与えます。

※1さじは小さじ1(5cc)。小さじ1は、離乳食用スプーンだと3〜5杯分に相当します。

モグモグ期 7〜8カ月ごろ

舌と上あごを使って、やわらかい食材をつぶす練習の段階。おかゆはやわらかい粒が残る7倍がゆから5倍がゆへと進めます。このころから薄い味つけも可能。母乳やミルクは欲しがるだけ与えます。

カミカミ期 9〜11カ月ごろ

前歯でかじりとり、歯ぐきで食材をつぶす練習をします。おかゆは5倍がゆ〜軟飯が目安。1日3回食に移行します。母乳だけでは鉄分やたんぱく質が不足するので、しっかり離乳食を与えます。

パクパク期 1歳〜1歳6カ月ごろ

手でにぎれるぐらいのかたさのものを、前歯で噛み切り、歯ぐきを使って上手に噛む練習の段階です。母乳やミルクの代わりとして牛乳も解禁。つかみ食べをして、自分で食べる力をつけます。

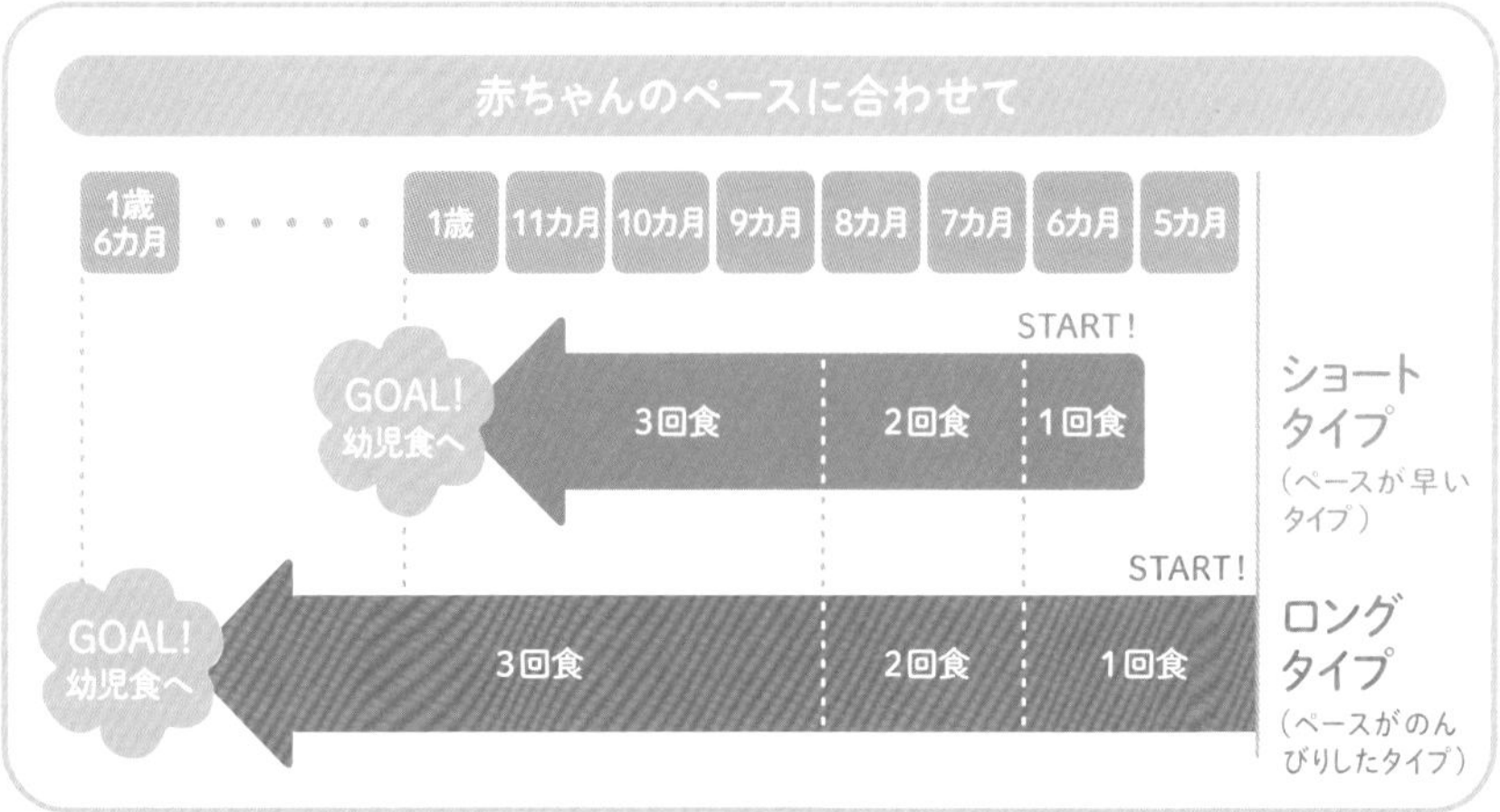

離乳食ステップアップの目安

	STEP 4 パクパク期（1歳～1歳6カ月ごろ）	STEP 3 カミカミ期（9～11カ月ごろ）	STEP 2 モグモグ期（7～8カ月ごろ）	STEP 1 ゴックン期（5～6カ月ごろ）
離乳食の回数	1日3回 ＋間食1～2回	1日3回	1日2回	1日1回 →なれたら、すりつぶし野菜、次に豆腐、白身魚、卵黄なども試してみる
離乳食タイム	離乳食の時間は、右記の考え方をもとに、赤ちゃんの機嫌がよく、食事を与えやすい時間を選んで1回目を設定。日中働いていれば、夜でもかまいません。 ❶早朝、深夜を除く ❷授乳のタイミングに離乳食を与える ❸必要なエネルギーや栄養素のすべてを離乳食から摂取することはまだできない ❹離乳食では足りない分を母乳やミルクで補う			
授乳回数	牛乳を300～400ml（母乳、育児用ミルクや乳製品でもOK）	5～6回	5回	6回
栄養の割合	離乳食から75～80%	離乳食から60～70%	離乳食から30～40%	離乳食から10～20%
かたさの目安	歯ぐきで噛める ミニハンバーグくらいのかたさ	指で簡単につぶせる バナナくらいのかたさ	舌と上あごでつぶせる 絹ごし豆腐くらいのかたさ	ポタージュ～プレーンヨーグルトのようなトロトロした状態
1回あたりの量の目安 エネルギー源	軟飯90g（子ども茶碗1杯弱）→ご飯80g（子ども茶碗八分目） おすすめ食材 カミカミ期までの食材＋中華めんほか、ほとんどの主食を食べられます	5倍がゆ90g（子ども茶碗1杯弱）→軟飯80g（子ども茶碗八分目） おすすめ食材 モグモグ期までの食材＋スパゲッティ、マカロニ、ホットケーキ、クラッカー	5倍がゆ50g（子ども茶碗半分くらい）→80g（子ども茶碗八分目） おすすめ食材 ゴックン期の食材＋うどん、そうめん、はるさめ、くずきり、クリームコーン、里いも、コーンフレーク	つぶしがゆ1さじ～40g程度 おすすめ食材 米、さつまいも、じゃがいも、パン、バナナ ※バナナは果物ですが、糖質が多いのでエネルギー源としても可
1回あたりの量の目安 たんぱく質源	・魚、肉なら15～20g ・豆腐なら50～55g（1/4丁程度） ・卵なら全卵1/2～2/3個 ・プレーンヨーグルトなら100g（1/2カップ弱） おすすめ食材 カミカミ期までの食材＋さば、合いびき肉など	・魚、肉なら15g ・豆腐なら45g（1/4丁弱） ・卵なら全卵1/2個 ・プレーンヨーグルトなら80g（大さじ5） おすすめ食材 モグモグ期までの食材＋青魚（あじ、さんま、いわしなど）、ほたて貝柱、牡蠣、たら、甘エビ、いかそうめん、水煮大豆、牛赤身肉、レバー、豚赤身肉	・魚、肉なら10～15g ・豆腐なら30～40g（1/7丁～1/5丁） ・卵なら卵黄1個～全卵1/3個 ・プレーンヨーグルトなら50～70g（大さじ3強～5弱） おすすめ食材 ゴックン期の食材＋鶏のささみ肉、鶏むね肉、ひきわり納豆、カッテージチーズ、まぐろ、かつお、生鮭、高野豆腐、牛乳	つぶしがゆになれたら、豆腐、白身魚、固ゆで卵黄などを試してみる  おすすめ食材 豆腐、白身魚（真鯛、ひらめなど）、卵黄、きな粉、豆乳、しらす干し
1回あたりの量の目安 ビタミン&ミネラル源	野菜や果物を40～50g（野菜4：果物1を目安に） おすすめ食材 カミカミ期までの食材＋ミックスベジタブル	野菜や果物を30～40g（野菜3：果物1を目安に） おすすめ食材 モグモグ期までの食材＋ごぼう、れんこん、たけのこ、きのこ類、わかめ、とろろこんぶ	野菜や果物を20～30g（野菜3：果物1を目安に） おすすめ食材 ゴックン期の食材＋オクラ、さやいんげん、絹さや、ねぎ、ピーマン、きゅうり、グリーンアスパラガス、レタス、焼き海苔	野菜または果物を1さじからスタート おすすめ食材 かぼちゃ、トマト、パプリカ、にんじん、玉ねぎ、カブ、キャベツ、白菜、ブロッコリー、ほうれん草などの青菜、りんご、みかん、いちごなど
調味用油脂・砂糖	使用してもかまいませんが、小さじ1を限度に	使用してもかまいませんが、小さじ3/4を限度に	使用してもかまいませんが、小さじ1/2程度を限度に	使用しないで、食材本来の味や香りを体験させてあげましょう

※もち、こんにゃくは窒息する恐れがあるので、離乳期には与えないようにします（窒息防止）。また、いりごま、ピーナッツ、木の実類等はすりつぶしてペースト状に（誤嚥防止）。ハチミツは1歳未満には使用禁止です（ボツリヌス菌感染予防）

食物アレルギーの基本

卵、牛乳、小麦など…

離乳食を進める過程で、赤ちゃんの食物アレルギーが見つかることも。注意点と対処法をまとめました。

食べ物を異物と判断してしまう反応

人間には、ウイルスや細菌などの有害物質から体を守る「免疫」という機能が備わっています。食物アレルギーは、体が特定の食品を有害物質だと誤認し、体外に出そうとする「免疫の過剰反応」です。

乳幼児の食物アレルギーには、アレルギーの原因物質（食物）が体内に入る順序が関係しています。生まれて初めて口から食物が入ると、腸内で免疫反応を抑える細胞が作られるため、アレルギーは発症しにくい。一方、炎症した皮膚から先に成分が入ると、免疫に対抗する細胞が作られず発症しやすいのです。症状としては、発疹やじんましん、腹痛、呼吸器症状などを引き起こしますが多くの場合、幼児期以降、改善します。診断された場合は、アレルギー反応を起こす食品の与え方は医師の指示に従います。

食物アレルギーの症状

食品を摂取してからすぐに症状が出る「即時型」と、数時間から1、2日程度かかる「遅延型」があります。

皮膚	目	鼻	口・のど	消化器	全身
●かゆみ ●むくみ ●じんましん ●赤み ●湿疹	●かゆみ ●むくみ ●まぶたのはれ ●充血	●くしゃみ ●鼻づまり ●呼吸が苦しい ●せき ●鼻水	●違和感 ●かゆみ ●イガイガ ●はれ	●腹痛 ●吐き気 ●下痢	●かゆみ ●むくみ ●じんましん ●赤み ●湿疹

自己判断で食物除去はせず必ず医師の診断を

食物アレルギーが疑われる症状があっても、ママの自己判断で食物除去をするのはNG。医師の指示のもとで、血液検査や皮膚テストのほか、アレルギーを起こす原因だと思われる食品を制限する「除去試験」や、その食品を与えてみて様子を見る「負荷試験」を行い、確定診断できて初めて食物除去をスタートします。乳幼児の場合は、時期がくれば食べられるようになることが多いので、3歳未満で6カ月ごと、3～6歳では6カ月～1年ごとに検査をして確認します。

ママやパパにアトピー性皮膚炎や花粉症などのアレルギー症状がある場合でも、必ずしも子どもが食物アレルギーになるとは限りません。心配な場合は、アレルギー専門医に相談しながら離乳食を進めていきましょう。

アレルギーがでやすい食品を覚えておこう

アレルゲンとは、アレルギーの原因物質のこと。花粉、ダニのほか、食べ物のアレルゲンも空気中に浮遊しています。アレルゲンが皮膚から体に入ってくると、これをやっつけるために「IgE抗体」が作られます。そして、例えば卵を初めて食べたときなどに、症状が現れます。つまり、食べたからアレルギーになるのではなく、皮膚からアレルゲンが侵入して先に抗体ができたため症状が出るのです。食物アレルギー予防のためには、

- 皮膚トラブルを見つけたら早めの治療を。
- 炎症がある場合は、皮膚をきれいにしてから、離乳食を開始する。
- 離乳食は遅らせることなく開始する。

これらを心がけ、リスクを減らしましょう。

8大食物アレルゲン

患者数が多い、または重症化しやすい８食品。市販品に含まれる場合は、法律で表示が義務付けられています。

※ □ は乳児期に食物アレルギーになりやすく、3大アレルゲンといわれます

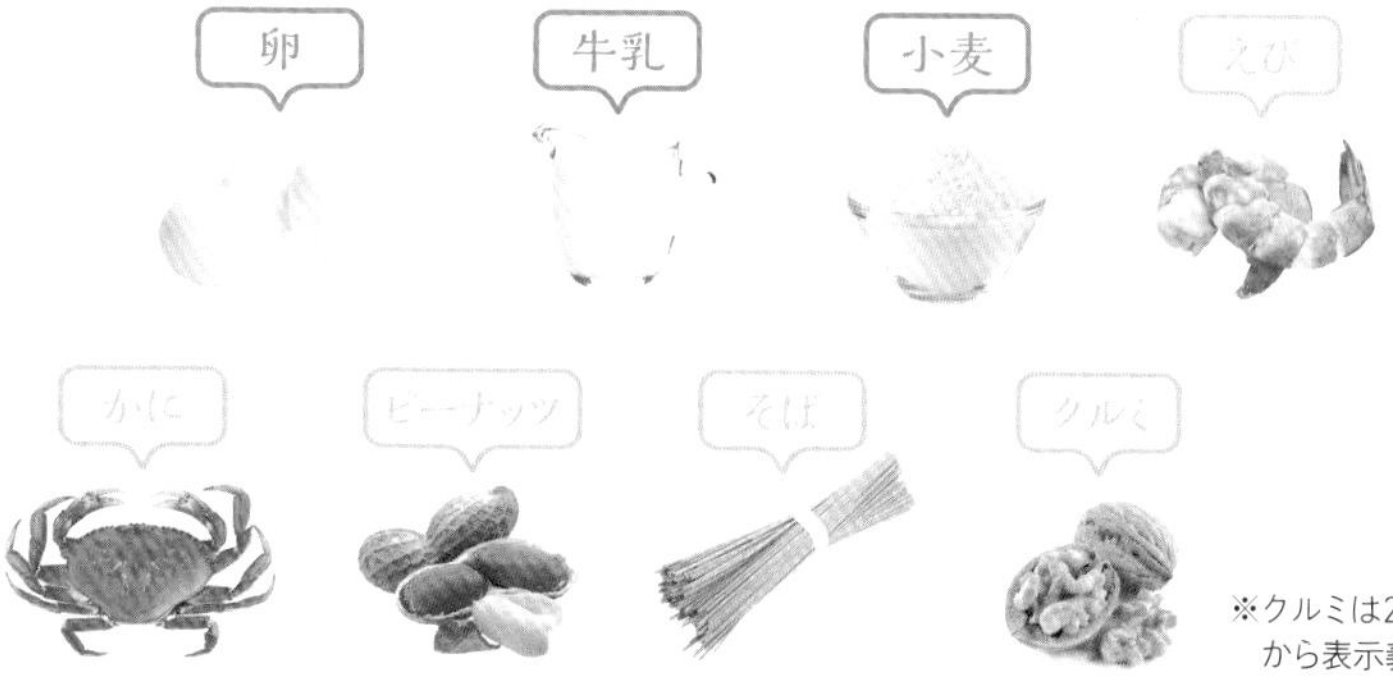

※クルミは2025年度から表示義務化

初めての食品は1さじだけ与える

離乳食で初めての食品を与えるときは、まず1さじからにしましょう。様子をみて問題がないようでしたら、量を少しずつ増やしていきます。

また、食物アレルギーの原因を特定しやすいように、食品を与えるのは1日1種類だけに。なお、食物アレルギーの症状が出たときのために、初めての食品を与える時間帯は、なるべく午前中、午後の早い時間（病院にすぐ行ける時間）が望ましいでしょう。

食品はすべて、よく加熱すること。卵、果物は加熱することで、アレルギーになりにくくすることができます。とくに卵は、固ゆでなど完全加熱するとアレルギー症状がでにくいという報告があります。

そのほかの気をつけたい食品
（表示推奨されている20品目）

- アーモンド
- あわび
- いか
- いくら
- オレンジ
- カシューナッツ
- キウイフルーツ
- 牛肉
- ごま
- さけ
- さば
- 大豆
- 鶏肉
- バナナ
- 豚肉
- まつたけ
- もも
- やまいも
- りんご
- ゼラチン

木の実類の食物アレルギー

近年、木の実（ナッツ）類の食物アレルギーが急増中。木の実（クルミ、カシューナッツ、アーモンド、マカダミアナッツ、ピスタチオ、ヘーゼルナッツ、ココナッツなど）は、個別にアレルギー症状の有無を確認します。なお、ピーナッツは豆類なので、木の実類とまとめて除去する必要はありません（個別に確認する）。

離乳食

簡単・便利なママ&パパの味方

フリージングとベビーフードを活用

冷凍した離乳食、買い置きのベビーフードを上手に使えば、毎日の負担を大幅に減らせます。

フリージング

解凍するだけで簡単に一品ができあがります

とくに離乳食のゴックン期は、赤ちゃんが1回に食べる量が少ないので、毎回用意するのは大変。まとめて作っておいてフリージングして、食事のたびに解凍すれば、大人の手間も最小限で済みます。

フリージングには、専用パックや製氷皿を活用します。だしやおかゆなど水分が多いものは、製氷皿に入れて凍らせ、パックに入れて冷凍保存。肉や魚は、鮮度がいいうちに下ごしらえして冷凍して。

例えば、おかゆとかぼちゃペースト、昆布だしをそれぞれフリージングしておき、解凍して温めれば「簡単かぼちゃがゆ」のできあがり。中期以降は、ブロッコリーやにんじん、ほうれん草など、ゆでて離乳食用の大きさに切った野菜を冷凍しておけば、野菜スープや煮物など、いろいろなメニューに応用できます。

冷凍に向かない食品	冷凍できる食品		
豆腐	トマトソース	にんじん	おかゆ
牛乳	だし	大根	うどん
生卵	野菜スープ	しらす干し	そうめん
きゅうり	大根	魚	スパゲッティ
など	かぶ	鶏ささみ肉	パン
	キャベツ	ひき肉	玉ねぎ
	ピーマン	ブロッコリー	かぼちゃ
	じゃがいも（加熱してマッシュする）	ホワイトソース	ほうれん草
			など

フリージングの基本

離乳食に使う食材は、衛生面を考えてよく加熱してから冷凍。食べるときは再加熱するのが基本です。

1 よく冷ましてから袋や容器に入れる

加熱した食材は、十分に熱を取ってからパックや容器に移し替えましょう。

2 できるだけ早く凍らせる

短時間で凍らせると細菌が増殖せず、うまみや栄養が残るので、薄くのばして冷凍を。

3 必ず再加熱して使う

雑菌の繁殖を防ぐため、凍らせた食材は必ず再加熱。1週間を目安に使い切りましょう。

ベビーフード

ベビーフード（BF）は使いやすいものを選ぶ

忙しいときに手軽に食べられて、移動時などの携帯にも便利なベビーフードは、ママ&パパの心強い味方です。赤ちゃんの口に直接入るものなので、厚生労働省の「ベビーフード指針」をはじめ、商品の品質には厳しい基準が設けられています。

ベビーフードの種類は、大きく分けると4つ。外出先でもすぐに食べられるびん詰やレトルトタイプ、水やお湯を入れて食べる粉末ドライ、フリーズドライタイプがあります。

現在各メーカーから500種類以上のベビーフードが市販されているので、用途に合わせて使い分けましょう。それぞれの商品に赤ちゃんの対象月齢が記載されているので、月齢に合ったものを選びます。びん詰やレトルトを使う場合は、具材のかたさやとろみ具合などを離乳食作りの参考にもなります。

アレルギーがある場合は、必ずアレルギー表示の確認を。商品に使われていなくても、商品の製造ラインに使われていればアレルギー表示があるので安心して。

ベビーフードの種類

びん詰

調理した食品をびん詰したもの。封を切ってそのまま食べられます。食べきれない場合は冷蔵庫で保管し、衛生面を考えて2日以内に食べきります。

レトルト

調理した食品を密閉したもの。月齢ごとにさまざまなおかずやご飯、スパゲッティ、うどんなどがあります。そのまますぐ食べられるので携帯に便利。

粉末ドライ

調理した食品を粉末状にしたもの。裏ごし野菜やおかゆなどお湯をかけるだけですぐに食べられるもののほか、調理に使えるミックスも。

フリーズドライ

調理した食品を真空凍結乾燥して加工したもの。だしやソース、野菜ペースト、レバーペーストなどがあり、お湯をかけるだけでOK。

ベビーフードはかしこく使おう

初めての食材に挑戦するとき

食べてくれるか不安な食材も気軽に試せて、かたさの目安も確認できます。

お出かけするとき

温めなくても食べられるので、移動中や外出先でも便利です。

下ごしらえが面倒な食材に

調理に時間がかかる鶏レバーも、レトルトやフリーズドライなら簡単！

＼手作りのものを加えて、野菜もしっかり！／

ベビーフードを離乳食作りに活用すれば、調理の手間が省けるだけでなく、足りない栄養素も補えます。おかゆの味に変化をつけるためにフリーズドライの野菜フレークを混ぜたり、ゆで野菜や鶏肉をホワイトソースやスープのもとに加えてみたりと、いろいろアレンジしてみましょう。

ベビーフードを簡単アレンジ

蒸しパンミックスにゆでて刻んだ野菜を加えて蒸せば、野菜蒸しパンに大変身！

ゴックン期 5～6カ月ごろ

母乳・ミルク以外の食品をはじめて口にする時期。1日1回、おかゆを飲み込む訓練からスタートです。

10倍がゆのすりつぶしから ゆっくりスタート

初日は赤ちゃんの胃腸がびっくりしないように、1日1回、10倍がゆをすりつぶしたもの1さじ(小さじ1)を与え、1日おきぐらいに少しずつ量を増やしていきます。母乳やミルクは、離乳食のあと欲しがるだけ与えましょう。

はじめはよこ抱き、慣れたらラックなどにすわらせて、スプーンで口に運びます。スプーンは下唇に水平に置き、上唇が閉じるのを待ちます。上唇が閉じたらスプーンを引き抜きましょう。スプーンを唇より奥に入れて流し込むのはNG。

おかゆに慣れてきたら、裏ごしした野菜ペーストを1さじから足します。野菜にも慣れたら、たんぱく質源食品として豆腐、白身魚、固ゆで卵黄を与えていきます。

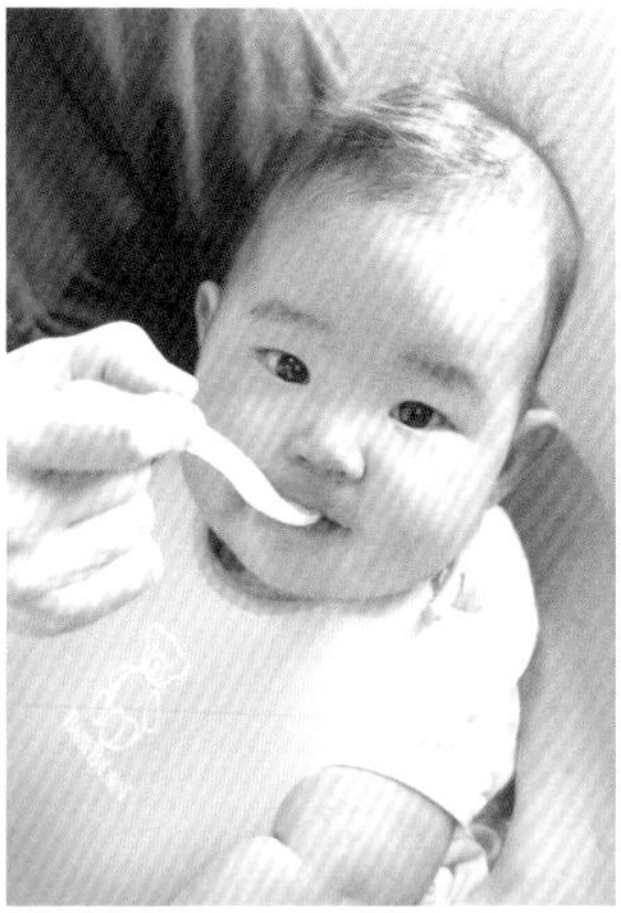

そろそろ
ゴックン期卒業?

チェックリスト

- ❑ 毎食いやがらずに喜んで食べる
- ❑ 主食(10倍がゆ)・主菜(豆腐)・副菜(野菜ペースト)をバランスよく食べている
- ❑ トロトロの離乳食を上手にゴックンできている
- ❑ トータルで子ども茶碗の半分くらい食べる

スタートのころの進め方

※1さじは計量スプーンの小さじ1(5cc)のこと。離乳食用のスプーンであれば、3～5杯分に相当します。

※お子さんによっては10倍がゆより、7倍あるいは5倍(全がゆ)のおかゆのすりつぶしを好むことがあります。どれが好みか様子を見ながら、喜ぶかたさにしていきます。

ブロッコリーがゆ

材料

ブロッコリー穂先　10～15g
10倍がゆ　30g

アドバイス

ゴックン期は、飲み込みやすいなめらかさが大事。目安はよくかき混ぜた、ポタージュ状～プレーンヨーグルトのかたさ。

作り方

1 ブロッコリーを房ごとやわらかくゆでて、穂先のみをすり鉢に入れなめらかにすりつぶす。
2 1に10倍がゆを入れ、さらになめらかにすりつぶす。

鯛かぶ

材料

鯛　5～10g
かぶ　5～10g

アドバイス

かぶは、水分が多くてやわらかい離乳食向きの食材です。ただ、繊維もしっかりあるのですりつぶしてあげて。

作り方

1 かぶは厚めに皮をむいてやわらかくゆでる。鯛もゆでておく(ゆで汁を取っておく)。
2 鯛をすり鉢でなめらかにすりつぶし、かぶを加えてさらになめらかにすりつぶす。かたいようならゆで汁で濃度を調節する。

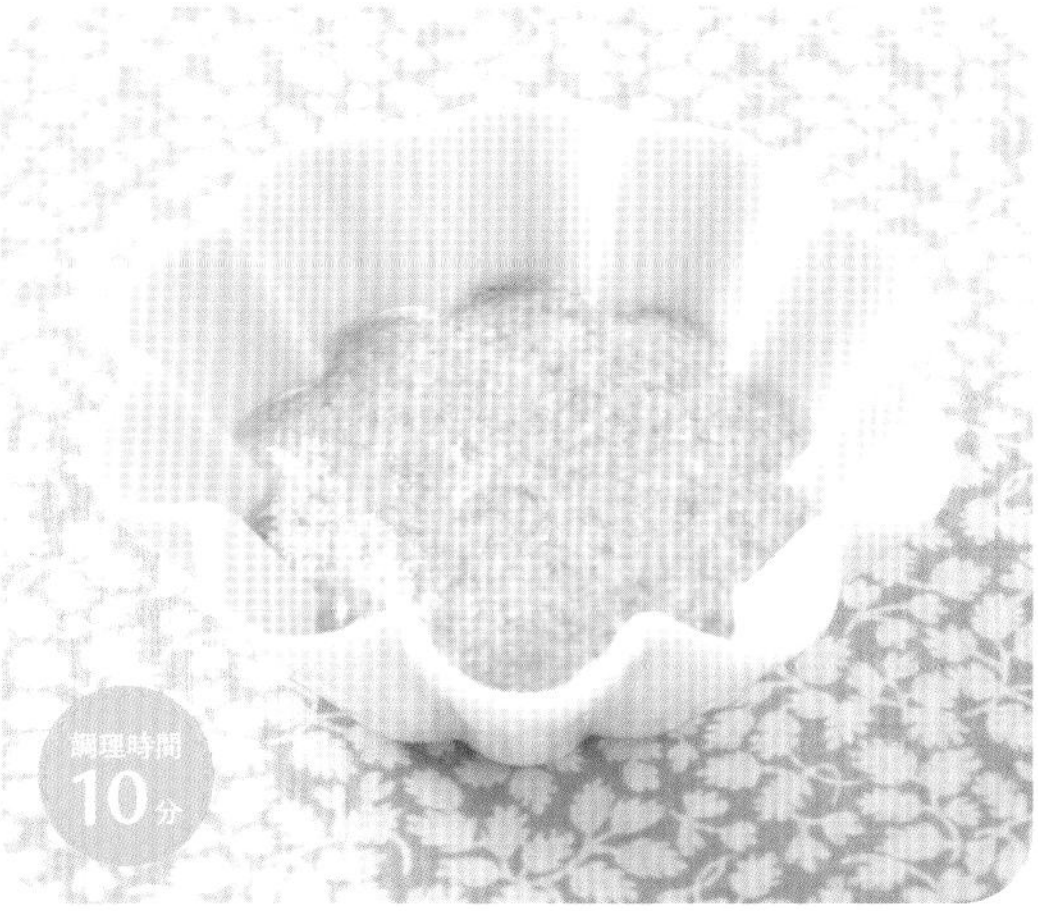

にんじんの白和え

材料

にんじん　5～10g
絹ごし豆腐　5～25g

アドバイス

豆腐をゆでるのは殺菌のため。電子レンジ加熱でもOKです。

作り方

1 にんじんはやわらかくゆでて、すり鉢でなめらかにすりつぶす。
2 1にゆでた豆腐を加え、さらになめらかにすりつぶす。

※かゆの米と水の割合(体積比)／●ポタージュ状【10倍がゆ】米1カップ(大さじ1)：水10カップ(大さじ10)
●プレーンヨーグルト状【7倍がゆ】米1カップ：水7カップ　●ぽってり状【5倍がゆ】米1カップ：水5カップ

舌や上あごで食べる練習

モグモグ期 7〜8カ月ごろ

食べものを舌と上あごでつぶせるようになる時期。1日2回食、モグモグしているか確認しながら進めます。

豆腐状に調理したメニューを与えましょう

舌と上あごで食材をつぶして、上手に飲み込むようになります。豆腐のやわらかさを目安に、ゆでてから粗つぶしにして、とろみをつけるなどの調理法を取り入れていきましょう。おかゆは、5倍がゆ（全がゆ）が基準。野菜もゆでてから、2〜3ミリ大のみじん切りにします。

このころは、モグモグゴックンの習慣をつけることが大切。スプーンでの与え方が悪いと、丸飲みの習慣がついてしまうので要注意。また、大人の与えるペースが速すぎないか、食材がやわらかすぎたりかたすぎたりしないか確認します。

卵は、卵黄からスタート。よく加熱しましょう

1日2回の食事ペースに慣れてきます。食事はなるべく同じ時間帯に与えるようにして、生活リズムを整えましょう。

この時期から、摂取できるたんぱく質源食品の幅がさらに広がります。牛乳やプレーンヨーグルト、低塩・低脂肪のチーズ、そして鶏ささみ肉や鮭、赤身魚などもメニューに取り入れましょう。ぱさつく場合は片栗粉などでとろみをつけてあげると食べやすくなります。卵も、卵黄だけでなく全卵を与えることができます。食中毒やアレルギーを防ぐために、必ずしっかり加熱してください。

粗つぶしの食材をいやがったら

トロトロの離乳食は食べられるのに、粗つぶしの食材が混ざると吐き出してしまう場合は、一旦トロトロの状態に戻して飲み込む練習を重ねてから再挑戦しましょう。

そろそろモグモグ期卒業？

チェックリスト

- ❏ 豆腐状に調理した食材を、モグモグ、ゴックンできる
- ❏ 毎食いやがらずに喜んで食べる
- ❏ 主食・主菜・副菜をバランスよく食べている
- ❏ 丸飲みせず、モグモグする
- ❏ トータルで子ども茶碗に軽く1杯くらい食べる

にんじんとお麩のだしがゆ

材料

にんじん	15g
だし汁	大さじ1
お麩	2個
5倍がゆ	50g

アドバイス

お麩は、もどさず乾燥したままで細かく崩す方が扱いやすくなります。

作り方

1 にんじんをやわらかくゆで、すり鉢ですりつぶす。
2 鍋に、1と5倍がゆ、細かく崩したお麩、だし汁を加え、お麩がやわらかくなるまで2分ほど煮る。

ほうれん草とささみのとろとろ

材料

ほうれん草の葉	15g
鶏ささみ肉	10g
水溶き片栗粉	少々

アドバイス

ぱさつきやすい肉類の入った離乳食は、水溶き片栗粉でとろみをつけると口当たりがよくなります。

作り方

1 ほうれん草の葉は、やわらかくゆでる。
2 鶏肉は、細かく刻んでおく。ほうれん草の葉も、同様に刻んでおく。
3 鍋に水1/2カップと2を入れ鶏肉に火が通ったら、水溶き片栗粉でとろみをつける。

かぼちゃのヨーグルト和え

材料

かぼちゃ	15g
プレーンヨーグルト	50g

アドバイス

モグモグ期から乳製品が使えます。ヨーグルトはそのまま与えられて便利な食材。野菜と組み合わせると使いやすいです。

作り方

1 かぼちゃは、皮と種を取り除き、ラップで包んで電子レンジでやわらかくなるまで加熱する(600wで50秒)。粗熱を取り、ラップごと揉みつぶす。
2 1とプレーンヨーグルトを混ぜ合わせる。

歯で噛み切る練習の時期

カミカミ期 9〜11カ月ごろ

前歯で噛み切れるようになるカミカミ期は、3回食になり、自分で食べたい欲求もわいてくる時期です。

ほとんどの食材が使えるように

食材を前歯で噛み切り、歯ぐき(奥歯部分)でつぶす練習をする時期です。朝昼晩の3回食になり、主食のおかゆは5倍がゆから軟飯へと様子を見ながら移行させます。主菜のたんぱく質源食品は、牛肉や豚肉の赤身肉、いわし・あじなどの青背魚も使えるようになります。副菜の野菜は5ミリくらいの粗みじん切りからコロコロ状へ。

味つけもできるようになりますが、かつおやこんぶのだしをきかせた、ごく薄味に仕上げましょう。ほとんどの食材を使えるようになるので、大人のごはんを取り分けてアレンジするのも容易に。

つかみ食べメニューを1品用意しましょう

これまでは大人が口に運んでくれる食べ物をモグモグしていた赤ちゃんも、このころから自分の手で食べようとする「つかみ食べ」や、食材をいじって遊んでいるように見える「遊び食べ」をするようになります。大人から見れば遊んでいるように見えても、食材の食感やつぶしやすさを学んでいます。これも成長のひとつと考え、止めないで見守りましょう。

このころは、つかみ食べ用のメニューを1品用意しておくのがおすすめです。前歯で噛み切れるかたさのものを手で持てるお焼き状にするとよいでしょう。

つかみ食べのおすすめメニュー

バナナやふかしたさつまいも、やわらかくゆでたにんじんなどは、準備も楽ですぐに出せます。5倍がゆや軟飯に野菜などの具材を入れ、お焼きにしてもいいでしょう。

そろそろカミカミ期卒業?

チェックリスト

- ☐ 1日3食をしっかり食べる
- ☐ 子ども茶碗1杯程度のおかゆと、たんぱく質源食品、野菜・果物をバランスよく食べている
- ☐ 前歯で噛み切り、歯ぐきを使って上手につぶしている
- ☐ つかみ食べをする
- ☐ 遊び食べをする

鶏と青菜の中華がゆ

材料

鶏むね肉	15g
青菜 （青梗菜、小松菜など）	20g
5倍がゆ	90g
ごま油	少々

アドバイス

野菜のえぐみは、少量のごま油を使うとマイルドになります。

作り方

1. 青菜をやわらかくゆでて、細かく刻んでおく。鶏肉は5mm幅に刻んでおく。
2. 鍋に水大さじ3と1を入れ、中火にかける。
3. 鶏肉に火が通ったら5倍がゆを加えて混ぜ合わせ、ごま油を加える。

鮭のトマト煮

材料

生鮭	15g
トマト	20g
オリーブ油	少々

アドバイス

トマトはさっと炒めることによって、甘みが出て食べやすくなります。

作り方

1. 生鮭は、皮と骨を取って、5mm角に切っておく。トマトは、皮と種を取って刻んでおく。
2. フライパンにオリーブ油を中火で熱し、1を加えてさっと炒める。水大さじ1を加えて弱火で2分ほど煮る。

離乳食

にんじんと豆腐のチャンプル

材料

にんじん	20g
木綿豆腐	45g
サラダ油	少々

アドバイス

豆腐は炒めることでコクが出て、ゆでたものとはまた違ったおいしさが生まれます。

作り方

1. にんじんはやわらかくゆでて7mm角の大きさに、フォークなどでつぶす。
2. フライパンにサラダ油を中火で熱し、豆腐とにんじんを加え、豆腐を崩しながら2分ほど炒める。

いよいよ
離乳食
完了期

パクパク期 1歳〜1歳6カ月ごろ

自分でスプーンをもって食べたがる時期。3回食に間食1〜2回となり、食べる力も十分。離乳食完了も間近です。

母乳・ミルクの代わりに間食を食べさせて

前歯が生えそろい、奥歯が生え始める時期です。ミニハンバーグくらいのかたさのものを歯ぐきで噛みつぶせます。

1歳を過ぎると腸内細菌バランスが整うので、ハチミツも解禁できます。

このころには、1日の栄養のほとんどを離乳食で得られるようになるので、食後に母乳やミルクを飲まなくても大丈夫。その代わり、食間に間食としておにぎりやパンなどと、乳汁(フォローアップミルクでも可)を300〜400ミリリットル程度与えます。牛乳の代わりにヨーグルトやチーズを利用してもよいでしょう。

食べる意欲と楽しさを育てましょう

スプーンをもって自分で食べようとする欲求が、さらに高まります。いろいろな食感や形、味の食材を取り入れて、豊かな食体験をさせてあげましょう。口につめ込み過ぎたり、食べこぼしたりしながら、一口の量を覚える時期なので手づかみ食べも十分にさせてください。

このころは、幼児期以降に続く「食事の楽しさ」を教わる大事な時期。家族で食卓を囲み、「おいしいね！」などと声をかけてあげながら、食べる楽しみを教えてあげましょう。盛りつけや彩りにも気を配ると、食への興味が増します。

牛乳と貧血

牛乳は鉄分が少ない上に吸収率が悪く、潜血しやすいため、貧血を起こす可能性があります。そのため、調理には7カ月から使えますが、飲用は1歳以降とされています。

そろそろ
パクパク期卒業？

チェックリスト

- ☐ 1日3食をしっかり食べる
- ☐ 歯ぐきで噛みつぶして食べることができている
- ☐ 主食・主菜・副菜をバランスよく食べている
- ☐ つかみ食べをしたりスプーンを使ったりして、自分の力で積極的に食べようとする

じゃがいもとにんじんのチヂミ

材料

じゃがいも	140g
にんじん	30g
ごま油	少々

アドバイス

手づかみ食べが多くなる月齢。手でもちやすいものを用意してトライさせましょう。

作り方

1. にんじんはやわらかくゆで、粗くつぶす。
2. じゃがいもはすりおろして軽く水けを切り、1を混ぜる。
3. フライパンにごま油を中火で熱し、2を流し入れ、両面がこんがり焼けたら、食べやすく切る。

豚肉とパプリカの煮物

材料

赤身薄切り豚肉	15g
パプリカ	30g
サラダ油	少々

アドバイス

炒め物はどうしてもかたく仕上がりがちなので、水分を足して煮物仕立てにすると食べやすくなります。

作り方

1. 豚肉は、細く小さく刻む。パプリカはピーラーで皮をむき、2〜3cmに切る。
2. フライパンにサラダ油を中火で熱し、1をさっと炒める。豚肉の色が変わってきたら、水大さじ3を加えてパプリカがやわらかくなるまで弱火で煮る。

離乳食

納豆汁

材料

納豆	20g
青菜(白菜など)	30g
だし汁	1/2カップ
しょうゆ	ごく少量

作り方

1. 青菜はゆでて粗みじん切りにする。
2. 鍋にだし汁を沸かし、1と納豆を加え、しょうゆで味を調える。

アドバイス

納豆はそのままでも、ご飯に入れても万能ですが、汁物にすると粘つきが邪魔にならず食べやすくなります。

離乳食の延長だと意識して

幼児食 離乳食完了～5歳ごろ

消化機能が未完成なので、離乳食を卒業した後の幼児食も、薄味・やわらかめをキープしましょう。

離乳食をベースにやさしい食事内容を

離乳期が終わり、2歳半から3歳にかけて乳歯(奥歯)がすべて生えそろいますが、まだまだ消化機能が未熟な時期。3歳までは離乳食の延長と考えて、大人の食事よりも薄めの味つけで、こしょうやカレー粉などのスパイスを控えめにするなど、やさしい食事内容を心がけましょう。奥歯で簡単につぶせるやわらかさが目安になります。

3歳ぐらいまでは脂質を消化する力が弱いので、なるべく和食中心で薄味のメニューにしたほうが栄養バランスを整えやすく、肥満予防にもなります。

お箸を使うのは4歳以降が目安

ほとんどの食材を食べられますが、衛生に気をつけ、いくらなどの生の魚卵や加熱していない食材は避けましょう。スプーンやフォークを上手に使えるようになってから、お箸へとステップアップします。指先に力を入れてしっかりと鉛筆をもてるようになる4～6歳ごろが目安です。

乳幼児期の食習慣の基礎は、大人になるまで受け継がれます。テレビを見ながら食事をしない、ひじをつかない、口に食べ物を入れたまましゃべらないなどのマナーも、このころからしっかり教えてあげましょう。

幼児期の間食(補食)の量は?

幼児期は1回の食事に食べられる量がまだ少ないため、1日3回の食事量では1日に必要なエネルギーを満たせません。そのため、1日1～2回程度の間食が必要になります。間食の量は、1～2歳児なら1日約135～150キロカロリーが目安。小さなおにぎり1個や、ふかしたおいも、蒸しパン、果物などに牛乳や麦茶を組み合わせましょう。市販の間食は、塩分や砂糖が控えめなものを選んで。

タイムスケジュール例

3回食+間食1～2回	
朝	ごはん
午前中	間食+飲み物
昼	ごはん
午後	間食+飲み物
夕	ごはん

具材選びや切り方でステップアップ！ 肉じゃが編

1 離乳食完了期

材料

じゃがいも	30g
にんじん	10g
たまねぎ	5g
豚ひき肉	15g
だし汁	3/4カップ〜
砂糖・しょうゆ	各小さじ1/4

アドバイス
ひき肉に水を加えることで、ふっくらと仕上がり、ほぐれやすくなります。

作り方

1 じゃがいもとたまねぎは1cm角、にんじんは薄めの1cm四方に切る。ひき肉に水小さじ1を加えて混ぜる。
2 鍋にだし汁と1の野菜を入れ、やわらかくなるまで煮る。だし汁がなくなりそうならだし汁を足す。
3 ひき肉を少しずつ加えて火を通す。砂糖、しょうゆの順に入れ、味を調える。

2 1〜2歳

材料

じゃがいも	40g
にんじん	15g
たまねぎ	10g
豚もも薄切り肉	20g
片栗粉	少々
だし汁	1カップ〜
砂糖・しょうゆ	各小さじ1/3

アドバイス
薄切り肉は包丁の背でたたくと、噛みちぎりやすくなります。片栗粉をまぶすことでやわらかくなる効果も。

作り方

1 じゃがいもは1.5cm角、にんじんとたまねぎは1cm角に切る。豚肉は包丁の背で叩いてから、1cm幅に切る。
2 鍋にだし汁と野菜を入れ、やわらかくなるまで煮る。だし汁がなくなりそうならだし汁を足す。
3 片栗粉をまぶした豚肉を少しずつ加え、火を通し、砂糖、しょうゆの順に入れ、味を調える。

3 3〜5歳

材料

じゃがいも	50g
にんじん	15g
たまねぎ	10g
しらたき	10g
豚もも薄切り肉	30g
だし汁	1カップ〜
砂糖・しょうゆ	各小さじ1/2

アドバイス
豚肉は牛肉でもOK。肉を少しずつ加えることで、火の通りが早くなります。

作り方

1 じゃがいもは1.5cm角、にんじんとたまねぎは1cm角に切る。しらたきはゆでてから2〜3cmに切る。豚肉は1〜2cm幅に切る。
2 鍋にだし汁と1の野菜、しらたきを入れ、やわらかくなるまで煮る。だし汁がなくなりそうならだし汁を足す。
3 肉を少しずつ加え、火を通す。砂糖、しょうゆの順に入れ、味を調える。

TOPICS

世代間でこんなに違う!
育児の常識

子育ては時代とともに変化するもの。パパ・ママ世代と祖父母世代で考え方がまるで違うことも。その世代間ギャップが生まれた背景を紹介します。

×「抱きぐせがつくから抱かなくていいのよ」

赤ちゃんが泣いているときに、「抱きぐせがつくから放っておきなさい」と言われたことがある人も多いのではないでしょうか。今では抱っこが親子の絆づくりに欠かせないスキンシップであり、発育・発達にも悪影響がないこともわかっています。しかし、1950年代の母子手帳のしつけ欄には「泣いたからといってすぐ授乳・抱く・おぶうことはよくない」と書かれており、当時に子育てをした人にはそれが当たり前でした。その記載は、以降の改訂で姿を消しましたが、母から子へ受け継がれ、現在でも残っているのでしょう。

×「昔はチャイルドシートなんてなかったから必要ない」

６歳未満の乳幼児にチャイルドシートの着用が義務づけられたのは、2000年のこと。自動車乗車中の６歳未満の幼児の交通事故による死傷者数が、1994～1998年のたった４年間で約1.5倍に急増したことが問題となり、法制化につながったという経緯があります。もし、チャイルドシートをしなかったら、死亡に至る可能性は正しく着用した場合の約5.3倍。祖父母に「かわいそう」と反対されたら、チャイルドシートの重要性をしっかり説明してあげてください。大事な我が子の命をチャイルドシートで守りましょう。

△「ミルクのほうが栄養があるのに…」

2015年に厚生労働省が行った調査によると、生後１カ月の赤ちゃんを母乳のみで育てているママの割合は約51.3%。混合栄養を加えると、約96.5%のママが母乳を与えて赤ちゃんを育てています。しかし、1970年には母乳育児率が３割まで減少し、翌年には人工栄養を下回ったことがありました。これは、粉ミルクが改良されてより母乳に近いものとなり、人工栄養こそ近代的であるという風潮が広がった影響とされています。その後、世界的に母乳育児推進運動が展開され、再び母乳育児が定着していったのです。

×「そろそろ果汁をあげないの?」

今、祖父母世代が驚いていることのひとつは、離乳食開始前に果汁を与えないこと。かつては、1980年に出された「離乳食の基本」というガイドラインをもとに、生後２カ月ごろから母乳・ミルク以外の味やスプーンに慣れさせるために果汁を与えることがすすめられていました。しかし、果汁を与えることで母乳・ミルクの摂取量が減って低栄養を起こすなどの問題点が認められたため、2007年に通達された「授乳・離乳の支援ガイド」では離乳食の開始前に果汁を与える必要性はないと明記されるようになったのです。

×「ハチミツなら体にやさしいんじゃない?」

ハチミツのラベルには「１歳未満の赤ちゃんには与えないでください」といった注意書きがありますが、この注意書きが記載されるようになったのは1986～1987年にハチミツが感染源と考えられる「乳児ボツリヌス症」の症例が連続して報告されたためです。乳児ボツリヌス症とは、ハチミツの中にまれに混入するボツリヌス菌によって起こる病気で、数日の便秘の後に筋力の低下などの症状が現れます。大人には抵抗力があるので、授乳中のママが食べる分には問題ありませんが、１歳未満の赤ちゃんには与えないこと。

×「虫歯はうつらないからチューしても大丈夫!」

虫歯は、ミュータンス菌という細菌に感染することで起こる感染症です。生後2歳くらいまでの小さな子どもの口の中には虫歯菌はないといわれています。しかし、親の唾液に含まれる虫歯菌が、食べ物のシェアや、はしや食器の共有などを介して、感染することがあります。ほっぺや軽いキスなどは神経質になる必要はありませんが、子どもにうつさないためにも、まずは大人が虫歯治療を。虫歯菌を増やさないことが大切です。

Part 4

乳幼児健診と予防接種

生後1カ月から始まる乳幼児健診は、
赤ちゃんの成長・発達を専門家に見てもらう大切な機会です。
また、赤ちゃんの健康を守るためにも、
予防接種も計画的に受けていきましょう。

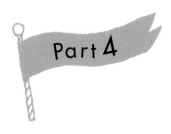

乳幼児健診をしっかり受けよう

自治体から案内がきたら受けて

赤ちゃんの成長を専門家に見てもらう機会を活かし、不安なことはどんどん質問してみて。

トラブルの早期発見のため成長の節目に実施

乳幼児健診は自治体によって回数や時期に差がありますが、生後1カ月から3歳まで、数回あるケースが多いようです。医師だけでなく保健師、栄養士などの専門家が発育や発達の状況をチェックしてくれることは赤ちゃんの成長だけでなく、ママの安心のためにも欠かせません。

赤ちゃんの体、心、脳の成長を見るだけでなく、保健師さんや栄養士さんが育児や離乳食についてもアドバイスしてくれます。気がかりなことがあれば、積極的に聞いてみましょう。

自治体からの案内がある場合無料で受けられる

乳幼児健診は母子保健法で義務づけられており、無料で受けられますが回数や時期、内容は自治体により違いがあります。無料で受けられない健診は健康保険の適用がないため、全額自己負担になります。費用は病院で設定するため5000円前後かかることもあります。事前に問い合わせてみましょう。

健診は自治体の保健センターなどが会場になる集団健診と、かかりつけ医（小児科など）で受ける個別健診があります。個別健診の場合はかかりつけ医で受け続けたほうが、医師や看護師、スタッフも赤ちゃんの成長を確認しやすいのでおすすめです。赤ちゃんの急な体調不良などに備え、予備日を設けているケースも多いので、体調が悪いときは無理をせずに別の日に変えてもらいましょう。

集団健診

自治体から時期になると案内がくる。無料で受けられ、自治体の保健センターなどが会場になる。

1. 自治体から案内がくる
2. 予約の有無を確認
3. 指定日時に会場へ

個別健診

小児科医などで実施。公費負担があるものとないものがある。かかりつけ医で確認を。

1. 公費負担のあるものは案内がくる
2. 医療機関を選んで予約
3. 予約日にかかりつけ医へ

→ **健診を受ける**

できないことがあっても ふだん通りでOK

集団健診では月齢が同じ赤ちゃんが集まることから、成長具合を比較して心配になってしまうことも。ですが、立っちゃあんよ、言葉の覚えなどは時期の目安はあるものの、個人差が非常に大きいものです。過剰に心配したり、また、できないことがあっても健診前に練習させたりなどしなくて大丈夫。赤ちゃんがふだん通りでいられるようママもリラックスを心がけましょう。

健診は同じ月齢の赤ちゃんを持つママの集まりでもあるので、育児に関する情報交換やママ友作りの場として活用するのもいいですね。

健診の流れ

ちょっと気がかりなことがあれば事前にメモしておき、医師、保健師、栄養士に相談してみましょう。

1 受付

自治体から送られてきた受診票と母子健康手帳などで受付をします。

2 問診

赤ちゃんの発達を確認したり、授乳回数や、ママの体調などを聞かれます。

3 身体計測

身長、体重、頭囲などを測ります。

4 診察

発達は順調か、病気はないか、聴診や触診でチェックします。

5 保健指導

保健師、栄養士から授乳、睡眠(夜泣き)、離乳食について説明や指導があります。

前日～当日のやることチェックリスト

- ❑受診票や母子健康手帳の「保護者の記録」欄は事前に記入を。
- ❑書類や着替え、授乳セットなどはまとめておきましょう。
- ❑健診会場までの交通手段や、天気を確認しましょう。
- ❑医師、保健師に相談したいことをメモしておきましょう。
- ❑当日赤ちゃんの熱が37.5度以上なら延期して。
- ❑予備日があることも多いので、体調不良時は無理せずに。

当日の服装、準備チェックリスト

- ❑ねんねの赤ちゃんは前開きロンパースがおすすめ。
- ❑おすわりができる子は上下別で、前開きの服が楽。
- ❑ママは香水を控えて、歩きやすい服装で。
- ❑ぐずり対策に赤ちゃんのお気に入りのおもちゃを忘れずに。
- ❑大荷物でも両手があくリュックがおすすめ。

当日のもちものチェックリスト

- ❑母子健康手帳、受診票(健康保険証、乳児医療証)
- ❑おむつ、授乳セット、着替え
- ❑ぐずり対策用のおもちゃ(絵本など)
- ❑ペン、メモ帳などの筆記用具
- ❑タオルやおしぼり、ビニール袋(複数枚)

健診の時期と主な内容

生後1カ月〜3歳まで数回ある!

生後1カ月から3歳まで続く乳幼児健診。赤ちゃんの健康のため、欠かさず受診しましょう。

自治体からの案内がきたら欠かさずに受診を

乳幼児健診は生後1カ月から3歳まで、数回あるのが一般的です。身長や体重などの発育状況、おすわりや首のすわりなどの発達の度合いのほか、先天性の病気の有無、言語の理解度、視聴覚、性器に異常がないかなど、確認の項目はそれぞれの時期に応じ、多岐にわたります。

育児情報はインターネットを使えばすぐ調べられるようになりましたが、乳幼児健診は専門家に赤ちゃんをみてもらえる貴重な機会です。受診票が自治体から届くものは、無料で受けられることが多いので、必ず受けてください。

1カ月健診

体重や先天的な病気の有無を確認

体重の増加を調べ、母乳やミルクが足りているか確認します。出生時より1キロ前後増えていれば、問題ありません。そのほか、便や尿の色の確認したり、手のひらを触ると握ろうとするといった原始反射の様子から神経の発達を確認したり、目や耳、心臓などに先天的な障害がないかを診断します。赤ちゃんが不足しがちなビタミンK2[※1]のシロップも投与します。

主なチェックポイント

- □ 出生時からの体重変化
- □ 原始反射の状況
- □ ママの体調（産後1カ月検診）
- □ 先天的な病気の有無
- □ 便色カードを確認
- □ 新生児聴覚検査[※2]

3~4カ月健診

首のすわりや追視などを確認

小児科医が赤ちゃんの両手を引いて首を前に持ち上げるかどうかを見る「引き起こし反射」や、すわった姿勢で首がぐらつかないかなどを見て、首のすわりを判断します。また、あお向けにして足をM字型に曲げ、股関節脱臼の有無を見ます。ほか、動くものを目で追う「追視」ができるか、あやすと声を出して笑うか、音のほうへ顔を向けられるかなどを確認します。

主なチェックポイント

- □ 首のすわり
- □ 股関節に脱臼はないか
- □ 耳の聞こえの様子
- □ 目でものを追えるか

6~7カ月健診

おすわり、寝返りができるか

おすわりの姿勢で手を前につき、しばらく体を支えられるか、自分で体をねじって寝返りができるかなどの状況を確認します。顔にハンカチをかけ、はらいのけられるかというテストをすることもあります。発達の個人差は大きいので、できなくても心配しないで。おもちゃや人に対して興味をもつか、メディア漬けになっていないかといったことも確認します。

主なチェックポイント

- □ おすわりの様子
- □ 寝返りの様子
- □ 股関節に異常はないか
- □ 離乳食の進み具合
- □ メディアとの接触

※1 多くの産科施設では計3回(出生後、生後1週、1カ月時)に「K2シロップ」を投与します。日本小児科学会では3カ月間(週1回、計13回)の投与を推奨。病院によって投与回数が異なります。※2 先天性難聴を発見できる「新生児聴覚検査」は出産後なるべく早期に行われる検査です。(助成の有無は各自治体で異なる)。

様子を見てと言われたら次の健診を忘れずに受けて

健診で「様子を見ましょう」と言われることも。ですが、これは「成長に従い解消されていくことも多いので、今はまだ大丈夫でしょう」程度に考えましょう。緊急性のある問題が見つかった場合は、すぐに検査か治療をすすめられるからです。健診は、ママやパパの安心と赤ちゃんの健やかな成長のために行われるものです。健診を受けたことで、かえって不安が増してしまっては本末転倒です。心配だったり、気がかりな点があったりする場合、医師に聞きづらければスタッフに質問しましょう。

屈折検査って?

2022年4月から、弱視(視力が発達しない低視力状態)を発見できる「屈折検査」が、3歳健診に導入されています。検査は生後6カ月からでき、数秒で終了します。弱視は早期発見して治療することで、かなり回復します。見逃さないように積極的に受診しましょう。

9~10カ月健診

はいはい、つかまり立ちをチェック

はいはいからつかまり立ちができるようになる時期ですが、こちらも個人差が大きいのでできなくても心配しすぎないで。この時期に見られるパラシュート反射(体をもち上げ頭が下がったときに、腕を出して体を支えようとする)も確認します。手の神経も発達し、手のひら全体ではなく指でものをつまめるようになります。

主なチェックポイント

- □ はいはい・つかまり立ちの様子
- □ 人見知りの有無
- □ ものをつまむ様子
- □ パラシュート反射

1歳健診

ひとり歩きとなん語をチェック

自治体によっては1歳健診がないところもありますが、次は1歳6カ月健診と間があいてしまいます。専門医にかかる貴重な機会なので受診を検討してみて。つたい歩きとひとり歩きの様子をチェックしますが、まだ歩けなくても気にしないで。「マンマ」などのなん語があるかも確認します。そのほか、前歯が生えていれば、フッ素の塗布を行うところも。

主なチェックポイント

- □ つかまり立ちの様子
- □ ひとり歩きの様子
- □ 歯の有無
- □ 人見知り、後追い
- □ なん語を話すか

1歳6カ月健診(必ず受診)

あんよと言葉の理解を確認

ひとり歩きができるようになるので、O脚などの足の変形がないかを確認します。指先の発達を確認するために、積み木を積むテストをすることも。名前を呼ばれて反応するかなどもチェックしますが、「ママ」や「パパ」以外にひとつでも意味のある言葉を発していれば問題ありません。ほか、歯科検診を行い、フッ素塗布なども行われます。

主なチェックポイント

- □ あんよの様子
- □ 単語の有無
- □ 母子関係
- □ 積み木を積めるか
- □ 歯科検診

3歳健診(必ず受診)

体、脳、心の総合確認

運動能力では階段の昇降などができるかや、指先の発達をチェックします。会話が成り立つか、自分の名前を言えるかなど言語の発達、友達遊びやお手伝いなど、社会性の発達を確認します。聴力、視力は事前に問診票を記入して提出。健診会場では屈折検査をします(上記)。ほか、尿検査は自宅で行って当日提出するケースもあります。

主なチェックポイント

- □ 階段の上り下り
- □ 多動の有無
- □ 名前を言えるか
- □ 尿検査
- □ 歯科検診

ワクチンを接種する理由とは？

知っておきたい予防接種の基本

ワクチンによっては次の接種まで30日近くあけなくてはならないことも。病気がはやる前の計画的接種を心がけて。

かかると重症化しやすい病気を予防する

赤ちゃんはへその緒からママの免疫をもらって生まれてきますが、生後6カ月程度でなくなってしまいます。だからこそ2カ月から予防接種を開始し、早く免疫をつける必要があるのです。

病気のなかには赤ちゃんがかかりやすく、また、赤ちゃんがかかると重症化してしまい、生命にかかわるようなものや、重い後遺症を残すものもあります。予防接種では、病原体の毒性を人工的に弱めたワクチンを体内に入れ、その病気の免疫を作ります。

予防接種によって病気の流行を防ぐ

予防接種で免疫が体内にできていると病気にかかりにくくなるだけでなく、病気になったとしても軽い症状で済みます。

また、予防接種には周りの人に病気をうつさず、病気の流行を防ぐという大きな目的もあります。左ページの表を見ても、自身や周りでかかった人がまったくいない病気もあるように見えます。しかし、これらは予防接種の普及により流行が抑えられているだけで、病気が根絶したわけではないのです。戦後間もないころ、日本人の死因の一位は結核でした。予防接種などの対策により激減はしたものの、今も国内で年間2万人以上もの人が結核にかかっています。予防接種は病気の流行に対する貴重な対抗策です。忘れずに接種しましょう。

何が違うの？

定期接種
予防接種法で定められているもので、期間内であれば公費(原則無料)で受けられます。手厚い救済措置(補償)が受けられる予防接種です。

任意接種
積極的に受けたいもので、一部に公費助成もありますが、多くは全額自己負担(有料)です。ママがB型肝炎キャリアの場合は健康保険が適用されます。

集団接種
自治体からお知らせが届き、決められた日時に保健センターなどで受けます。

個別接種
親がスケジュールを組んで、かかりつけ医で予防接種を受けます。

日本の子どもが接種できる予防接種一覧

巻頭とじこみもcheck!

生後2カ月になったら5種類の予防接種を受けることが大切です。

区分	ワクチン名	予防する病気	ワクチンの種類	受け方
定期接種	B型肝炎	B型肝炎	不活化ワクチン	3回
定期接種	ヒブ	細菌性髄膜炎、喉頭蓋炎、中耳炎、肺炎などのヒブ感染症	不活化ワクチン	4回が標準
定期接種	小児用肺炎球菌(13価)	細菌性髄膜炎、中耳炎、肺炎などの肺炎球菌感染症	不活化ワクチン	4回が標準
定期接種	ロタウイルス	ロタウイルス胃腸炎	生ワクチン(1価、5価のどちらかを摂取)	2回(1価の場合) 3回(5価の場合)
定期接種	四種混合(三種混合・ポリオ)	ジフテリア、百日ぜき、破傷風、ポリオ	不活化ワクチン トキソイド	4回(別途2期1回)
定期接種	BCG	結核	生ワクチン	1回
定期接種	MR(麻しん風しん混合)	はしか(麻しん)、風しん	生ワクチン	1回(別途2期1回)
定期接種	水痘(水ぼうそう)	水痘(水ぼうそう)	生ワクチン	2回
定期接種	日本脳炎	日本脳炎	不活化ワクチン	3回(別途2期1回)
定期接種	HPV(ヒトパピローマウイルス)※1	子宮頸がんなどのヒトパピローマウイルス感染症	不活化ワクチン	3回
任意接種	インフルエンザ	インフルエンザ	不活化ワクチン	毎年2回(生後6カ月〜13歳未満)
任意接種	おたふくかぜ	おたふくかぜ(流行性耳下腺炎)	生ワクチン	2回
任意接種	A型肝炎	A型肝炎	不活化ワクチン	3回
任意接種	髄膜炎菌※2	髄膜炎菌感染症(細菌性髄膜炎など)	不活化ワクチン	1〜2回

※1 HPV(ヒトパピローマウイルス)ワクチンは、45歳までの女性に接種をおすすめします(男性にも必要なワクチンです)。
※2 髄膜炎菌ワクチンは、アメリカでは11〜12歳に1回目の予防接種をすることが推奨されています。

新型コロナワクチンの対象年齢は生後6カ月以上で、年齢によって種類が異なり、生後6カ月〜4歳は3回接種。新型コロナワクチンの前後にほかのワクチンを受けるときには、2週間以上あけます(インフルエンザワクチンは同時接種可)

※2023年1月現在

ワクチンの種類

生ワクチン

生ワクチン同士は中27日以上あける※3

病原性を十分に弱めたワクチン。軽く感染させることで病気にかかったときと同様の免疫力をつけます。接種方法は、注射と経口の2種類あります。次の接種が注射の生ワクチンの場合、27日以上あけます。

不活化ワクチン

異なる種類のワクチンとは接種間隔に制限なし※3

病原体を死滅させ、予防に効く成分を抽出。病原体が体内で増えず、十分な免疫力がつくまで何回かの接種が必要。異なる種類のワクチンなら、接種間隔に制限はありません。

トキソイド

異なる種類のワクチンとは接種間隔に制限なし※3

病原体の出す毒素だけを取り出し、免疫作りに役立つ成分を抽出したもの。病原体が体内で増えず、十分な免疫力がつくまで何回かの接種が必要。ジフテリア、破傷風が該当します。

※3 同じ種類のワクチンの接種を受ける場合、それぞれの接種間隔が異なるため注意が必要です。

生後2カ月になったらスタート!

予防接種のスケジュールと受け方

同時接種を活用しないと接種を受けきれないことも。しっかり計画を立てましょう。

ワクチンデビューは生後2カ月のお誕生日に

0歳で受けるワクチンは、重い感染症から赤ちゃんを守ってくれる大切なものばかり。ワクチンの種類・接種回数ともに多いので、最初が肝心です。定期接種の場合、接種できる時期が短いものもあるため、生後2カ月から計画的に、かつ早めの接種を心がけていきましょう。インフルエンザなど時期的にはやることがあらかじめわかっている病気は、流行する前に接種を終えたいところです。

接種開始月齢の目安

2カ月	B型肝炎、ロタウイルス、ヒブ、小児用肺炎球菌 四種混合※
5カ月	BCG
6カ月	インフルエンザ、日本脳炎、新型コロナワクチン
1歳	MR、おたふくかぜ、水痘、A型肝炎
2歳	髄膜炎菌
3歳	日本脳炎（推奨）

※2023年4月から、生後2カ月からの定期接種が開始となります。

同時接種をうまく取り入れる

予防接種をそれぞれ単独で受けていたら、その都度かかりつけ医や保健センターに行く必要があります。また、ワクチンには接種間隔があるため、スケジュールを立てるだけでも大変です。複数のワクチンを一度に接種できる同時接種を上手に活用していきましょう。

ヒブ感染症や肺炎球菌感染症、百日ぜきは赤ちゃんがかかった場合重症化しやすく、命にかかわることもあります。ともに低月齢から接種できるので、優先的に接種していきましょう。スケジュールを組んでいても、赤ちゃんの体調次第で日程が変更になってしまう場合もあります。スケジュール通りに行かなかったときや、組み方でわからないことがあれば、かかりつけの医師に相談しましょう。

スケジュールづくりのポイント

1 集団接種から予定に入れる
日程がずらしにくい集団接種から予定に組み込みましょう。

2 同時接種を活用する
同時接種では数種類のワクチンを一度に接種できます。

3 案内が来たらすぐ接種する
接種できる期間が短いケースも多いため、すぐ接種しましょう。

4 次回までの間隔を確認する
生ワクチン同士は次回接種までに中27日の間隔が必要です。（詳細はP165「ワクチンの種類」を参照）。

5 接種の優先順位を決める
重症化しやすかったり、季節ではやったりする病気を優先して。

予防接種当日までの流れ

予防接種後に帰省や海外旅行を考えている場合は、生ワクチンは3〜4週間前、
不活化ワクチンは1週間前までに受けておきましょう。

前日まで　資料を読んで予診票を書く

案内が来たら日時、場所を確認しましょう。予診票は赤ちゃんの体調や体質を医師に伝える大切なもの。正確に必要事項を書いておきましょう。

当日　体調チェック後、早めに出かけて

予診票、母子健康手帳、着替えなど忘れものがないかチェック。予防接種後30分間は飲食禁止になるので、診察の30分前までを目安に食事を済ませておきましょう。

会場についたら

❶ 受付　予診票、母子健康手帳などを提出し、受付を済ませます。その後、検温用の体温計を受け取ります。

❷ 検温　体温が37.5度未満なら問診へ。37.5度以上の場合は医師と相談になります。

❸ 問診　予診票を元に、医師からこれまで受けた予防接種や、体調について質問があります。その後、接種ができるか診断を行います。

❹ 接種　注射で行うケースがほとんどですが、ロタウイルスは口から、BCGは腕にスタンプを押します。

❺ 待機　急な副反応（発熱、局所の腫れなど）が起きないよう、15〜30分は院内で様子を見ます。接種回数・間隔の誤接種を防ぐため、母子健康手帳に接種記録が書かれているかを帰る前に確認しましょう。

帰宅後　なるべく早めに帰宅して、ゆったり過ごして

授乳や離乳食もふだん通りで大丈夫。入浴もできますが、接種したところをもんだりこすったりしないよう気をつけて。ゆっくり過ごしましょう。

こんなときは接種を避けて

1 せき、鼻水、下痢などのかぜ症状があるとき
かぜ症状がある場合でも、軽症または症状が改善してきている場合は接種可能な場合もあります。接種医に相談してください。

2 水ぼうそうと診断後、4週間以内のとき

3 突発性発疹と診断後、2週間以内のとき

3歳までの予防接種

●定期接種●B型肝炎

出産時の母子感染が多く保険が適用されるケースも

B型肝炎とは、B型肝炎ウイルスにより肝炎を発症し、だるさ、吐き気、褐色の尿が出る、白目や肌が黄色くなる黄疸が出るほか、悪化すると肝硬変や肝臓がんを引き起こすことも。

出産時の母子感染が多いため、妊娠中にママがキャリア（無症状ながら、血液中にウイルスを持っている人）かどうかの検査が行われます。ママがキャリアの場合、赤ちゃんにB型肝炎ワクチンが生後すぐ接種されますが、これには保険が適用されます。

さまざまな感染経路あり

B型肝炎はキャリアの血液や、唾液や涙、汗などの体液から感染します。相撲などの、選手同士が密着するスポーツの練習中に感染、保育園で集団感染、といったケースも報告されています。父子感染の事例もあり、感染経路はさまざまです。子どもは、原因不明のことも。

3歳までにB型肝炎ウイルスに感染すると慢性化しやすく、肝硬変や肝がんに進行する可能性があるため、定期接種で受けられる1歳までに接種できない場合でも必ず、自治体の助成制度を活用して接種しましょう。

予防する病気

B型肝炎

回数

3回

接種時期

生後すぐから接種可能ですがママがキャリアでない場合は、生後2カ月からが標準的。1回目から4週(27日以上)あけて2回目を接種。1回目から5～6カ月後に3回目を接種。

ワクチンの種類

不活化ワクチン

ほかのワクチンとの接種間隔

日数制限なし

接種後の副反応は?

特有の副反応はありませんが接種部位が腫れることも

接種した部位が腫れたり、発熱や発疹が起きたりすることもありますが、軽度で受診が必要な場合はほとんどありません。このワクチン特有と考えられる副反応の報告はなく、世界で最も安全なワクチンのひとつといわれています。

接種前の注意点

ママがキャリアでない場合生後2カ月から接種が標準

ママがキャリアの場合は生後すぐに接種が行われますが、キャリアでない場合は生後2カ月以降に接種するのが標準的です。保育園など集団生活をする場合は、事前に接種しておきましょう。

3歳までの予防接種

●定期接種● ロタウイルス

低月齢でかかると重症化 生後2カ月で接種が理想

ロタウイルス感染症は冬から春に流行する急性胃腸炎で、激しい下痢と嘔吐を引き起こします。感染力が非常に強く、10〜100個くらいのロタウイルスが口から入ることで感染し、悪化すると脱水症状を起こしたり、けいれんや脳炎などの深刻な合併症にかかってしまうことも。

生後5〜6カ月からかかりやすくなり、初めてかかるほど重症化しやすいので、生後2カ月になったら接種をすぐに行いましょう。

ワクチンは2種類 接種回数に違いあり

ロタウイルスのワクチンはロタリックス(1価)と、ロタテック(5価)の2種類があります。接種できる期間が短く、ロタリックスは生後5カ月半になるまでに2回、ロタテックは生後7カ月半になるまでに3回の接種が必要です。ロタウイルスによる胃腸炎の予防効果はロタリックス、ロタテックともに同じです。初回接種から、次のワクチン接種までに中27日をあける必要があります。接種できる期間内に終えられるよう、かかりつけ医と相談しましょう。

予防する病気

ロタウイルスによる胃腸炎

回数

2回(ロタリックス)
3回(ロタテック)

接種時期

「ロタリックス」は生後5カ月半になるまでに4週間隔で2回接種。「ロタテック」は生後7カ月半になるまでに4週間以上の間隔で3回接種。

※どちらも初回接種は生後6週〜14週6日までに受けること。

ワクチンの種類

生ワクチン
(注射でなく、経口タイプ)

ほかのワクチンとの接種間隔

日数制限なし

予防接種

接種後の副反応は?

血便が見られたら かかりつけ医を受診

下痢などの副反応が出ることもあります。まれに接種後1週間以内に小腸の終わりの回腸部分が、大腸に回りこむ腸重積《ちょうじゅうせき》症を引き起こすこともあります。血便があった場合は、かかりつけ医を受診しましょう。

接種後の注意点

うんちにウイルスが排出 ママや家族も要注意

接種してから1週間〜10日は、うんちの中にウイルスが排泄されます。ロタウイルスの感染経路は排泄物からが多いため、ママや家族が感染しないよう、おむつ替えのあとは手を洗い、衛生管理に気をつけましょう。

●定期接種●ヒブ

細菌性髄膜炎を防ぐため生後2カ月から接種を

ヒブ(Hib)とはインフルエンザ菌b型で、せき、くしゃみなどの飛沫感染で広がります。怖いのはヒブが脳や脊髄を守る髄膜に感染して起こる細菌性髄膜炎です。抗菌薬が効かない耐性菌も多いため治療が難しく、約3〜6%の子どもが亡くなります。また、脳の後遺症が約30%に残り、発達、知能、運動障害のほか、聴力に障害が起こることもあります。0〜1歳台までの赤ちゃんほどかかりやすく、生後2カ月になったら早めに接種しましょう。

生後6カ月までに3回、1歳8カ月までに1回接種

ヒブワクチンの接種回数は初回を接種する月齢により異なります。理想は、ヒブ感染症が急増する生後6カ月までに3回の接種を済ませておくことです。生後2〜6カ月の間に4〜8週をあけて合計3回接種し、1歳になったら4回目(追加接種)を接種するスケジュールがおすすめです。3回目と4回目の間は、7〜13カ月あけます。初回接種が生後7〜11カ月の場合、合計接種回数は3回に、初回が1歳以上の場合は1回のみになります。

予防する病気

細菌性髄膜炎、喉頭蓋炎、中耳炎、肺炎などのヒブ感染症

回数

4回(生後2〜6カ月開始の場合)

接種時期

生後2〜6カ月の間に4〜8週をあけ合計3回接種。3回目から7カ月以上あけて、1歳すぐに4回目を接種するのが理想的(初回の接種時期により回数は変わります)。

ワクチンの種類

不活化ワクチン

ほかのワクチンとの接種間隔

日数制限なし

接種後の副反応は?

接種部位が腫れたり発熱が見られることも

接種した2〜3日後までに、発熱が見られたり接種部位が赤く腫れたりすることがありますが、1〜2日でおさまるケースがほとんどです。接種部位を含む広い範囲が腫れた場合は、かかりつけ医の診察を受けましょう。

接種前の注意点

同時接種で通院負担を減らして

細菌性髄膜炎にかかる人の半数以上が0歳代の赤ちゃんです。生後2カ月になったらただちに初回接種を行いましょう。初回は、小児用肺炎球菌、B型肝炎、ロタウイルスワクチンと同時接種するのがおすすめです。

3歳までの予防接種 ●定期接種● 小児用肺炎球菌（13価）

ヒブと同時に生後2カ月で接種したい

高齢者が感染すると肺炎を起こす肺炎球菌。赤ちゃんの場合とくに気をつけないといけないのは、肺炎球菌かヒブが原因で起こることの多い細菌性髄膜炎です。

肺炎球菌はヒブより細菌性髄膜炎にかかってしまう頻度は低めですが、抗菌剤が効かない耐性菌も多いため、かかった場合の死亡率や後遺症が残る割合はヒブより高くなります。ヒブと同時接種できるので、生後2カ月になったらセットで接種しましょう。

1歳までに3回、1歳3カ月までに1回接種

小児用肺炎球菌ワクチンの接種回数は初回を接種する月齢により異なります。こちらもヒブ同様、肺炎球菌感染症が急増する生後6カ月までに合計3回を接種し、1歳〜1歳3カ月の間に4回目（追加接種）を接種するのが標準的です。1歳まではヒブと間隔も同じなので、合わせて接種したいですね。初回接種が7カ月〜1歳未満の場合、合計接種回数は3回に、初回が1歳の場合は2回、2〜6歳未満で開始した場合は1回のみになります。

予防する病気

細菌性髄膜炎、
中耳炎、肺炎などの
肺炎球菌感染症

回数

4回（生後2〜6カ月開始の場合）

接種時期

生後2〜6カ月の間に4週間隔で計3回接種。3回目から60日以上をあけて、1歳〜1歳3カ月までに4回目を接種するのが理想的（初回の接種時期により回数は変わります）。

ワクチンの種類

不活化ワクチン

ほかのワクチンとの接種間隔

日数制限なし

予防接種

接種後の副反応は？

約10%の割合で38度以上の熱が出ることも

接種部位が赤くなったり、しこりになることや、約10%の割合で38度以上の熱が出ることがあります。ほとんどは1日でおさまりますが、熱が続くときや接種部位がひどく腫れているときはかかりつけ医を受診して。

接種前の注意点

早期に免疫をつけるため同時接種を

肺炎球菌による髄膜炎が急増する生後6カ月までに、合計3回の接種を終えることが予防のために重要です。そのため、生後2カ月になったらヒブ、B型肝炎、ロタウイルスワクチン、四種混合といっしょに接種開始しましょう。

●定期接種●四種混合（三種混合・ポリオ）

命にかかわる4つの病気をまとめて予防

四種とはジフテリア、百日ぜき、破傷風、ポリオのことです。ジフテリア、百日ぜきは飛沫感染で広がります。ジフテリアは神経、心筋のまひを引き起こし、百日ぜきでは呼吸困難に陥ることも。

破傷風は菌が土の中にいて、傷口などから感染し、けいれんや急性まひを起こします。ポリオは便などから感染し、1000～2000人に1人の割合で手足にまひが残ったり、死亡したりするケースもあります。

生後2カ月になったらまず接種を

四種混合ワクチンは、それぞれ百日ぜきとポリオ、破傷風とジフテリアを予防します。ポリオは生ワクチンが使われていましたが、副反応でまひが起きるケースがあったため、2012年から不活化ワクチンが使われるようになっています。

大人と小学生の百日ぜきが地域で流行した場合、新生児にうつって問題になっています。妊娠中にママが予防接種（三種混合）を受けて赤ちゃんを守る方法もあります。

予防する病気

ジフテリア、百日ぜき、破傷風、ポリオ

回数

4回（別途2期1回）

第1期：生後2カ月※以降に3回、追加接種1回
第2期：11歳から1回

接種時期

1期：生後2カ月から接種可。3～8週間隔で3回、3回目の半年以上経過後に4回目を接種。2期：11歳から、二種混合ワクチンを1回接種。
なお、百日ぜき、ポリオの感染予防のため、小学校就学前に3種混合、ポリオの任意接種が推奨されています。

ワクチンの種類

不活化ワクチン、トキソイド

ほかのワクチンとの接種間隔

日数制限なし

※2023年4月から、生後2カ月からの定期接種が開始となります。

接種後の副反応は？

接種回数を重ねるごとに接種部位が腫れやすく

接種した部位が腫れることがあります。接種後2～3日以内に発熱したときや、ひじから下や、腕全体が腫れたときは受診しましょう。接種の回数を重ねるほど腫れが出やすい場合は、接種医に相談してください。

接種前の注意点

百日ぜき対応のため早めの接種を心がけて

とくに百日ぜきは新生児からでもかかる可能性のある病気で、どこでうつるかわかりません。低年齢の赤ちゃんほど息ができずに呼吸困難を起こし、致死率も高くなるため、早めの接種を心がけましょう。

3歳までの予防接種

定期接種 BCG

予防する病気

結核

回数

1回

接種時期

1歳になる前日までに1回接種

ワクチンの種類

生ワクチン(注射)

ほかのワクチンとの接種間隔

注射の生ワクチン同士を接種する場合は中27日(ほかの不活化ワクチンとは摂取間隔に制限はありませんが、なるべく単独接種を推奨します)

毎年1万人以上が新たな患者に 予防接種で防いで

BCGは結核を予防するワクチンです。初期の症状はかぜに似ていますが長く続き、悪化すると呼吸困難で死に至るケースもあります。今も国内で毎年1万人程度が患者として報告されています。

結核は発病している人のせきなどから飛沫感染するだけでなく、せきから水分が蒸発したあと、空気中をただよう結核菌を吸い込むことでの空気感染もしてしまうため、接種で防いでいきましょう。

ばんそうこうなどはせず 経過を見ていって

BCGは針のついたスタンプを腕に押し付けて接種します。接種後2～6週間が過ぎると、接種部位が赤く腫れたり、膿むこともありますが正常な経過です。その後乾いてかさぶたができ、おさまってくるので、ばんそうこうなどはせず、様子を見ましょう。接種部位がかさぶたにならず、じゅくじゅくしてきた場合は受診を。

100人に1人は接種後1～3カ月で腕のつけ根のリンパ節が腫れるケースもありますが、数カ月で治ります。

接種後の副反応は?

接種後1～5日の短期間に 接種部位が腫れたら相談を

接種後1～5日で接種部位が真っ赤に腫れるコッホ現象が出た場合、接種前に結核に感染していた可能性があるので接種医を受診してください。また、接種から4週間後に接種痕《せっしゅこん》が全く見られない場合も接種医に相談を。

接種前の注意点

定期接種は1歳まで それ以降は任意接種に

BCGの定期接種は1歳未満まで。それ以降は有料の任意接種になります。生後2カ月からのB型肝炎、ヒブ、小児用肺炎球菌、四種混合などの接種を済ませ、5～7カ月くらいでBCGを接種するのが一般的です。

定期接種 MR(麻しん風しん混合)

はしかと風しんを一気に予防

MRは、はしか(麻しん)と風しんを同時に予防するワクチンです。ともに感染力が強く、保育園などで集団感染するケースも見られます。はしかは高熱が続き、全身に発疹が出ます。気管支炎、中耳炎、肺炎、脳炎などを併発し、後遺症を残したり、命を落とすことも。

風しんは「三日ばしか」と呼ばれ、はしかより症状は軽く2~3日で治るケースが多いですが、発熱や発疹のほか、脳炎などの合併症を引き起こすことがあります。

1歳になったらすぐに接種したい

MRの対象年齢は1歳から2歳になるまでと長めですが、どちらの病気も感染力が強いため、1歳の誕生日を迎えたらすぐに接種しましょう。免疫を確実につけるため、5歳から就学前までにもう一度接種することになっています。

また、近年では妊娠した女性が風しんにかかることにより、生まれてくる赤ちゃんに障害が生じる「先天性風しん症候群」が問題になっています。先天性風しん症候群予防のために、大人も生涯で2回受けることが大切です。

予防する病気

はしか(麻しん)、風しん

回数

2回

第1期:1歳以降に1回
第2期:小学校入学の前年に1回

接種時期

1~2歳に1回接種(なるべく1歳早期に接種を)。第2期は小学校入学の前年に1回接種を受ける。

ワクチンの種類

生ワクチン(注射)

ほかのワクチンとの接種間隔

注射の生ワクチン同士を接種する場合は中27日

接種後の副反応は?

発熱や発疹が出ることも症状がある場合は受診を

接種後4~14日ごろに、発熱や発疹が出たり、リンパ節が腫れたりすることがあります。自然に治るケースがほとんどなので、心配いりません。もし、症状がある場合は、かかりつけ医を受診するといいでしょう。

接種前の注意点

流行している場合は1歳未満でも接種可能

はしかが地域ではやっていたり、保育園などに入る場合は、自己負担になりますが生後6カ月ごろから麻しん単独ワクチンの接種ができます。ただし、1歳を過ぎたら再度MRの接種を受ける必要があります。

3歳までの予防接種

任意接種 おたふくかぜ

一生治らない重度の難聴になってしまうことも

おたふくかぜ（流行性耳下腺炎）は、ムンプスウイルスに感染することで起こる病気です。飛沫感染や、接触感染でうつります。感染すると発熱のほか、耳の下が腫れ、痛みを伴います。

通常一週間程度で治りますが、重い合併症に注意が必要です。約1000人に1人の割合で重度の難聴になるケースが見られるほか、無菌性髄膜炎や脳炎を起こすこともあります。また、思春期以降に感染すると、精巣炎や卵巣炎などを発症する恐れもあります。

免疫強化のために2度接種が理想

接種後の副反応で無菌性髄膜炎になり、発熱、頭痛、嘔吐などを起こすこともありますが、数千人に1人と少なく、重症化しにくいといわれます。一方、自然感染した場合は、100人に1～2人が無菌性髄膜炎にかかっています。

免疫を確実につけるため、1歳で1回目の接種を受けた後、3歳から就学前までにもう一度接種しましょう。なお、ワクチンを接種していてもおたふくかぜを発症することがありますが、症状は軽く済みます。

予防する病気

おたふくかぜ
（流行性耳下腺炎）

回数

2回

接種時期

1歳以降に1回目を接種。
3歳から就学前に2回目の接種を受けるのが望ましい。

ワクチンの種類

生ワクチン（注射）

ほかのワクチンとの接種間隔

注射の生ワクチン同士を接種する場合は中27日

接種後の副反応は？

耳の下の腫れや発熱があることも

接種後2～3週間で耳の下が腫れたり発熱したりすることも。副反応で無菌性髄膜炎を起こすこともあります。症状は軽めのケースがほとんどですが、発熱、頭痛、嘔吐などがあるときはすぐに受診して。

接種前の注意点

MR、水ぼうそうと同時接種も検討してみて

MR、水ぼうそうと同時接種できるため、1歳になったら同時に接種すると早く免疫をつけることができます。おたふくかぜは任意接種ですが感染力が強いため、保育園や幼稚園など集団生活をする子は接種しておきましょう。

定期接種 水痘（水ぼうそう）

感染力がとても強く1歳になったらすぐ接種を

水痘《すいとう》帯状疱疹《たいじょうほうしん》ウイルスが原因で発症する水ぼうそう。発熱が続き、かゆみの強い発疹が全身に出て、治るまでに1～2週間程度かかります。合併症を引き起こすことは少ないですが、まれに命にかかわる脳炎や肺炎などを併発してしまうことも。

空気・接触感染し、感染力はとても強く保育園や幼稚園などで集団感染することもあります。水ぼうそうにかかる人のほとんどは9歳以下です。1歳になったらすぐ接種しましょう。

3～6カ月以上あけて2回接種を

水痘（水ぼうそう）ワクチンは、2014年10月より定期接種になりました。3～6カ月以上あけて2回接種します。

水ぼうそうに自然感染すると、治った後もウイルスが神経細胞に残り続けます。それがストレスや体力の低下などで免疫力が落ちたときに、激しい痛みを伴う帯状疱疹として現れることがあります。大人がかかることが多く、痛みで入院が必要になることも。水痘（水ぼうそう）ワクチンは、50歳以上の帯状疱疹予防にも推奨されています。

予防する病気

水痘
（水ぼうそう）

回数

2回

接種時期

1歳以降に1回目を接種、3～6カ月以上間隔をあけて、2回目を接種するのが望ましい。

ワクチンの種類

生ワクチン（注射）

ほかのワクチンとの接種間隔

注射の生ワクチン同士を接種する場合は中27日

接種後の副反応は？

副反応はほとんどないもののまれに発疹が出ることも

副反応はほとんどありません。ごくまれですが、接種1～3週間後くらいに発熱や水ぼうそうのような発疹が現れることがあります。いずれも一時的なもので、数日中に治ります。気になる症状があれば接種医に相談を。

接種前の注意点

地域ではやりだす前に速やかに接種を

感染力が強いため、地域で流行する前の接種が大切です。もしワクチン未接種の赤ちゃんに感染が疑われる場合は、発症してすぐに抗ウイルス剤を内服すると軽症で済むことがあります。

3歳までの予防接種

任意接種 A型肝炎

60歳以下の日本人の多くは抗体をもっていない病気

A型肝炎とは、A型肝炎ウイルスによって起こる病気です。ウイルスが集まった牡蠣などの海産物を生食することによって感染するケースが多く、1カ月ほどの潜伏期間を経て発熱や倦怠感、黄疸など急性肝炎の症状が現れます。日本では大きな流行がなくなったものの、60歳以下の日本人のほとんどが抗体をもたないため、飲食店や海外渡航者から感染することがあります。海外旅行客数も多くなった今だからこそ、重要なワクチンです。

世界同様の3回接種が2013年からスタート

A型肝炎は、発展途上国にまん延しているため、ヨーロッパなどでも流行することがあります。そのため、海外旅行や長期滞在が予定される場合にも、必ず接種しておきたいワクチンです。A型肝炎ワクチンは、アメリカでは子どもの定期接種に指定されています。日本でも2013年3月から、子どものA型ワクチンの接種が始まりました。1歳以上であれば、2~4週をあけて合計2回接種し、およそ半年後に3回目を接種します。

予防する病気

A型肝炎

回数

3回

接種時期

1歳以降に2～4週の間隔で合計2回接種し、半年以上経過後に3回目を接種。

ワクチンの種類

不活化ワクチン

ほかのワクチンとの接種間隔

日数制限なし

接種後の副反応は?

接種部位が赤くなったり発熱する場合があります

ほかの不活化ワクチン同様、まれに接種部位が赤くなったり腫れる場合があります。そのほか、だるくなったり発熱することもありますが、軽症で自然におさまります。問題となるような副反応は報告されていません。

接種前の注意点

海外旅行の予定があれば1週間前までに接種を

1歳になったら接種できるワクチンです。とくに海外旅行や長期滞在の予定があるときは、子どもでも必ず接種しておきましょう。遅くとも、旅行に行く1週間前までには受けておくことが大切です。

定期接種 日本脳炎

蚊によって感染 有効な治療法なし

日本脳炎は、ウイルスに感染した豚を刺した蚊が人を刺すことで感染します。感染しても症状が出ないケースがほとんどですが、約100～1000人に1人の割合で脳炎を発症し、40度以上の高熱や激しい頭痛、嘔吐、下痢が起こり、意識障害やけいれんが見られることもあります。

有効な治療法がなく、悪化した場合の死亡率は20～40％、助かった場合でも半数程度に精神障害などの重い後遺症が残る、非常に恐ろしい病気です。

2010年にワクチン変更 定期接種として再開

日本脳炎の予防接種では副反応で急性散在性脳脊髄炎《きゅうせいさんざいせいのうせきずいえん》が報告されたため、厚生労働省がワクチンの接種をすすめない時期がありました。しかし2010年にワクチンが変更され、定期接種として再開されています。

日本脳炎患者が発生した地域や、豚の日本脳炎抗体保有率が高い地域に住む場合、日本脳炎流行地域に渡航・滞在する場合は、生後6カ月から定期接種として開始することができます。

予防する病気

日本脳炎

回数

4回

第1期：標準として3歳で2回、追加接種1回
第2期：9～12歳で1回

接種時期

第1期：生後6カ月から接種可能ですが、多くの地域では3歳から接種。6～28日の間をあけ合計2回接種。2回目の約1年後に3回目を接種するのが標準。
第2期：9～12歳に1回接種。

ワクチンの種類

不活化ワクチン

ほかのワクチンとの接種間隔

日数制限なし

接種後の副反応は？

軽い腫れが現れても一時的なものです

現在日本で使用されているワクチンは、安全性や有効性が十分に確認されています。接種後、接種部分が軽く腫れるなどの症状が、約10％程度に現れますが、自然に治るケースがほとんどです。

接種前の注意点

接種回数不足には特例措置も

2005～2009年度は、副反応問題で日本脳炎の予防接種の積極的な案内が行われませんでした。自治体による助成制度や、20歳未満まで定期接種で接種できることもあるので、まだの子は今からでも接種を受けましょう。

3歳までの予防接種

任意接種 インフルエンザ

インフルエンザ脳症では脳に障害が残るケースも

毎年冬にはやるインフルエンザは感染力の非常に強い病気で、くしゃみ、せきなどにより飛沫感染します。初期の症状はかぜに似ていますが、かぜより重症化しやすく、気管支炎、肺炎、中耳炎などの合併症を引き起こします。

とくに恐ろしい合併症がインフルエンザ脳炎・脳症です。発熱後2〜3日間に起こりやすく、死亡することや脳に重い障害が残ってしまうことがあります。体力のない乳幼児ほど発症しやすいので、ワクチンで予防しましょう。

流行する前に家族全員接種を終えたい

行動範囲が限られる赤ちゃんの場合、インフルエンザに感染した家族からうつるケースがほとんどです。毎年12月ごろからインフルエンザは流行するので、その前に赤ちゃんだけでなく、家族全員で接種を受けましょう。

インフルエンザウイルスの型は複数あり、ワクチンは翌年に流行する型を予測して作られます。そのため、予測が外れたり抗体がつきにくい体質の場合は、予防接種を受けてもかかることがありますが、重症化が防げます。

予防する病気

インフルエンザ

回数

2回
(生後6カ月以上〜13歳未満)

接種時期

生後6カ月以降、2〜4週の間隔をあけて2回目を接種(なるべく10〜11月の接種が望ましい)。

ワクチンの種類

不活化ワクチン

ほかのワクチンとの接種間隔

日数制限なし

接種後の副反応は?

接種後30分以内のアレルギー反応に注意

接種部位が赤く腫れる、発熱、発疹などが出ることもありますが、ほとんど2〜3日で治ります。ただ、接種後30分以内に強いアレルギー反応(アナフィラキシーショック)が起きることがあるので院内待機を守りましょう。

接種前の注意点

卵アレルギーがあっても、ワクチンは接種可能です

インフルエンザワクチンは、鶏の卵を使って作られますが、卵アレルギーがあってもワクチン接種には問題ありません。強い卵アレルギーの方は、かかりつけの小児科医と相談してください。

予防接種の気がかりQ&A

Q 新型コロナウイルスのワクチンは接種すべき？

A 重症化予防のメリットから接種は推奨されています

新型コロナウイルス感染症は、ウイルスの株により症状や重症度が異なります。２０２２年からは小児の重症例、10歳未満の死亡例が増加し、感染後の後遺症も報告されていることから、小児へのワクチン接種が強く推奨されています※。

ワクチンの対象は生後6カ月以上です。接種後に接種部位の痛み、発熱や頭痛などの副反応が出ることがありますが、大人に比べ、非常に稀です。接種する際は、接種前後の観察が必要です。

※2023年1月現在

Q けいれんを起こしたことがあると受けられない？

A 1カ月以上たてば大丈夫。医師と相談して

以前はけいれん後1年以上をあけないと予防接種はできませんでしたが、現在は単純性熱性けいれんであれば1カ月たてば予防接種を受けられます。ただし、副反応の発熱でけいれんを引き起こす可能性もあるので、かかりつけ医と相談してから接種を決めましょう。

Q 小さく生まれた赤ちゃんの予防接種は？

A 接種できる年齢になったら受けるのが基本

基本的には接種できる月齢になったら接種を受けて問題ありません。免疫を早くつけるためにも、接種時期が来たらすぐ接種を受け、病気を防いでいきたいものです。ただし、小さく生まれて入院治療を受けた場合は、主治医の許可をもらってから、かかりつけ医を受診して。

Q 同時接種の場合、副反応の見分けがつく？

A 見分けはつきませんが、同時接種のメリットも考えて

発熱などの副反応の場合、どれが起因か判別はできません。ただ、日本で承認されたワクチンの組み合わせや本数に制限はありませんし、同時接種でそれぞれのワクチンの副反応の頻度が上がることもありません。同時接種をうまく使って効率よく免疫をつけましょう。

Q 次々と打って、体に悪くないの？

A 病原体の毒性は大幅に弱められています

接種でのワクチンはごく微量です。また、ワクチンの病原体の毒性は大幅に弱められているため、体に負担はかかりません。予防接種の順序は、病気にかかったときに重症化したり、後遺症が残ったりする可能性の高さを考慮して組まれているため、時期が来たらすぐ接種を。

Part 5

病気とホームケア、応急処置

赤ちゃんの体の調子をチェックする習慣をつけ、
かぜの症状をホームケアで対処できるようになりましょう。
子どもがかかりやすい病気の症状や治療の基本を知っておくと、
いざというときにあわてずに済みます。

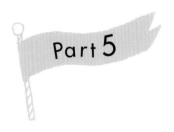

病気かもと思ったら…

ふだんの様子をチェックしよう

いつもとなんだか様子が違うと思ったら、隠れた病気のサインかも。全身状態をチェックしてみましょう。

理由のない不機嫌は体調が悪い可能性も

ふだんの赤ちゃんの様子を知っているパパやママだからこそ気づける、病気のサインもあります。必要以上に神経質になることはありませんが、熱もないのにぐったりしている場合や、あやしても笑わず機嫌がよくならないときなどは、重い病気が隠れている可能性もあります。

赤ちゃんは病気になると大人よりも早く進行し、ときには重症化してしまう危険性があるため、適切に対処することが必要です。いつもと様子が違うことに気づいたら、まずは全身状態をチェックして、受診するべきかどうかを見極めましょう。以下が主なチェック項目になります。

赤ちゃんの具合が悪いときのサイン

Point 1 食欲がない

母乳やミルクを飲んでくれない、いつもより飲む量が明らかに少ないときは、下痢や熱などほかの症状がないかも合わせてチェックしてみましょう。食欲がなくても元気があり、体重が増加しているようならば心配いりません。

Point 2 顔色がいつもと違う

顔色がいつもと違って赤くほてっている場合は、熱がないかまずは調べてみましょう。顔色が黄色い場合は、黄疸が疑われます。また、唇が紫色になっているときはチアノーゼを起こしている可能性があるので、すぐに受診して。

Point 3 呼吸が浅く速い

息をするたびに肋骨がペコペコへこむ陥没呼吸、小鼻がピクピク動く鼻翼《びよく》呼吸の症状がある場合、また、少し離れても聞こえるくらいゼーゼー、ヒューヒューといった呼吸音が聞こえる場合などは早めにかかりつけ医受診しましょう。

Point 4 耳をやたらと気にしている

しきりに耳に手をもっていき泣いたりする場合は、痛みがある可能性があります。まずはかかりつけ医を受診しましょう。

Point 5 元気がなく機嫌も悪い

発熱していても、元気があって機嫌がよいのであればあまり心配はいりません。一方、あやしても笑わずに泣いてばかりだったり、眠りが浅くすぐに起きてしまったりする場合は、念のためかかりつけ医へ行きましょう。

Point 6 うんち・おしっこがいつもと違う

うんちやおしっこの性状、色、におい、回数などの変化は見逃さないようにしましょう。ときに消化器系の疾患が隠れている可能性もあります。気になる場合は写真に撮っておき、診察の際にかかりつけ医に見せるようにしましょう。

小児科受診の仕方

平熱がどれくらいかを覚えておこう

赤ちゃんは大人に比べて体温が高く、乳児の場合はわきの下で測定して36・3～37・4度が正常値とされます。しかし、これには個人差があり、朝は体温が低めで夕方は高めと、1日の中でも変化があります。また、季節によっても違います。元気なとき、朝・昼・夕方・就寝前の計4回、食前に体温を測り、平熱がどれくらいなのかを調べておきましょう。平熱よりも1度以上体温が高ければ、熱があると考えます。

できるだけ多くの情報を医師に伝えて

赤ちゃんは言葉を話せない分、日ごろの様子をよく知る人が病状をきちんと医師に伝えてあげることが重要です。気になる症状は何か、いつからその症状は続いているのか、他に気になる兆候はないか、その場で症状を見てもらえないものについては、写真や録画したものを確認してもらうなど工夫をすると、適切な診断をあおぐことができます。また、今までにかかった病気、薬のアレルギーの有無などがあれば伝えてください。

かかりつけ医を見つけよう

赤ちゃんの様子がいつもと違うと、どうしたらいいのかわからず誰でもあわててしまいがち。そんなときに頼りになるのがかかりつけ医の存在です。ふだんの赤ちゃんの様子や体質などをわかっていてくれる分、安心して相談ができるので、心の支えにもなってくれます。自宅近くの医療機関を見つけましょう。

医療機関に持っていくもの

- □ 母子健康手帳
- □ 健康保険証
- □ 診察券
- □ 乳児医療証
- □ お薬手帳
- □ 着替え
- □ おむつ
- □ タオル
- □ お金
- □ 子どもの状態がわかるもの（発熱の記録など）

オンライン診療の利用方法

① オンライン診療を行っているかを確認

まずは「かかりつけ医」に相談。かかりつけ医がオンライン診療をしていない場合は、インターネットなどで、最寄りの医療機関を探し、オンライン診療の有無を確認します。

② 事前に予約する

メールやフォームなど、医療機関によって予約方法が異なります。オンラインでの接続方法や医療費の支払いについても確認。事前に問診票のフォームに記入するなどの場合もあります。

③ オンライン診察を受ける

子どもの症状を医師に説明。発熱のタイミングなどをメモしておきます。皮膚疾患など、画面越しに患部を見せることもできます。

※触診や検査などができないため、診療には限界があります。

④ 診療後（薬の処方）

病気のなりはじめや悪化傾向にあるときなどは、医療機関への受診をすすめられることがあります。その場合は必ず、直接かかること。薬が処方される場合は、自宅への配送か最寄りの薬局で受け取れます。

鼻水がでたら

赤ちゃんは鼻づまりになると、母乳やミルクがうまく吸えません。苦しいと眠りも浅くなってしまうのでこまめに取り除き、通りをよくしてあげて。

赤ちゃんの鼻腔は狭いのでつまりやすい

鼻水には、鼻腔から侵入するウイルスや菌を体外に押し出す働きがあります。赤ちゃんの鼻腔は大人に比べて狭く、粘膜がとても敏感です。また、よく泣くのでさらに鼻水が多くなり、鼻づまりを起こしたりします。自宅でのケアが大切ですが、苦しそうなときは、かかりつけ医を受診して鼻吸いなどをしてもらいましょう。

ホームケアのポイント

Point 1 鼻水吸引器で鼻水を吸い取る

鼻水がつまって苦しそうなときは、赤ちゃん用の鼻水吸引器で吸い取るか、ティッシュやガーゼなどでこまめに取り除いてあげるようにしましょう。鼻づまりがひどいときは、鼻のつけ根に蒸しタオルを当てて蒸気を吸わせてあげると、鼻の通りがよくなります。

Point 2 鼻くそは綿棒でやさしく絡め取る

鼻くそが見えると、つい取ってあげたくなってしまいますが、無理に取ろうとすると鼻の粘膜を傷つける原因になります。お風呂上がりの鼻の穴が湿っているときに、赤ちゃん用の綿棒で入り口部分をやさしく拭ってあげましょう。

Point 3 室内環境を整え、こまめな水分補給を

体が冷えると鼻水やくしゃみがでやすくなるので、1枚多く服を着せてあげること。部屋が乾燥している場合は、加湿器で加湿を。鼻づまりのときは鼻呼吸ができず、おっぱいやミルクがうまく吸えないので、数回に分けて飲ませてください。

あなたは大丈夫？ NGケア

ティッシュで鼻水をゴシゴシふく

ティッシュで鼻を強くこすると肌荒れの原因に。湿らせたガーゼを軽く押し当てるようにふき取り、ワセリンなどを鼻の下に塗ってあげましょう。

綿棒や鼻水吸引器を鼻の奥まで入れる

綿棒や鼻水吸引器を鼻の奥まで入れるのは、粘膜を傷つけるためやってはいけません。また、食後すぐのケアは嘔吐しやすいので、避けましょう。

受診の目安

診療時間外でも受診

- 呼吸が荒く、苦しそう
- 発熱やせきの症状を伴い、苦しそう

診療時間内に受診

- 透明な鼻水だが大量
- 鼻づまりで眠れない
- 食欲がなく、機嫌が悪い
- 発熱や下痢、嘔吐などほかの症状がある
- 鼻水が黄色くてドロドロしているなど、色や性状、においが明らかにおかしい

ホームケアでOK

- せきは出ているが、機嫌はいい
- しっかり眠れている

せきがでたら

加湿するだけでせきの症状が緩和することもあります。たん切れをよくするためにも、スプーンで少量ずつ水分を与えて、のどを潤してあげましょう。

せきは外敵から身を守る、体の防御反応

せきには、体内に侵入した菌やウイルスなどから身を守るために生成されるたんなどの分泌液が、気道につまるのを防ぐ働きがあります。病原体に感染してのどや気管支が炎症を起こしているときや、鼻水がのどに落ちた反射でもせきは出ます。症状によっては肺炎を起こしていたり、乳児ぜんそくなどアレルギー性のせきの場合も。変な呼吸音がしないか、発熱や下痢、嘔吐など別の症状がないか全身症状にも気を配り、適切な対処をすることが必要です。

ホームケアのポイント

Point 1 せき込んだらたて抱きで、背中をトントンする

せき込んで苦しそうなときは、たて抱きか座位にして背中を軽くたたくか強めにさすってあげると、気管支にからんだたんが切れやすくなります。また、寝るときはタオルなどを使って上体を少し高くしてあげると、呼吸が楽になり、眠りやすくなるのでおすすめ。

Point 2 水分補給をして、のどを湿らせてあげる

のどを湿らせてあげると、たんが切れやすくなります。水分を与える際、冷たい飲み物や柑橘系の果汁はのどを刺激してせきをでやすくしてしまうので避けること。人肌程度に冷ました湯冷ましや麦茶などを、少量ずつスプーンで飲ませてあげましょう。離乳食も食欲があればいつも通りで大丈夫。冷たいものは避けて、食べやすいものを少量ずつ与えるように。1歳以上ならば、ハチミツを与えるのもおすすめです。

Point 3 こまめに換気をして環境を整える

換気は1日3回、10分程度を目安に室内の空気を入れ替えましょう。空気が乾燥すると気道の粘膜も乾燥してせきが出やすくなるので、加湿器などを使って部屋の湿度が50～60％に保たれるのが理想。

受診の目安

救急車で大至急病院へ

- □ チアノーゼ（唇が紫色）の症状がある

診療時間外でも受診

- □ ゼーゼー、ヒューヒューという変な呼吸音がして苦しそう
- □ 激しくせき込んで何回も吐く
- □ せきで食べられず、尿がでていない
- □ のどに何かつまったように突然激しくせき込む

診療時間内に受診

- □ せきをしているが眠れている
- □ せき以外にかぜの症状があるが、元気がある
- □ ゼーゼー、ヒューヒューという呼吸音が長引いている

ホームケアでOK

- □ 軽いせきはあるが、食欲があって眠れている

あなたは大丈夫？ NGケア

いつも通りの量を哺乳びんで飲ませる

せき込むときは、哺乳びんを使うと多量にでてくるため、むせて吐いてしまう恐れが。いつもの量の1/2～1/3くらいを目安に与えましょう。

部屋を温めすぎて空気が乾燥している

暖房などで室温を上げると、空気が乾いてせきがでやすくなります。洗濯物を室内に干すなどして、湿度を保つように心がけましょう。

症状別のケア

Check! 「せき」がでる病気→P206

熱がでたら

ほとんどの子どもが経験する、乳幼児期の発熱。赤ちゃんの体力を消耗させないように、家でできるケアや受診するべき症状を知っておきましょう。

元気がないときは受診しましょう

赤ちゃんの平熱は大人に比べて高く、36・3～37・4度が一般的。発熱とは平熱より1度程度高いときをいいます。注意したいのは、熱の高さよりも全身の状態。熱があっても機嫌がよく、食欲もあるようならしばらく様子を見てもかまいません。反対に、元気がなくぐったりしているようならば、熱がそれほど高くないときでも受診しましょう。

生後3カ月未満の赤ちゃんが発熱したら、医療機関で受診すべきかの指示を受けてください。

ホームケアのポイント

Point 1 体温調整をしてあげる

熱の上がり始めは寒気がするため、顔色が白い場合はしっかり保温し、汗ばんで赤くなってきたら、熱の発散を促すために、少し薄着にしましょう。濡らしてきつく絞ったタオルで、額や首、わきの下や太もものつけ根を冷やしてあげてもよいでしょう。汗をかいたら体を冷やさないよう、着替えさせましょう。

Point 2 水分をこまめに補給する

発熱中は大量の汗をかくため、脱水症状を起こしがち。乳児用のイオン飲料や経口補水液、湯冷ましなどをこまめに飲ませるようにしましょう。食欲がなくなることも多いので、離乳食は無理に食べさせなくても大丈夫です。うどんやスープなどののどごしがいいものを与えてください。

Point 3 なるべく静かに過ごす

発熱中は室内で過ごすことが多くなります。室温は夏26～28度、冬20～23度を目安に調節を。寝かせておく必要はありませんが、興奮するような遊びは避けて静かに過ごしましょう。家の周囲を短時間散歩することは気分転換になるのでおすすめです。

受診の目安

救急車で大至急病院へ
- □ 呼びかけに反応しない

診療時間外でも受診
- □ 生まれて初めてけいれん(→P225)を起こしている
- □ 元気がなく、ぐったりしている
- □ おしっこが半日以上でていない
- □ 食欲がなく、水分がとれない

診療時間内に受診
- □ 3カ月未満の赤ちゃんで、38度以上の熱を出している
- □ 鼻水やせきなど他の症状がある
- □ 熱が1日以上続いている
- □ 食欲はないが、水分はとれている
- □ 機嫌が悪く、いつもと様子が違う

ホームケアでOK
- □ 熱はあるが機嫌がいい

あなたは大丈夫？ NGケア

熱が出たのですぐ解熱剤を使う

熱は体の防御反応のため、むやみに下げようとしないこと。しかし、冷やしても高熱が続き、つらそうなときは解熱剤を使用するとよいでしょう。

長風呂をさせる

入浴も機嫌がよければ入って問題ありませんが、長風呂は避けましょう。機嫌が悪いときは、お湯で絞ったタオルで全身をふいてあげてください。

Check! 「熱」がでる病気→P200

嘔吐したら

赤ちゃんの嘔吐では窒息に気をつけ、脱水症状を起こさないように、こまめに水分補給をしてあげることが大事。元気がないようであれば早めに受診を。

感染症の疑いがある場合は注意を

赤ちゃんは大人に比べて、胃の入り口の機能が未発達なため、授乳後に吐いてしまうことはよくあること。しかし、吐く回数が多く、しばらくしてもぐったりしている場合は注意が必要です。吐いたものの形状や色、内容などで病状を判断するので、受診時に医師に知らせてください。頻繁な嘔吐の場合は、ウイルスや細菌の感染症である恐れがあります。素手で処理せず、必ずマスクやゴム手袋を装着しましょう。汚れた衣類は、分けて洗濯すること。

ホームケアのポイント

Point 1 吐き気が落ち着いたら着替えさせる

吐いた直後に着替えさせると、すぐにぶり返してまた嘔吐する恐れが。まずはたて抱きにして落ち着かせ、口の周りだけきれいにしてあげて。落ち着いたらシャワーか温かいタオルで体をふいてから着替えさせましょう。

Point 2 吐いたものでのどをつまらせないように気をつけよう

睡眠中に吐いたものが気道に入り、窒息してしまう事故があります。吐き気がおさまってから、背中にクッションを入れるなどして、横向きに寝かせるようにしましょう。しばらくは親の目の届く場所で眠らせること。

Point 3 吐いた後は時間を置いてから水分補給をする

吐いた後30分～1時間ほど様子を見て、とくに吐くことがなければ、赤ちゃん用のイオン飲料などを約5分ごとに与えます。1回量は体重10キロあたり10ミリリットルが目安。3～4時間ほどは欲しがるだけ与えます。授乳は1～2時間様子を見て、水分をしっかりとれるようになったら再開。通常の半分ぐらいの量からスタートしてください。

受診の目安

救急車で大至急病院へ
- □ 呼びかけに反応しない

診療時間外でも受診
- □ 高熱があり、ぐったりしている
- □ けいれん後に何回も吐く
- □ 血液や黄色の胆汁を吐く
- □ 頭を打った後、24時間以内に吐き始めた
- □ 頻繁に吐き、ぐったりしている
- □ 水分がとれていない
- □ 半日以上おしっこがでていない
- □ 血便が続けてでている

診療時間内に受診
- □ 鼻水、発熱などを伴う
- □ 授乳後、噴水のように吐く
- □ おしっことうんちの回数が少なく、体重が増えない

ホームケアでOK
- □ 1～2回吐いたが、すぐおさまり機嫌がよい
- □ おしっこがふだん通りでている

あなたは大丈夫？ NGケア

牛乳や乳酸菌飲料、果汁を与える

牛乳や乳酸菌飲料、果汁などは浸透圧が高いため、胃に負担がかかります。嘔吐してしまった後の水分補給としてはおすすめしません。

吐いた後すぐに水分を与える

刺激でまた嘔吐してしまうので、吐いた直後に水分は与えないでください。吐き気がおさまるまで、30分～1時間ぐらい様子を見ましょう。

 Check! 「嘔吐」がある病気→P208

下痢したら

下痢のときは脱水症状を起こしやすいので、こまめに水分補給をしてあげることが大切です。消化にいいものから少しずつ与えていくようにしましょう。

下痢以外の症状や、便の状態に注意を

消化機能が未発達な赤ちゃんは、離乳食や水分のとりすぎで一時的に軟便になることがあります。元気があり、食欲もあるようならば、あまり心配はいりません。

ただし、便の色や形状、においがいつもと違うときや、発熱や嘔吐など別の症状を合併し、ぐったりしているときなどは注意が必要です。

自己判断せずに、かかりつけ医を受診してください。その際、便の色や形状、その他の症状を医師に説明できるようにしましょう。

ホームケアのポイント

Point 1 おむつ替えをして、おしりを清潔に保つ

下痢をしているときはおむつかぶれしやすいので、おむつ替えのときにきれいにふくか、洗面器にぬるま湯を入れておしりだけ座浴させましょう。

Point 2 こまめな水分補給をする

下痢をしているときは脱水症になりやすいため、乳児用イオン飲料や経口補水液などを与え、こまめに水分補給をさせましょう。1回量は体重10キロあたり10ミリリットルが目安です。約5分おきに、3〜4時間かけて欲しがるだけ与えてください。下痢で失われた水分や塩分を速やかに補給できます。

Point 3 離乳食は消化のよいものを与える

下痢をしているときは、母乳はいつも通りでかまいませんが、粉ミルクは少し控えめにすること。離乳食が始まっている子は、症状が落ち着くまで、一段階前の内容（カミカミ期→モグモグ期など）に戻して量も少なめにします。おかゆなど消化のよいものから徐々に元に戻していくようにしましょう。

受診の目安

救急車で大至急病院へ
- □ チアノーゼやけいれんが見られる

診療時間外でも受診
- □ 水分がとれず、ぐったりしている
- □ 元気がなく、ぐったりしている
- □ 激しい下痢と嘔吐を繰り返している
- □ 38度以上の熱があり、ぐったりしている
- □ 半日以上おしっこがでていない
- □ 血便が続いている
- □ いちごジャムのような粘血便がでている

診療時間内に受診
- □ 軽い下痢が数日続いている
- □ 白っぽい下痢便がでた
- □ 便にいつもと違う異臭がある
- □ 発熱や嘔吐などの症状がある

ホームケアでOK
- □ 元気があり、水分をとれている
- □ 元気があり、いつもより多少便がゆるい程度である

あなたは大丈夫？ NGケア

いつも以上に厚着させる

お腹を冷やさないように腹巻きをするなど、いつも以上に厚着をさせると汗をかきやすくなるので、脱水症状を起こしやすくしてしまいます。

粉ミルクを薄める

便をやわらかくする作用がある乳製品は、医師の指示に従って与えましょう。だからといって、粉ミルクを薄めてはいけません。長引く前に受診を。

Check! 「下痢」がある病気→P208

けいれんしたら

けいれん中はあわてず、継続時間や症状をきちんと観察することが大事です。落ち着いて行動できるように、けいれん中の対処方法を学びましょう。

脳が異常に興奮することでけいれんは起こる

脳の神経細胞が高熱や細菌、ウイルスなどで刺激され、異常に興奮した場合にけいれんが起こるといわれています。赤ちゃんが起こすけいれんは、高熱が出ることによって起こる「熱性けいれん（225ページ参照）」であることがほとんど。一時的な症状で1〜3分でおさまりますが、初めてのときはかかりつけ医または救急病院を受診して。1日に何度もけいれんを起こしたり、5分以上続いたりするときは、すぐに病院へ連れていきましょう。

ホームケアのポイント

Point 1 衣類をゆるめて、横向きに寝かせる

けいれんを起こしたら、安全な場所に移動させ、呼吸がしやすいように服のボタンをゆるめること。けいれん中は吐いたものを気管につまらせて窒息する恐れがあるため、顔を横向きにして寝かせること。

Point 2 けいれんが続いた時間を計る

けいれんがどれくらいの時間続いたのかを計ります。また、体の一部だけのものか、全身のものか、片側だけのものかなど、どんな種類のけいれんか、顔色や唇の色、目の動きなど、きちんと観察すること。

Point 3 おさまったら検温し、水分補給をする

意識が戻ったら検温をし、熱があるときは1時間おきに検温をしましょう。初めてけいれんを起こしたときは、診療時間外でも診察を受けてください。落ち着いたら湯冷ましや麦茶などをスプーンで少量ずつ与えて、水分補給をしましょう。念のため、その日は入浴は控え、数日間は様子を見ること。ほかの症状がないか観察し、のんびり家で過ごすように心がけましょう。

受診の目安

救急車で大至急病院へ

- □ 5分以上けいれんが止まらない
- □ 意識が戻らない
- □ 頭を強く打った後のけいれん

診療時間外でも受診

- □ 熱のないけいれん
- □ 嘔吐を繰り返す
- □ 初めてけいれんを起こした
- □ 何度も繰り返し、けいれんを起こす
- □ 生後6カ月未満である

診療時間内に受診

- □ 2回目以降で38度以上の熱がある
- □ 5〜6分で元気になった
- □ 熱性けいれんと診断されたことが過去にある

ホームケアでOK

- □ 大泣きしたときにけいれんを起こした

あなたは大丈夫？ NGケア

ガーゼやスプーンをかませる

けいれん中に舌を噛まないようにガーゼなどをくわえさせる人がいますが、口の中にものを入れると、舌で気管がつまる恐れがあるためやらないこと。

けいれん中に体を揺さぶる

体を揺さぶると、刺激で嘔吐することがあり、気道につまって窒息してしまう危険性があります。名前を呼ぶなど意識を確認するのみにすること。

便秘したら

消化機能が未発達な赤ちゃんは便秘しがちです。何日も便が出ていないと心配になりますが、元気で食欲があれば、過度に気にする必要はありません。

赤ちゃんの排便ペースは個人差が大きい

赤ちゃんは、消化器官が未発達なうえ、いきむ力も弱いため、便秘になりやすいといわれます。排便の回数は個人差が大きく、「毎日排便がなかったら便秘」とはいいきれません。普段の排便と比較し、回数が少ない場合は、便秘の可能性があります。症状として、不機嫌になる、母乳やミルクを吐き戻すといったほか、便がかたくなる場合があります。便がかたくなると肛門に傷がつき、便秘を悪化させることも。水分補給や食事内容に気をつけて、軽い運動を心がけましょう。

ホームケアのポイント

Point 1 水分を十分にとり食物繊維の多い食事を

母乳やミルクなどの授乳量が減ると便秘の原因にもなります。離乳食の開始前であれば、しっかり飲めているか確認をしましょう。

離乳食を開始しているなら、さつまいもやカボチャ、バナナなど食物繊維が豊富な素材を食事に取り入れるとよいでしょう。水分が不足していても便が出にくくなりがちです。その場合は、母乳やミルク、お茶などを補うようにしましょう。

また、排便習慣を身につけるために、食事は決まった時間に取らせることも大切です。

Point 2 おなかのマッサージで腸の運動を活発にする

便秘の場合は、手のひらでおへそを中心に「の」の字を書くように、やさしくマッサージを。外で遊べる年齢なら体を使って遊ばせるのもおすすめです。腸の動きが活性化します。

Point 3 オリゴ糖や麦芽糖で腸内環境を整える

腸内環境を整えるオリゴ糖、食物繊維を豊富に含むプルーン果汁などで、腸のぜん動運動を活発に。それでも改善されない場合は、赤ちゃん用の便秘薬（市販薬）の麦芽糖（マルツエキス）を服用してみましょう。

受診の目安

救急車で大至急病院へ

- おなかをひどく痛がる

診療時間外でも受診

- ぐったりして熱がある
- 吐いたものに緑色の嘔吐がある

診療時間内に受診

- 食事の量が減った
- おなかが張って痛みがある
- 熱がある
- 排便時に出血がある
- 嘔吐した
- 1週間以上の便秘が何度も続く

ホームケアでOK

- 元気があり、水分をとれている
- 機嫌はよく、食欲もある

あなたは大丈夫? NGケア

食物繊維が多い食事をたっぷり与える

さつまいもやカボチャ、プルーン果汁など食物繊維の多い食事は便秘に効果的ですが、とりすぎは下痢の原因に。便の様子を見ながら加減しましょう。

トイレトレーニングをいそがせる

便秘は心理的な要因にも影響されます。トイレが怖かったり、トレーニング中に怒られたり、トイレに苦手意識をもつと便秘になることがあります。

発疹がでたら

赤ちゃんの皮膚はとても繊細なので、乾燥や汗などで頻繁に皮膚トラブルが生じます。一方、感染症でも発疹がでることがあり、その原因は多岐にわたります。

原因が多いぶつぶつ まずは発熱の有無を確認

赤ちゃんの皮膚はとても繊細なので、汗やおしっこが刺激となり、おむつかぶれやあせもなどの皮膚トラブルが生じます。乳児脂漏性湿疹や乳児湿疹といった新生児期特有の疾患から、感染症が原因の場合まであり、ひとことで「発疹」といっても原因はさまざまです。

かかりつけ医（小児科・皮膚科など）を受診する判断基準は発熱の有無。熱を伴う湿疹はウイルス由来の可能性があるので、すぐに医療機関を受診しましょう。

ホームケアのポイント

Point 1 保湿剤を塗って皮膚を守る

赤ちゃんの皮膚は薄く、皮脂も十分ではないため、刺激にはとても敏感。肌のバリア機能を高めるためには、乾燥を防ぐ保湿剤が効果的です。毎日1～2回（朝、着替え時など）と、特に乾燥しやすい風呂上がりにたっぷりと保湿剤を塗布しましょう。

保湿剤には種類がいろいろありますが、大人用ではなく「ベビー用」が安心。ローション、乳液、クリーム、軟膏の順で保湿力が高くなるため、赤ちゃんの肌質や季節によって使い分けるとよいでしょう。

Point 2 かゆみが強いときは冷やしましょう

「かいちゃダメ」と言っても赤ちゃんは我慢できません。ガーゼで包んだ保冷剤や濡れタオルで患部を冷やし、かゆみをやわらげてあげましょう。皮膚をかきこわすと治りが遅くなったり、別の皮膚トラブルを起こしたりします。

Point 3 お風呂ではそっと洗いすすぎ残しに注意

湿疹やぶつぶつがある部位は石けんを泡立て、泡でなでるようにそっと洗います。湿疹の症状を確認するために、指先で洗い、スポンジやタオルでこすったり、ボディーソープの原液をつけたりしないように注意して。耳や生え際など、すすぎ残しがないか、細かい部分まで確認しましょう。

受診の目安

救急車で大至急病院へ
- □ぐったりしている
- □呼吸が苦しそう

診療時間内に受診
- □全身に湿疹がでている
- □頭や顔などにかゆみの強い赤い発疹がでている
- □強いかゆみと水疱がある
- □熱があり、体の一部に湿疹
- □発疹が繰り返しでる
- □発疹が長引く

ホームケアでOK
- □体の一部に湿疹がでるが、熱はなく元気に食事ができる（おむつかぶれ、あせも、乳児湿疹、虫刺されなど）

あなたは大丈夫？ NGケア

以前に処方された塗り薬を使う

似たような症状がでたときの処方薬が余っていても使用するのはNGです。同じような症状でも原因が異なる場合は、悪化する恐れもあります。

ぶつぶつ部分にばんそうこうを貼る

水ぼうそうなど、水疱があらわれる感染症の場合、ばんそうこうの下で悪化するケースもあります。かかりつけ医などを受診しましょう。

症状別のケア

Check! 「発疹」がでる病気→P216／「皮膚」の病気→P220

アクシデントの応急処置

早期対応が肝心！

事故やケガでいざというときあわてないために、応急処置の仕方を知っておきましょう。

誤飲した

誤飲は赤ちゃんの事故で最多。家族と過ごす場所に、危険なものはないかをもう一度見直しましょう。

まずすべきこと

飲み込んだものを確認

A すぐに取り出せそう
↓ 指でかき出す

B 飲み込んでしまった
↓ 量と時間をチェック

応急処置

吐かせてもいいものの場合
口の奥に指を入れ、舌を押し下げて吐かせ、すぐに受診を。

吐かせてはいけないものの場合
水や牛乳を飲ませていいものか確認した後、至急病院へ。

コインなどの固形物の場合
排便を待つのが一般的だが、念のため診療時間内に受診を。

誤飲事故防止のために、部屋の片づけをしよう

赤ちゃんは手にしたものをすぐに口に入れて確認しようとするため、口に入る39ミリ以下（右下図参照）のものが手の届く場所にないかを常にチェックし、こまめに部屋の片づけをすること。また、危険物が多い場所へ入らないように、柵で仕切るなど工夫すると、事故防止につながります。

飲んだもの別対応処置

	飲んだもの	対応
吐かせる	紙タバコ（吸い殻、吸い殻液）※1、加熱式タバコのスティック	何も飲ませない
吐かせる	アルコール類	水か牛乳を飲ませる
吐かせる	洗濯/台所用洗剤	水か牛乳を飲ませる
吐かせる	大人の医薬品	水か牛乳を飲ませる
吐かせる	香水・消臭剤	水か牛乳を飲ませる
吐かせる	防虫剤（ナフタリン、パラジクロルベンゼンなど）	水を飲ませる（脂溶性なので牛乳はNG）
吐かせない	酸性、アルカリ性の製品※2	何も飲ませない
吐かせない	塩素系漂白剤	水か牛乳を飲ませる
吐かせない	石油製品（灯油、マニキュア、除光液、殺虫剤など）	何も飲ませない
吐かせない	ボタン電池	何も飲ませない
吐かせない	虫ピン・ピアス	何も飲ませない
吐かせない	コイン	何も飲ませない
吐かせない	食品保存剤・乾燥剤（シリカゲル、生石灰）	水か牛乳を飲ませる
吐かせない	防虫剤（樟脳《しょうのう》）	水を飲ませる（脂溶性なので牛乳はNG）

※1：加熱式タバコ、紙タバコは水に浸すとニコチンが溶け出し、体内への吸収が早まるため、葉および吸い殻、吸い殻液を飲んだ場合は何も飲ませず吐かせること。
※2：漂白剤、パック型液体洗剤など

受診の目安

救急車で大至急病院へ
- 意識がない
- 呼吸をしていない
- 吐いたものに血が混ざっている

診療時間外でも受診
- 毒性の強いものを飲み込んだ（タバコの吸い殻液、大人の医薬品、灯油、ガソリン、ボタン電池）
- 吐かせてはいけないものや先のとがったものを飲み込んだ

ホームケアでOK
- 口の中のものを取り出したら、ケロッとしている（5〜6時間は注意して観察）

判断に迷ったら相談を！

公益財団法人日本中毒情報センター
中毒110番
大阪 072-727-2499（365日24時間対応）
つくば 029-852-9999（365日9〜21時対応）

注意すべきはこのサイズです

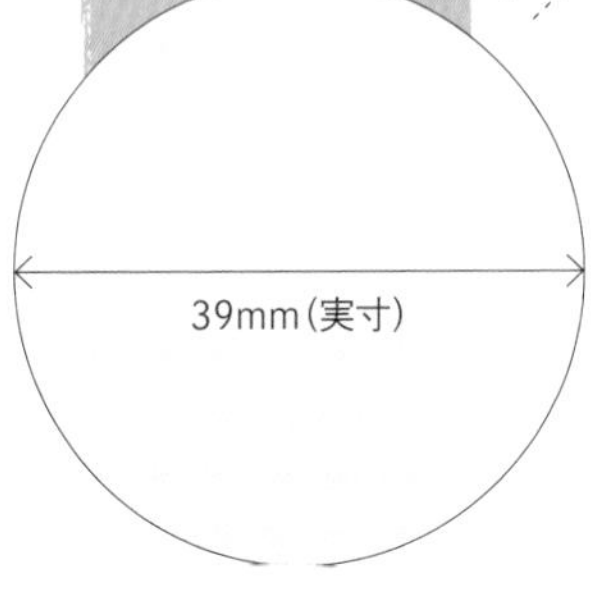

突然、呼吸が苦しそうになり、顔色が悪くなった場合は、のどに何かつまっている可能性が。適切な対処法を覚えましょう。

目を離した一瞬のすきに、赤ちゃんが誤飲してのどにつまらせる事故が起こります。とくに年の近い子どもがいる家では、口に入る大きさのおもちゃを出しっ放しにしておかないよう、親が十分に気を配りましょう。万が一事故が起こってしまった場合は、すぐに異物を取り除く応急処置が必要。ただし、大きめの固形物を飲み込んだ場合は、無理に取ろうとすると気道をふさいでしまう恐れがあるため、すぐに病院を受診しましょう。

A 指でかき出す

B 呼吸、顔色をチェック

頬の両側を挟んで口を大きく開かせ、頬の内側に沿うように指を入れて取り出す。

大人のひざの上にうつぶせにし、背中を強めにたたいて吐き出させる。それでも取れない場合は、回復体位にして救急車を呼ぶ(198ページ参照)。

子どもの呼吸が戻るか、救急隊員が到着するまで、心肺蘇生法(198ページ参照)をして待つ。

受診の目安

呼吸困難を起こしている
意識がない
声が出ない

つまっていたものがでてきた

急に赤ちゃんがせき込み、顔色も悪い場合は、異物を飲んで窒息しかかっている可能性があります。右の方法で吐き出させ、取れない場合は救急車を呼びましょう。スーパーボールなどのつるつるしたものほど取れにくいので、保管場所には十分注意してください。

子どもの背後から、両腕を回します。片方の手を握りこぶしにし、子どものみぞおちの下に当てます。もう片方の手をその上に添え、すばやく自分の胸の方向に圧迫するように引き上げます。異物を吐き出すまで、何度か続けましょう。

大人は立てひざをつき、赤ちゃんをうつぶせの状態で股の間から腕を入れて、頭を胸部より低くなるように抱きかかえながら、太ももにのせます。肩甲骨の間を平手で数回強くたたきます。口の中を調べて、異物を吐き出すまで続けます。

赤ちゃんは、水深わずか3～5センチの水でも、鼻と口が覆われてしまえばすぐにおぼれてしまいます。２歳未満の溺死事故を調べてみると、その約8割は浴槽で起こっています。たとえ大人がいっしょだとしても油断は禁物。親がシャンプーをしているときにおぼれる事故が多発しています。

　風呂場以外にも、トイレや洗濯機、洗面台など、水場にはひとりで近づけないように、柵をつけたり、鍵をつけるなど工夫しましょう。

自宅で起こる水場での事故。
赤ちゃんはわずかな水でもおぼれてしまうことがあるため注意しましょう。

頭が胸部より下になるようにうつぶせにして大人のひざにのせ、みぞおちを圧迫しながら背中をたたいて水を吐かせます。

濡れた服をすべて着替えさせて、タオルや毛布で体を温めながら落ち着かせ、しばらく安静にして様子を見ます。

肩や足の裏を刺激しても反応がない、呼吸をしていない、もしくは反応が鈍い場合は、救急車を呼びましょう。救急隊員が到着するまでは、心肺蘇生法(198ページ参照)を行います。

受診の目安

意識がない
呼吸がない(弱い)

顔色が悪く、ぐったりしている
おぼれた後に熱やせきがでる
吐いた
汚れた水を飲んでしまった
水を大量に飲んだ
機嫌が悪く、顔色がよくない
いつもと様子が違う

おぼれたときにケガをした

水から引き上げたら大泣きした
数時間後でもいつもと変わらず、顔色もよい

入浴中は赤ちゃんから目を離さないこと。
入浴後は浴槽に湯を残しておかない。
浴室に鍵をかけておく。
浴室を遊び場にしない。

トイレに鍵をかけておく。
ベビーゲートで進入禁止にしておく。
トイレを遊び場にしない。

洗濯機の近くに踏み台代わりになるものを置かない。
海や川ではライフジャケットを着用する。
川で水遊びの際、脱げたサンダルや流されたおもちゃを追いかけない。

やけどの事故は重症度によって対処の仕方が変わります。適切に対処をして、二次感染の予防をしましょう。

赤ちゃんのやけどのおよそ9割は家庭内で起きています。赤ちゃんの皮膚はとても薄いので、放っておくと重症化してしまう恐れがあります。とくに水泡ができているときは、破れて細菌感染をしてしまう可能性があるため、何もつけずに清潔なガーゼを当てて、すぐに皮膚科か外科を受診してください。

子どもの手の届く範囲に熱源は置かないように、室内環境を整えましょう。万が一事故が起きてしまったら、すぐに流水で患部を冷やすこと。

手足や顔、頭のやけどは、痛みがやわらぐまで流水で5～30分冷やす。保冷剤や氷水で冷やすと、正常な組織を凍傷させる恐れがあります。

服を着た状態でお湯をかぶったときは、服を脱がすとやけどした皮膚もいっしょにはがれてしまうことがあるため、服の上から流水をかけること。

水疱がつぶれると細菌感染を起こす可能性があるので、やぶらないこと。患部を乾燥させずに治療する湿潤療法(※)（197ページ参照）を行います。

受診の目安

やけどの範囲が全身の10%以上に及ぶ場合
（片腕または片足、それ以上の範囲）
呼びかけても反応が乏しい場合
全身、顔、のどのやけど

水疱ができている
皮膚が黒や白に変色した
重度のやけど
500円玉より大きいやけどのとき
低温やけど
顔や頭、性器、関節部分のやけど

手のひらより小さな範囲で、皮膚が少し赤くなった程度のやけど

軽度のやけどで親が処置できるもの、または遊べているとき

生後5カ月ごろまでに多いのが、抱っこをしながら熱い飲みものを飲んでいて、こぼしてしまう事故。赤ちゃんは思わぬ動きをすることがあるので、抱っこをしたまま熱い飲みものは飲まないようにしましょう。

はいはいが始まると、熱湯を入れたカップラーメンやカップみそしる、炊飯器、ポットなどに触る事故が増えるので、手の届かない場所へ移動させましょう。

調理中のキッチンやストーブ、温風ヒーターなど、やけどの恐れがある場所には柵などをして事故防止を。

湯たんぽやホットカーペットなどで寝かせないこと。

手でものをつかむようになると、食事中にテーブルクロスを引っ張り、やけどを負う事故が増えるので使用は避けましょう。

※湿潤療法で応急処置を施したのち、早めに医療機関での診療も受けましょう。

赤ちゃんの転倒事故は発達段階によってもさまざまです。日常生活に潜む危険を考え安全対策をすることが大切です。

赤ちゃんは大人に比べて頭が重く、バランス感覚もまだ十分に発達していないため、移動中に転倒する事故がとても多いです。赤ちゃんは日常的に転ぶものと考え、ものが多い場所や段差のある危険な場所には入れないように柵をしておいたり、ぶつけやすい家具の角にはカバーをかけておくなど、事故が起こる前に準備しておくことが大切です。もし転んでしまった場合、すぐに傷の状況を確認した上で適切な対処ができるようにしておきましょう。

傷や出血がないかを確認し、傷口は流水で洗い流すこと。傷が深く出血している場合は、清潔なガーゼで止血し、すぐに病院へ。

手足や腕に力が入らず痛がって激しく泣くときは、脱臼や骨折をしている恐れが。患部は固いものを当ててタオルで固定し、すぐに病院へ行くこと。

頭や顔を打ったときや、手足や体に皮下出血（青あざ）がある場合は、患部を冷やすこと。当日の入浴は避け、2〜3日様子を見るようにしましょう。

受診の目安

- 意識がない
- 顔色が悪く、ぐったりしている
- 意識がぼんやりしている
- 嘔吐を繰り返す
- けいれんを起こしている
- 耳や鼻からの出血がある

- 泣き出すまでに少し時間がかかった
- 血がどくどく出ている
- 腕や足がひどく曲がっている
- 腕やひじ、指などがだらんとしてものを握れない

- 機嫌が悪い
- 動かすと痛がる

- 泣きやんだ後にケガの跡がなく、機嫌がいい

寝返りができないからと、ソファのような高い所で寝かせておくのは危険。急に寝返りをして転倒する事故がよくあります。柵のあるベッドか敷き布団で寝かせるようにしましょう。

自転車やベビーカー、チャイルドシートではシートベルトを着用させる。

はいはいが始まるとつかまり立ちをして階段から転倒する事故が急増するため、階段スペースに入らないように、柵をつけると事故を防げます。

動くようになると、家具の角でケガする事故が多いので、カバーをつけること。

大人のベッドで添い寝する際、子どもがベッドから転落する事例が増えています。ベッドの壁側に転落すると、壁のすき間に挟まれて窒息するリスクも。ベッドの周囲のすき間をなくすなど、十分に注意しましょう。

急な事故にあわてず対応できるように、ケガ別の応急処置の仕方を学び、いざというときに備えましょう。

患部を冷たいタオルや保冷剤で冷やします。打った後に大声で泣き、ふだんと変わらなければ問題ありませんが、念のため当日の入浴は控え、数日間は異変がないか経過観察を。自転車やベビーカーなどから落ち、嘔吐やけいれんなどの症状が出た場合は、すぐにかかりつけ医を受診しましょう。

すわって下を向かせ、のどに血液が流れ込むことがないようにしましょう。小鼻をつまみ、鼻で息をしないようにしながら15分間安静にして様子を見ましょう。

しばらく経っても鼻血が止まらない、もしくは出血量が多くドロッとした血の塊が出てくる、顔色が悪く1日に何度も鼻血が出てくるなどの症状がある場合は、すぐにかかりつけ医を受診すること。

乾燥しないように折れた歯は牛乳につけて急いで歯科へ。グラグラしているときもすぐに受診しましょう。

出血している患部にガーゼを当ててしっかりかませるか、大人が指で強く圧迫して止血し、診療時間内にかかりつけ医を受診しましょう。口の中に泥や砂が入っている場合は、細菌感染を防ぐために、脱脂綿などでふき取って止血してください。出血が止まらないときは早めに受診を。

傷口は消毒せず、水道水で洗い流して汚れを落とすこと。傷口に泥や砂などが残ったままだと、化膿する恐れがあります。傷が浅い場合は、普通のばんそうこう、あるいは湿潤療法(左記)のばんそうこうで傷を保護します。もし傷が深く出血している場合は、清潔なガーゼやタオルで傷口を5分程度圧迫して止血を。出血が5分以上止まらない場合は、すぐにかかりつけ医へ。

傷のサイズに切った食品用ラップフィルムにワセリンを塗り、傷を覆う。包帯やガーゼを当てた上からテープで固定

はさんだ指を流水や保冷剤でよく冷やすこと。数日して腫れたら受診してください。患部が青黒く変色していたり、腫れて動かせない場合は骨折や内出血の可能性があるので、すぐにかかりつけ医へ。

目に入ったものを無理に出そうとすると、角膜や粘膜を傷つけてしまうため、目頭の下を押さえて涙で流すこと。取れない場合は、シャワーで流しましょう。鼻の異物はこよりで刺激し、くしゃみをさせて出すこと。耳の奥などに入ってしまっている場合は鼓膜を傷つけてしまうため、かかりつけ医を受診しましょう。

乳幼児の心肺蘇生法

反応を確認

子どもが意識を失っている場合、まずは大声で呼びかけたり、肩や足の裏に刺激を与えたりして反応を調べます。目を開ける、泣く、顔をしかめる、応答するなどの反応がなければ反応なしと判断。周囲の人に、119番通報とAEDを依頼します。

119番通報　**以降を行う**

10秒以内に呼吸の確認

すぐに気道を確保。胸と腹部は動いているか、呼吸音が聞こえるか、口や鼻に頬を近づけて十分に息を吸えているかを10秒以内に確認。呼吸があれば安静にして様子を見ますが、呼吸がないもしくは弱い場合はすぐに心臓マッサージを始めます。

横向きに寝かせ、上側のひざを曲げた状態で前に出し、頭部を少し後ろに反らせて、気道を広げます。

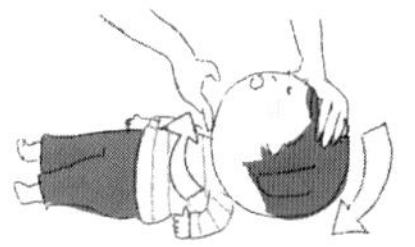

片手を額に当て、反対の手であご先を持ち上げ、鼻の穴が天井を向くぐらいまで反らせます。

乳頭(乳首)を結ぶ線よりも指１本分下を、指2本(中指・薬指)を使い、胸の厚さ1/3が沈むように、１分間に100〜120回のテンポで圧迫します。

乳頭(乳首)を結んだ真ん中か、やや下が圧迫するところ。大人の片手か両手の掌のつけ根で、ひじを曲げずに垂直に、１分間に100〜120回のテンポで圧迫します。

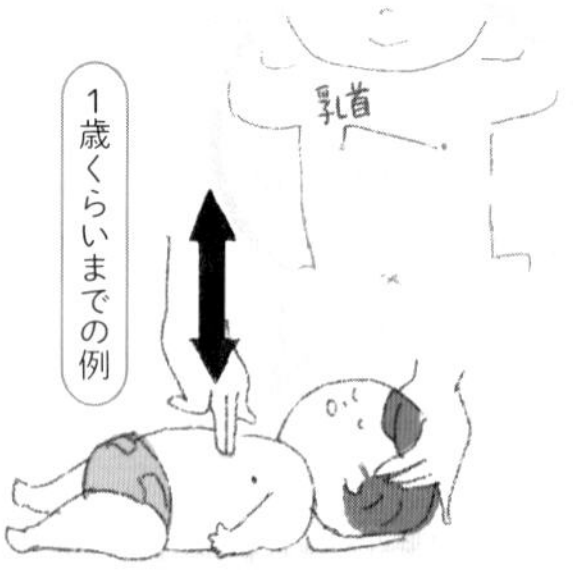

※自分以外に人がいないときは、この後119番通報します。

心臓マッサージ30回を行った後に、2回の人工呼吸を行います。この組み合わせを1サイクルとし、絶え間なく続けます。

まずは気道を確保します。大人の口で子どもの口と鼻を覆い、２回息を吹き込みます。

まずは気道を確保します。子どもの鼻をつまんで、大人の口で子どもの口を覆い、2回息を吹き込みます。

#8000

急な病気等にどう対処すべきか医師や看護師に相談できる。全国同一の短縮番号で対応。

#7119

救急車を呼ぶべきか迷ったときに相談できる。東京都、大阪府、奈良県、札幌市などで利用可能。

呼ぶべきか迷ったら

子どもの急な病気のとき、救急車を呼ぶべきか判断に迷うことは多いと思います。迷っているうちに手遅れにならないためにも、困ったときにすぐに相談できる場所を見つけておくことが大事。都道府県や市区町村には夜間を含めて無料で病気の相談に乗ってもらえる、救急相談窓口があります。病状によっては現場の医療スタッフ（医師や看護師）につないでくれ、緊急かそうでないかを、詳しい病状を聞きながら判断してくれます。

呼び方

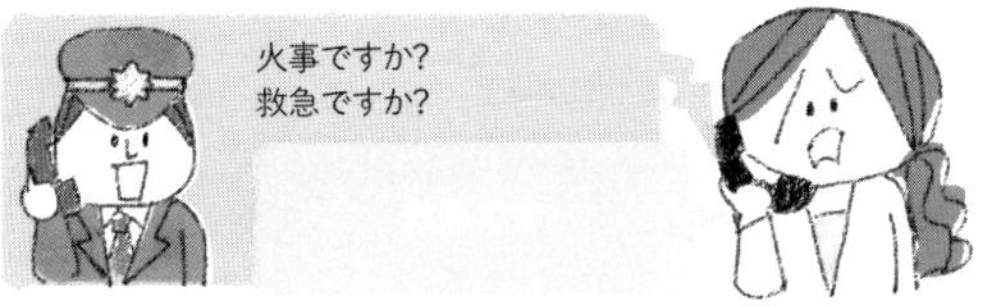

119番に電話。オペレーターに、火事か救急かを聞かれるので、救急であることを伝えます（携帯電話からかけているときは、それも伝えておくこと）。

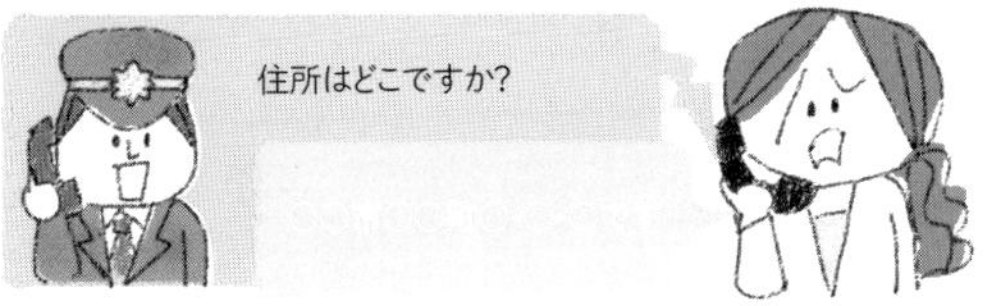

住所はゆっくり間違えないように、正確に伝えます。外出先の場合、近くに目印となるような建物などがあれば、それも合わせて伝えてあげると、到着がスムーズです。

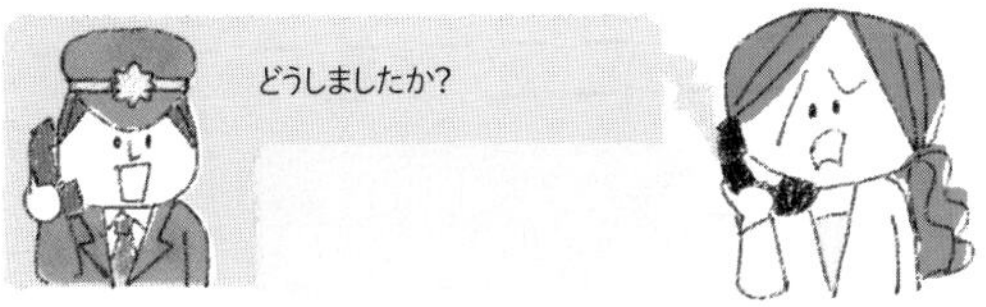

いつ、どこで、誰が、どうしたのか、今はどういう状態なのかを簡潔に伝えます。

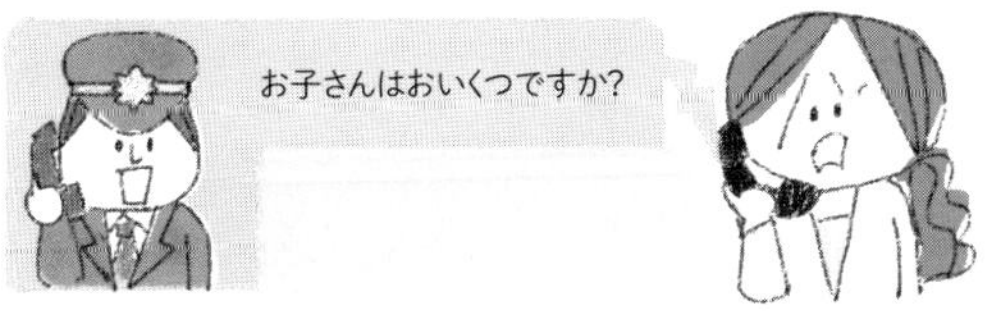

子どもの場合は、生後どれくらいなのかも含めて、年齢を伝えましょう。

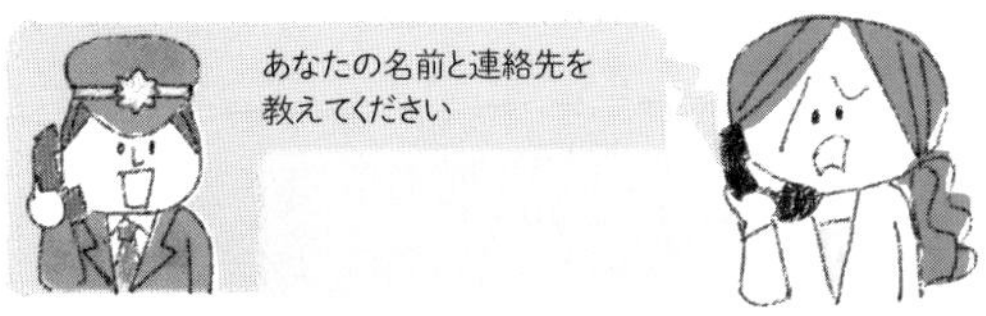

最後にあなたの名前と電話番号を伝えて、電話を切ります。

※上記は一般的な聞き取り内容です。そのほか、詳しい状況や持病、かかりつけの病院などについて尋ねられることがあります。

★

高熱
解熱後の赤い発疹
解熱後の下痢

生後4カ月から2歳くらいの赤ちゃんがいきなり38～39度という高熱を出し、熱の上がり際に、熱性けいれん(225ページ参照)を起こすことがあります。生まれて初めての発熱であることも多く、3～4日続きますが、機嫌がいいのが特徴です。熱が下がると同時に、おなかや顔を中心に、かゆみのない赤い発疹が現れ、下痢を伴います。発疹は他人にうつることはなく、2～3日で消えます。

原因は主にヒトヘルペスウイルス6型と7型の2種類で、2回かかることもあります。一年中見られる病気です。

高熱がでているときは汗をたくさんかくので、こまめに水分を補ってください。また、熱がある間は、衣類や寝具を薄いものにし、涼しく過ごせるように。

この病気は、ほとんどが自然に治ります。熱が高くてつらそうなときは、病院で解熱剤を処方されることがあるので、医師の指示に従ってください。発疹がでている間は、室内で静かに過ごしましょう。

の

- 解熱後、再びひきつけ(熱性けいれん)を起こしたとき
- 水分をとりたがらず、元気がないとき

鼻水、鼻づまり
せき、のどの腫れ
発熱　嘔吐、下痢

かぜ症候群は、ウイルス感染による上気道(鼻やのど)の炎症です。感染すると、1～3日後に鼻水、鼻づまり、せき、のどの腫れ、発熱などの症状が現れます。症状のピークは2～3日で、以降はだんだんと軽くなり、1週間ほどで治ります。免疫が十分ではない赤ちゃんは、年に何度もかぜをひくことがあります。保育園や幼稚園などの集団生活でうつることも多いですが、そのたびに免疫が強化されていくと考え、過度に心配しすぎないでください。

かぜのウイルスに効く薬はありません。家で安静に過ごしながら、自然に治るのを待ちます。発熱で汗をかくと脱水症状の心配があります。麦茶や果汁、赤ちゃん用のイオン飲料などで失った水分や電解質を少しずつ補いましょう。

赤ちゃんの食欲があれば、母乳やミルクをいつもより少なめに与えます。おかゆやスープ、ゼリーなど、口当たりがよく消化のよいものを食べさせてください。

の

- しきりに耳に手をもっていき、泣いているとき
- せきがひどくなるとき
- 熱が何日も下がらないとき

★(P200～218)…学校保健安全法の第2種・第3種感染症に該当するため、「登園許可証」が必要です。医師による記入、または医師の診断をうけて、保護者が記入する場合があります。提出の内容については保育園・幼稚園にて確認をしましょう。

★

急な発熱　倦怠感
頭痛　のどの痛み
関節痛　鼻水
筋肉痛　せき

インフルエンザはかぜに初期症状が似ていますが、かぜではありません。インフルエンザウイルスが原因の感染症です。インフルエンザウイルスの感染力は強く、秋冬から春先にかけて流行します。せきやくしゃみから飛び出したウイルスが体内に入って飛沫感染します。

世界的に流行するインフルエンザウイルスにはA型とB型の2つがあります。それぞれのウイルスに感染すると、ワンシーズンに2回かかってしまうこともあります。ワクチン接種（179ページ参照）すれば、かかっても重症化を防げます。家族内感染を防ぐために家族での接種をおすすめします。生後6カ月から接種できます。

インフルエンザに感染すると38度以上の急な発熱、頭痛、関節痛、筋肉痛、倦怠感などが現れ、その後にのどの痛み、鼻水、せきなどかぜに似た症状が加わります。ただし、乳幼児はこれらの症状をうまく伝えられないので、実際は突然の発熱で気づくことが多いです。下がったと思った熱がまたぶり返すことが特徴です。

熱のほか、吐き気、嘔吐、下痢などの胃腸症状を伴うこともあります。乳幼児の場合、全身症状が重く、中耳炎や重症の気管支炎、肺炎などの合併症を起こすこともあります。

機嫌がよく食欲もあれば翌日の受診でもいいでしょう。ただインフルエンザ脳炎・脳症の場合には、けいれんや意識障害などの症状のほか、「いつも話せているのに話せない」といった発達の後退が見られることもあります。これらの症状が現れたら、大至急受診しましょう。

インフルエンザ感染の有無は、綿棒で鼻水をぬぐう検査で簡単にわかります。抗ウイルス剤や解熱鎮痛剤が処方されたら、医師の指示通りに服用し、家庭で安静に。高熱で脱水症状を起こしやすいため、水分補給はこまめに行います。

インフルエンザは学校保健安全法で第二種感染症です。罹患すると保育園、幼稚園、学校は出席停止。発症後5日を経過、それに加えて解熱後2日を経過するまで（保育園や幼稚園に通う幼児は解熱後3日）は登園・登校停止です。医療機関でインフルエンザと診断されたら、必ず保育園、幼稚園、学校に連絡をし、感染拡大を防いでください。

の

- せきがひどい
- ぐったりしている
- 発達の後退
- けいれん
- 食欲が戻らない

発熱　鼻水
せき・のどの痛み
腹痛、下痢、吐き気

感染力の強い新型コロナウイルスによる感染症（COVID-19）です。

子どもの場合、ほぼ軽症でしたが、2022年にはクループ、けいれん、意識障害、急性脳炎・脳症などの小児の重症例が増加し、基礎疾患のない小児死亡例が急増しました。

軽症の場合、かぜと同様のホームケアを。家庭内感染を防ぐために、換気を定期的に。タオルや食器の共用も避けます。

の

- ぐったりしている
- 水分がとれない

※2023年1月現在

★

のどの腫れ、痛み
目やに
38〜39度くらいの発熱

プール熱（咽頭結膜熱）は、アデノウイルスへの感染が原因となり、のどの炎症、結膜炎、38〜39度くらいの発熱の症状が現れます。プール熱と呼ばれますが、プールの水から感染することはほとんどなく、ウイルスに感染している子の目やに、便などがタオルや手指を介して触れることでうつります。

のどの腫れや痛みと同時に、結膜炎を起こし、その後38〜39度の熱が、3〜4日間ほど続き、1週間以上、発熱を繰り返すことがあります。感染力が強く、保育園・幼稚園児に多く見られます。発熱など主な症状の消失後、2日間は登園停止です。

アデノウイルスに直接効く薬はありません。室内で安静に過ごしながら、自然に治るのを待ちます。脱水症状を起こすこともあるので、水分を十分与えるようにしましょう。母乳やミルクはいつも通りでかまいません。食事はのどごしがよく消化のよいものを与えましょう。

1週間ほどで治りますが、1カ月程度は唾液や便にウイルスが出ます。家族と赤ちゃんのタオルは別々にし、世話をした後は手をよく洗い、感染防止を心がけましょう。

の

- のどが痛く、水分や食事をあまりとれないとき
- 高熱が3日以上続いたとき
- ぐったりして元気がないとき
- 目やにがひどい

★

急な高熱
のどちんこの横の水疱《すいほう》
のどの痛み

夏季に乳幼児の間で流行する、夏かぜの一種です。

突然の発熱に加え、のどちんこの横に水疱ができるのが特徴です。39〜40度の熱は1〜2日で下がりますが、のどにできた水疱は周りが赤くなった後、黄色っぽい色をした潰瘍《かいよう》になります。これがしみて痛くなるので、赤ちゃんは母乳やミルク、食事をいやがる場合があります。

主な原因はコクサッキーA群と呼ばれるウイルスですが、原因となるウイルスはコクサッキーB群やエコーウイルスなど数種類あるため、何回もかかることがあります。

熱は1〜2日で自然に下がり、のどにできた水疱や潰瘍も1週間ほどで自然に治ります。それまでは室内で安静に。

高熱で脱水症状を起こさないように、こまめな水分補給を心がけましょう。酸味のあるジュースなどはのどの潰瘍にしみて痛いことがあるため、0〜1歳児はミルク、1歳以上は麦茶や湯冷ましなど刺激の弱い水分を与えます。水疱が潰瘍になるとのどがひどく痛むので、食事はのどごしのよいおかゆやおじや、冷たいゼリーなどがよいでしょう。

の

- 水分を受けつけないとき
- 熱がなかなか下がらない
- 嘔吐を繰り返す
- 食欲が戻らない

★

急な高熱
のどが赤くなる
体や手足に
小さく赤い発疹
舌にイチゴのような
ブツブツ(イチゴ舌)

溶連菌感染症の原因は、主にA群溶血性連鎖球菌という細菌です。体内にこの細菌をもつ人のくしゃみやせきからうつります。感染すると2〜5日程度の潜伏期間を経てから、39〜40度の高熱とのどの痛みがでて、のどの奥が真っ赤になります。かぜと違い、せきや鼻水はほとんどありません。

溶連菌感染症は2〜10歳くらいの子どもに多く見られ、2歳未満の赤ちゃんに発症することはまれです。感染すると、舌の表面にイチゴのようなブツブツや、赤く細かな発疹が全身に現れます。発疹の後は、手足の指先から皮がむけます。

溶連菌に感染の疑いがある場合、医療機関に行けばのどの粘液をぬぐい取って調べるキットを使い、迅速に診断できます。感染が疑われたり確認されたりすると、溶連菌を退治する抗菌薬がやや長めに処方されます。薬を服用すると1〜2日で症状は改善しますが、体内から溶連菌を完全に追い出すために、最後まで飲みきることが大切です。溶連菌が体内に残ると急性腎炎やリウマチ熱などの深刻な合併症を引き起こすことがあるため、服用終了後も医師の指示に従います。尿検査などの指示が出ることもあります。感染力の強い菌なので、家族からうつし合いになることがあります。のどの痛みに注意しましょう。

の

処方された薬を飲んでも
症状が改善しない
熱が下がらない

★

熱が出る
耳の下、あごの下が
腫れて痛む

おたふくかぜはムンプスウイルスが原因の病気で、2回のワクチンで防げます。耳の下にある耳下腺や顎下腺が腫れ、38〜39度の熱がでます。冬から春にかけて流行し、4〜5歳児に多く発症します。一度感染すると二度とかかりませんが、かぜでも耳下腺が腫れることがあり、区別が難しいものです。

ウイルスに感染すると2〜3週間の潜伏期間を経て、急な発熱と、耳の下の腫れや痛みが起こります。腫れは片側だけの場合もあります。熱は2〜3日、腫れは片側であれば2〜3日で自然におさまります。発症後5日を経過し、医師の許可がでるまで、保育園や幼稚園などは登園停止です。

ムンプスウイルスに直接効く薬はないため、原則的には自宅で静かに過ごし、自然に回復するのを待ちます。食事は、腫れの痛みを刺激しないように、酸味のあるものや、よくかまなくてはいけないものを避け、のどごしのよいものを与えてください。ムンプスウイルスは全身の臓器に感染しやすいため、無菌性髄膜炎(204ページ参照)や難聴など、合併症の注意が必要です。おたふくかぜが疑われて、痛みが強いとき、頭痛や嘔吐があるとき、耳がよく聞こえていない様子が見られたら、早めにかかりつけ医を受診しましょう。

の

強い頭痛や嘔吐
呼んでも振り向かないなど、
耳の聞こえが悪い
精巣(睾丸)が腫れる
熱が5日以上続く
耳の下の腫れが赤くなった

★

高熱が続く
嘔吐を繰り返す
首が前に曲がらない、横を向けない
食欲の低下
不機嫌

脳や脊髄を覆っている髄膜に細菌やウイルスが感染することで起こる病気です。細菌やウイルスが鼻、のど、気管粘膜などを通じて体に入り込むと、かぜのような症状を引き起こします。その後、なんらかの原因で血液を通じて細菌やウイルスが髄膜に達すると髄膜炎となります。

症状としては高熱や繰り返す嘔吐のほかに、首がかたく動かしにくくなっているのが特徴です。赤ちゃんの場合、不機嫌でぐったりしたり、抱っこやおむつ替えをいやがったりすることがあります。

無菌性髄膜炎に比べて、細菌性髄膜炎は重症化します。発熱や嘔吐などのかぜと似た症状から始まり、けいれんや意識障害などが起きて初めてわかることが多い病気です。髄液や血液検査で細菌性髄膜炎かどうかを調べます。

細菌性髄膜炎と診断された場合は、入院での検査・治療となります。10～20人に1人は命を落とし、命は助かっても脳萎縮、水頭症、難聴、運動・知能障害などの後遺症が残ることがあります。細菌性髄膜炎はヒブ、小児用肺炎球菌ワクチンで予防を。

ウイルス性髄膜炎など
細菌が検出されたもの

の

意識障害
けいれん

高熱が続く
嘔吐を繰り返す
体のおかしな動き、脱力感
食欲の低下
不機嫌

急性脳炎・脳症はウイルスや細菌が脳内に入り込み、増殖することで脳に炎症(脳炎)を引き起こす病気です。原因は、ウイルスや寄生虫など多岐にわたりますが、特にインフルエンザや突発性発疹、ロタウイルス胃腸炎、新型コロナウイルス感染症に伴うことが知られています。原因によって症状はさまざまですが、主に高熱や嘔吐などから始まり、徐々に意識がなくなったりけいれんを起こしたりします。またおかしな動きや脱力が見られることも。乳児の場合、抱き上げてあやしても激しく泣きます。脳炎で脳が圧迫されると、頭の大泉門がふくらむことがあります。

急性脳炎・脳症と診断された場合は、入院して原因を調べます。急性脳炎・脳症では、特にインフルエンザウイルス、ヒトヘルペスウイルス6型が原因の脳炎が多く、重症化するので注意が必要です。子どもの場合、6歳未満に発症することが多く、入院して抗ウイルス剤の点滴治療を行います。抗ウイルス剤が開発されたことにより、命を落とす可能性は5％程度にまで低下したものの、いまだ35％の人に後遺症がみられるため油断は禁物です。また、再発することもあるので、退院後も赤ちゃんの様子に注意しましょう。赤ちゃんがいつもと明らかに違っておかしいと感じたら、時間外であってもすぐ受診することをおすすめします。

の

意識障害
けいれん

な

のどの腫れ　高熱
ものを飲み込むと痛い
だるさ

のどの両脇にある扁桃に、細菌やウイルスが感染して起こる炎症です。原因はアデノウイルス、化膿性連鎖球菌、インフルエンザ菌、黄色ブドウ球菌、肺炎球菌などさまざまですがほとんどウイルスによるもの。

　扁桃炎にかかると、扁桃が赤く腫れたり、表面が白い膿で覆われたりします。このように扁桃が腫れることで、ウイルスや細菌が体内深くまで入ることを防いでいます。

　子どもの場合、何度も扁桃炎にかかることがあります。症状は、40度前後の高熱が出て、扁桃が大きく腫れるほか、首のリンパ節に腫れが見られることも。扁桃炎に急性中耳炎を伴うことがあり、その場合は耳がひどく痛みます。

と

　ウイルスが引き起こした扁桃炎の熱やのどの痛みには、解熱鎮痛剤などが処方されることがありますが、基本的にはかぜと同様のホームケア（２００ページ参照）で、自然回復を待ちます。

　一方、溶連菌や肺炎球菌などの細菌が原因の場合、医療機関で抗菌薬が処方されます。この場合、抗菌薬を飲めば速やかに解熱します。治るまで自宅で安静に過ごします。こまめに水分補給をし、のどごしのよい食事にしてください。

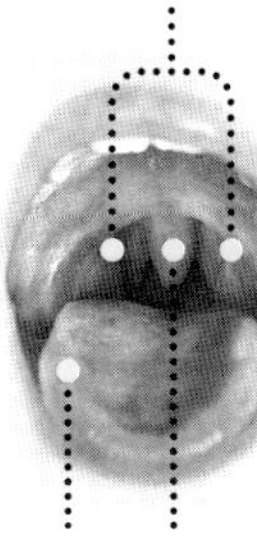

の

熱が下がらない
水分や食事があまりとれない

な

のどの腫れ　発熱
ものを飲み込むと痛い
だるさ　食欲不振

　咽頭と呼ばれる鼻や口の奥に、細菌やウイルスが感染して起こる炎症です。咽頭が赤く腫れ、発熱などの症状が現れます。また、耳とのどはつながっているので、中耳炎を併発することもあります。

と

　かぜと同じホームケア（２００ページ参照）で、自宅で安静に過ごします。発熱の脱水症状を防ぐために、こまめな水分補給を心がけましょう。のどごしのよい消化のよい食事を与えてください。

の

熱が下がらない
水分や食事があまりとれない

な

ぼーっとしている
顔が青白くなる
吐き気　手足のぴくつき

　熱中症は、気温や湿度が高い環境で、体温調節の機能がうまく働かなくなる病気です。主な症状はぼーっとしている、吐き気、顔が青白くなる、ふらつくなどです。命を落とす可能性もあります。

と

　涼しい場所に移動し、衣服を一枚脱がせ、冷たいタオルなどで顔や体を拭きます。足を高くして横にし、経口補水液や赤ちゃん用イオン水を補給。意識がなく、けいれんしている場合は救急車を呼んでください。

の

手足のぴくつき
ぼーっとしている

★

高熱
たんのからんだ深いせき
食欲不振　早い呼吸

細菌やウイルスが気管支や肺の粘膜に感染して、炎症を起こす病気ですが、ほとんどウイルスによるもの。鼻水、くしゃみ、せきなどかぜの症状に続いて起こることが多く、38～40度の高熱とたんがからんだような深いせきが特徴です。気管支の細い乳幼児では、ヒューヒュー、ゼーゼーという呼吸が見られることがあります。通常は1週間ほどで症状がおさまりますが、肺炎を引き起こすことがあるため、気管支炎の段階でしっかりと治すことが大切です。

ウイルスによる気管支炎は自宅で安静にし、水分と栄養補給を心がけます。室内の温度と湿度を一定に保ち、上体を少し起こすようにすると呼吸がしやすいでしょう。細菌が原因の場合、症状が重くなることがあります。細菌感染によるものと診断されると、抗菌薬が処方されます。食事がとれなくなるときは、入院治療を行うこともあります。

の

- 呼吸がとても苦しそう
- みぞおちのあたりがへこむ
- 陥没呼吸
- 呼吸が小刻みに速くなる
- 小鼻がピクピク動く
- 食欲低下

★

発熱
たんのからんだ重いせき
苦しそうな呼吸

ウイルスが原因で、肺に空気を送り込むために、細かく枝分かれした細気管支に炎症が起こる病気です。季節は冬が多く、2歳以下、なかでも生後6カ月未満の赤ちゃんが悪化しやすいとされます。

乳幼児の場合、半数以上がRSウイルスによるもので、発熱、鼻水、せきなどの症状がでますが、通常1～2週間で自然に治ります。ヒューヒュー、ゼーゼーと呼吸音が聞こえるのが特徴です。大人の場合は鼻かぜ程度で済みます。

生後6カ月未満の赤ちゃんは呼吸困難や脱水症状があったり、肺炎を起こして重症化したりしやすいので入院治療を行うことが多いです。心臓や肺に先天性の疾患がある、免疫機能が低下している子どもは急激に症状が悪化することがあるため注意が必要です。通院での治療となった場合も油断せず、しっかり薬を飲ませることが大切です。年長児であれば自宅で安静にし、水分を十分とることでしだいに回復します。

の

- 呼吸がとても
- 苦しそうなとき
- 顔が青白くなる
- 小鼻がピクピク動く

発熱
犬がケンケンとほえるような、乾いたせき

主にウイルスが原因となり、声を出す部分である喉頭に炎症が起こる病気です。細菌が原因のこともあります。鼻水、せき、のどが赤くなり痛むなど、かぜに似た症状から始まります。声門の下が腫れることで、声がかすれたりでなくなったりすると同時に、犬の遠ぼえのようにケンケンといったり、アザラシのようにオウッオウッという独特のせきがでます。

喉頭部は狭いので、乳幼児の場合は炎症で気道がさらに狭くなり、呼吸困難を起こすことがあります。夜間に急激に悪化する恐れもあり、呼吸困難から唇やつめが紫色になるチアノーゼを起こした場合は、大至急病院に連れていくようにしましょう。

クループ症候群が細菌によるものであれば、抗菌薬が有効です。独特のせきに気づいたら、早めにかかりつけ医を受診しましょう。せきが激しいときはたんを出しやすくする薬が処方されます。通常1週間程度で自然に回復します。

自宅では加湿器をつけるか洗濯物を干すなどして部屋の湿度を上げ、せきの悪化を防ぎます。せき込みやすくなるので、水分や食事はのどごしのよいスープやポタージュ、スムージー、ゼリーなどを、何回かに分けて与えるとよいでしょう。寝るときは上半身を高くしたり、赤ちゃんの場合はたて抱きしたりすると呼吸が楽になります。

の

- 呼吸困難
- 唇やつめが紫色になる(チアノーゼ)
- 独特のせきが続く

★

せき、鼻水、くしゃみ
長期間続く激しいせき
せきの後の嘔吐

百日ぜき菌が原因となって起きる病気です。感染者のせきやくしゃみから飛沫感染します。百日ぜき菌は感染力が強いため、抗体がなければほぼ100%感染、発症します。

7～10日間程度の潜伏期間を経て、せき、鼻水、くしゃみなどのかぜに似た症状がでます。熱はでても微熱程度です。だんだんせきが激しくなり、夜に激しくせき込む症状が1～2週間続きます。短いせき込みが続いた後、最後にヒューッと音を立てて息を吸い込む発作が特徴です。

2～3週間ほどで発作がおさまり、百日ぜき菌も体内から排出されますが、治療をしないと2～3カ月はせきが続きます。

百日ぜき菌に効く抗菌薬が治療に使われますが、激しくなったせきは薬が効かない場合もあるのでとくに低月齢の赤ちゃんの場合、早めに受診をしましょう。

食事はのどごしと消化のよいものを用意。せき込むと吐きやすくなるため、少しずつ与えるようにしましょう。自宅で安静にし、水分補給を十分に行います。加湿器などで室内の湿度を上げることで、せきを抑え呼吸が楽になります。

生後2カ月を過ぎると接種できる四種混合(百日ぜき、ジフテリア、破傷風、ポリオ)のワクチンが感染防止に有効です。大人や小学生の間で百日ぜきが地域流行し、乳幼児にうつることがあります。出産後は、家族(きょうだいや親)の長引くせきに注意しましょう。

の

- 低呼吸困難
- 唇やつめが紫色になる(チアノーゼ)

★

急な嘔吐と下痢
水っぽい便

胃腸炎の原因にはウイルス性と細菌性がありますが、ほとんどがウイルスによるものです。病原体となる主なウイルスには、ノロウイルス、ロタウイルス、アデノウイルス、サポウイルスなどがあります。いずれも突然の嘔吐と下痢から始まり、発熱することもあります。

秋〜春先	1〜2日間ほど下痢が続く。腹痛が長引くこともある
真冬	白っぽい下痢便が特徴。1週間ほどが続く場合もある
夏を中心に年間を通して	下痢症状が1週間ほど
年間を通して	1〜2日間が下痢のピーク。1週間ほど続くことも

細菌性胃腸炎は細菌が感染したことによる胃腸炎です。細菌のついた食べものからであれば食中毒となります。

原因となる細菌は、サルモネラ菌、カンピロバクター菌、腸炎ビブリオ、ブドウ球菌、病原性大腸菌などさまざまで、これらに感染すると発熱、嘔吐、下痢を引き起こします。細菌によって便の様子や症状が続く期間は異なります。ウイルス性の胃腸炎よりも、細菌性のほうが重症になる恐れが高く、入院治療となることもあります。血便、白色の便、黒い便がでたときのほか、腹痛が強かったり、高熱がでたりしたら、すぐかかりつけ医を受診しましょう。

胃腸炎はウイルス性、細菌性とも嘔吐と下痢が続くことで体の水分が失われ、脱水症状になりがちです。経口補水液や麦茶など、吸収がよい飲み物を少しずつこまめに与えるようにします。食欲がでてきたら、消化のよいおかゆやうどんがよいでしょう。もしぐったりして水分すら受けつけないときは、すぐにかかりつけ医を受診しましょう。

細菌性の胃腸炎は重症化しやすいため、おかしいなと思ったときが受診のしどきです。下痢止めを使うと体の中の細菌がなかなか外にでていかないため、下痢止めではなく主に整腸剤などを使い、細菌が下痢で体外に排出されるのを待ちます。

ウイルス性胃腸炎も細菌性胃腸炎も、予防できる病気です。食品をよく加熱する、調理器具は熱湯消毒するなど、安全で清潔な環境を整えましょう。とくに家族に患者がいるときは哺乳びんやおもちゃなどは清潔に保ちたいもの。また、冷蔵庫の中をきれいに掃除しておくなど、ふだんから清潔な環境を整えることを習慣にしておくと予防になります。

なお、感染した子どもの汚れた布おむつや衣類は、水洗いした後に塩素系消毒剤で消毒して別に洗い、家族への感染を防ぐようにしましょう。

の

- ぐったりしている
- 血便、白色便、黒い便

繰り返し泣く
血便
嘔吐

腸の一部が重なり合い、腹部に痛みを感じる病気です。ぜん動運動による痛みが生じると、赤ちゃんは10～20分周期で激しく泣きます。放置すると腸が壊死するため、おなかを繰り返し痛がるときは即受診を。

病院では問診や超音波、レントゲンで腸の状態を確認します。造影剤や空気、生理食塩水を肛門から腸内に入れ、腸の重なりを押し戻す高圧浣腸で治します。

の

おなかを繰り返し痛がる
顔面蒼白
嘔吐

授乳するたびに吐く
噴水のような嘔吐
体重が増えない

胃の出口である幽門の筋肉が一時的に厚くなり、十二指腸への食物の通過が悪化。母乳やミルクが十二指腸に運ばれず、逆流して吐きます。吐く回数が増え、体重が増えないときは受診してください。

病院では超音波検査などで診断し、一般的に厚くなった筋肉を切除する手術を行います。内視鏡を使った腹腔鏡手術も増えています。5日程度で退院でき、再発はありません。

の

脱水症状
皮膚や白目が黄色くなる黄疸

皮膚が黄色い（黄疸）
白っぽい便
黄色い尿

肝臓から腸に胆汁を送る胆道がつまり、胆汁を腸管内へ排泄できなくなります。黄疸、白っぽい便（便色カード4番より薄い色）、黄色い尿が特徴です。肝硬変に至る可能性もあるので早期発見が重要です。

病院では超音波検査などで診断し、胆管の閉塞部を取り除き、胆汁の流出をはかる手術を行います。手術を受けても黄疸が改善されなければ肝臓移植が必要になります。

の

おなかがふくれあがる
便色カードは母子健康手帳に掲載されています。

繰り返す嘔吐
全身の倦怠感
腹痛　頭痛

かぜなどをきっかけに、急に元気がなくなり、1日に数回から数十回の激しい嘔吐を繰り返す病気。ぐったりして、頭痛や腹痛があることも。吐いた物は腐ったリンゴのような甘酸っぱい臭い（アセトン臭）がします。

嘔吐を繰り返す場合は、かかりつけ医を受診。まずは経口補水療法を行いますが、内服薬（漢方薬／五苓散《ごれいさん》）、吐き気止めの座薬、点滴などの治療を行うこともあります。

の

嘔吐を繰り返す
ぐったりしている

子どもがかかりやすい病気

骨・筋肉・関節の病気

早期の治療を行うことで、成長に伴い治っていくものもあります。

先天性股関節脱臼（発育性股関節形成不全）

主な症状

左右の足の開き方や長さが異なります

- 足の開きが悪い

太腿にある大腿骨の先端が骨盤からはずれた状態です。あおむけでひざを開くと、股関節から音がするほか、開き方や足の長さが左右で異なります。

先天性股関節脱臼の原因は複数あり、胎児のときに発症したもの、遺伝的な要因、骨盤のくぼみ（臼蓋《きゅうがい》）が浅い、関節がゆるいなどが考えられます。先天性股関節脱臼を放置したり、治療がうまくいかなかったりすると、歩行の発達が遅れることがあり、片足を引きずるように歩くようになります。

治療とケア

股関節の発育で自然に治ることも。早期受診と早期治療が大切です

先天性股関節脱臼が軽度の場合は、股の部分が厚いおむつで足の開きを保つことで、股関節が発育して自然におさまることがあります。

また、生後3〜4カ月から、リーメンビューゲルという治療用のベルトをつけたり、牽引や手術などの治療を行ったりすることもあります。

先天性股関節脱臼は、乳幼児健診で医師に必ずチェックしてもらうようにしましょう。おむつの当て方や抱き方、装具の活用などについて指導を受けることができます。

再受診のタイミング

1 股関節やそけい部についた便をふき取りづらい

先天性内反足・内転足

主な症状

骨・靭帯の先天的な異常で足が内側に曲がっています

- 足が内側に曲がっている

骨や靭帯などの組織に先天的な異常があり、両方あるいは片方の足首から下が変形している状態です。

先天性内反足は、約1000人に1人の割合で発生し、男の子に多く見られます。足が内側にねじれて、立たせたときに足の裏が床につきません。放っておくとふつうに歩行することが困難になります。

一方、内転足は足の前半分だけが、内側に向かって曲がっています。こちらは自然に治ることが多いです。

治療とケア

ギプスで矯正が基本。手術で足首の位置を正す場合もあります

先天性内反足や内転足は、視診や触診の後、X線検査などで確定診断を行います。診断されたら、できるだけ早期からギプスをつけて矯正します。週に1回ほどの間隔でギプスを定期的に替えながら、2〜3カ月間の矯正を続けます。矯正の効果が得られた後は、装具で矯正した形を維持します。

十分な矯正効果が見られない場合は、1歳前後の時期に局所麻酔下でアキレス腱を切除する本格的な手術を行うこともあります。

内転足は変形が大きい場合のみギプスで矯正します。

再受診のタイミング

1 よく転ぶ

肘内症

主な症状
- 腕の痛み
- 腕が動かない

2歳前後に多く見られる症状で、急に腕を動かせなくなります

主に親に手や腕を急に引っ張られ、ひじの骨が靭帯からはずれかかってしまう状態です。関節や靭帯がやわらかい2歳前後に多く見られます。激しい痛みで腕を動かせなくなり、腕全体がだらりと下がります。

治療と

骨と靭帯の位置を修復。その日のうちに腕が上がるようになります

小児科や小児整形外科で、ひじの靭帯からはずれかけている骨を元に戻してもらえばすぐに治ります。リハビリなどは必要ありませんが、繰り返しやすいので注意して。

再受診のタイミング

1 何度も同じように腕が上がらなくなる
2 痛みが続くとき

漏斗胸

- 胸のへこみ

胸の骨(胸郭)が生まれつき変形して漏斗のように内側にへこんでいる病気です。胸の形が変化する3歳くらいまでは様子を見てもいいですが、自然によくなることはまれなので、一度は専門医を受診して。

心臓や肺を圧迫して心肺機能に影響したり、外見上の問題で深刻なコンプレックスを抱えたりする場合は、胸郭のへこみを内側から整形する手術を行うことがあります。

再受診のタイミング

1 何度も上気道感染が起こる
2 動悸、息切れ
3 胸の痛み

O脚・X脚

- 脚の形がおかしい

O脚は両足をそろえて立つと両ひざが5センチ以上あき、X脚はひざをつけると両足首が同じくらいあきます。

就学前まではO脚、X脚がふつうですが、ビタミンD不足の「くる病」が疑われる場合は血液検査をします。

O脚もX脚も、生理的な変形であれば7歳ごろまでに改善します。骨の発育異常や、靭帯のゆるみや欠損といった異常を伴う病的な変形では、矯正や手術を行う場合があります。

再受診の

1 低身長など内分泌性疾患の疑いがあるとき
2 よく転ぶ

- 首にしこり
- 同じ方向を向く

生後間もない赤ちゃんの首が傾いて、顔を回しにくくなる病気です。首の筋肉にしこりができることで動かしにくくなるのですが、はっきりした原因はわかりません。1年ほどで自然に治っていきます。

斜頸と診断された場合、生後1カ月ごろまでには小さくなるので、首のマッサージはしないでください。3〜4歳になっても治らない場合は、手術をすることもあります。

の

1 斜頸と診断後、3〜4歳になっても治らない

涙目、目やに

目頭から鼻に通じる鼻涙管が開通していない状態です。涙が鼻に抜けないため、涙目や目やにが続きます。たまってしまった涙に細菌が感染すると、涙嚢炎《るいのうえん》を起こすことも。

眼科では目やにを改善する抗菌薬の点眼薬が処方されます。涙嚢の洗浄やマッサージで症状が改善しない場合は、細い針金状の器具(ブジー)を通す治療を行います。

目やに

結膜(上下のまぶたの裏側と白目を覆う膜)が炎症を起こし、目やに、涙目になります。細菌性結膜炎、ウイルス性結膜炎などのほか、アレルギー性の慢性結膜炎があります。

なお、アデノウイルスの感染が原因となる「流行性角結膜炎(はやり目)」は、非常に感染力が強く、目をこすった手などを介して感染します。結膜以外に角膜の白目にも炎症を伴います。また、結膜炎に加え、咽頭炎を伴う場合は「プール熱(咽頭結膜熱)」（202ページ参照)と呼ばれます。

★

細菌性は抗菌薬入り点眼薬、ウイルス性・アレルギー性はかゆみやアレルギー症状を抑える点眼薬が処方されます。目やには、お湯で濡らしたガーゼでそっと拭って。いずれもこまめに手洗いをし、タオルの共用は避けます。

流行性角結膜炎は感染力が強いため、幼稚園や保育園は結膜炎の症状が消失する約1週間程度は、登園停止となります。

目やに、涙目
しきりに目をこする
ひどくまぶしそうにする

まつげが眼球に向かって生えた状態で、生後6カ月ごろまでよく見られます。まつげが眼球に触れて傷をつくるため、まばたきが増えたり涙目になったりする症状があります。

3～4歳になってまぶたの脂肪が取れてくると、まつげの向きも正常になります。それまでは、黒目の傷の点眼治療で様子を見ます。治らない場合は、手術をすることも。

まぶたが上がらない

上まぶたが下がり、目が十分開けられない状態をいいます。先天性の場合は、まぶたを持ち上げる筋肉の未形成や発達不良が原因です。片目のことも、両目のこともあります。

正面を向いた状態で、上まぶたが瞳孔にかかっていたら眼瞼下垂と診断されます。視力の発達が損なわれてしまう恐れがあるので、手術すべきかどうかを眼科医と相談します。

黒目の向きがおかしい

片方の黒目が顔の内側や外側、上下に寄っている状態をいいます。内側を向いているものを内斜視、外側を外斜視といいます。上は上斜視、下は下斜視です。斜視の原因のほとんどは、目を動かす筋肉や神経の異常、遠視です。

斜視の種類にもよりますが、両目の視力を強化します。目の位置をまっすぐにするために手術が必要な場合もありますが、最終的にはものを両目で見て把握する両眼視の練習を行い、斜視を改善します。生後6カ月までの斜視は心配いりません。1歳を過ぎても斜視があれば眼科へ。

瞳が白くにごっている
視力が発達しない

先天的な原因で、生まれつき眼球の水晶体が白くにごっている病気です。赤ちゃんがものを目で追わなかったり、眼球が揺れるような動きを見せたりすることがあります。早期発見で手術を行うことで、高度の弱視を防ぐことができます。

手術は混濁した水晶体と硝子体前部を切除するのが一般的です。白内障が軽い場合は、すぐ手術をする必要はありませんが、定期的に眼科で進行の度合いを検査します。

赤ちゃんの瞳に白いにごりを見つけたら、すぐ眼科を受診しましょう。発見が遅れると、手術でも視力が回復しません。

涙が多い
眼球のけいれん
黒目のにごり

眼球にある隅角《ぐうかく》という部分に起きる発育異常で、眼圧が異常に高くなり、視力が低下してしまう病気です。先天性緑内障では、早期発見と治療開始がその後の視力の発達を左右します。おかしいと感じたらすぐ眼科を受診しましょう。

眼科では、眼圧検査、隅角検査、眼底検査などで先天性緑内障かどうかを診断します。先天性緑内障とわかった場合は、早急に手術を行います。手術で眼圧が下がらない場合は、複数回手術を行うこともあります。手遅れになると失明する恐れがあるため、迅速な診断・治療が大切です。

屈折異常

- ものが見えにくい

網膜の上に正しく像を結ぶことができず、ものが見えにくくなります。屈折異常には遠視、近視、乱視があります。小児は視力異常を他人に知らせることが難しいため、周りの注意が必要です。視力を矯正しないと弱視につながります。

小児の視力の発達は8歳ごろまでといわれ、弱視を防ぐために、早い段階で屈折異常を矯正することが大切です。8歳以降は、弱視を治すことは困難です。2022年4月から、弱視を発見できる機器による「屈折検査」が3歳健診（163ページ参照）に導入されています（生後6カ月から検査可）。

外耳道炎

- 耳のかゆみ
- 耳に触ると痛がる
- 耳だれ

耳の入り口から鼓膜までの外耳道が耳掃除やつめで傷つき、そこに細菌が感染して炎症を起こす病気です。ちょっと耳に触れただけで痛がったり、耳だれなどの症状が現れたりします。ひどい場合は、痛みで眠れないこともあります。

耳鼻科を受診し、まず耳あかを除いて外耳道の消毒を行います。状態によって、抗菌薬の飲み薬、軟膏、点耳薬などが処方されます。ふだんから耳掃除をしすぎている場合は、再発しやすくなります。耳の入り口は自宅でケアしてかまいませんが、耳あか除去は1年に1回、耳鼻科で行いましょう。

急性中耳炎

- 急な発熱
- 耳だれ
- 頭を振る

鼻やのどの粘膜に付着したウイルスや細菌が中耳に入り、炎症を起こすのが急性中耳炎で、かぜがきっかけとなります。子どもの耳は耳管の構造から、大人よりも中耳に炎症が伝わりやすく、耳を痛がる、耳だれが出るなどの症状が現れます。

急性中耳炎と診断されると、鼻水の吸引、去たん剤の服用などの治療となります。抗菌薬は重症度によって判定し、すぐには使用されなくなってきました。重症の場合は、鼓膜を切開することも。慢性化して滲出性《しんしゅつせい》中耳炎になるなど、再発しやすいため、医師の指示に従って完治させることが重要です。

滲出性中耳炎

- 呼んでも振り返らない
- テレビを近くで見たがる
- 発熱
- 耳だれ

鼓膜の内側に液体がたまり、急性の炎症を伴わない中耳炎です。鼻やのどの炎症を起こしやすい乳幼児によく見られます。痛みはないため、気づきにくいのが難点。急性中耳炎にかかった後、声をかけたときの反応が悪くなったら要注意です。

中耳炎の原因となる鼻やのどの病気を治療し、耳管の通りをよくする処置で、たまった液体が自然に抜けることがあります。3カ月経っても軽快しなければ、空気を送るためにチューブを入れる手術を行うことがあります。治さず放置すると、数年後に難聴になる恐れがあるので注意してください。

舌がまだら模様になる

舌の表面が炎症を起こし、赤と白の地図状のまだら模様になります。小児に多く見られます。原因はよくわかっていませんが、熱を出した後、体力低下時、ビタミンB群の不足やストレスなどが関係しているといわれています。

痛みなどの自覚症状がない場合は、治療を受ける必要はありません。食べものがしみる場合は、刺激物を避けてください。レバーや納豆などに多く含まれるビタミンB群の摂取、口腔ケアで症状が改善することがあります。症状が2～3週間続くこともありますが、舌の模様は自然に消えます。

歯ぐきの表面に白い粒ができる

生後2～3カ月の乳児の歯ぐきに見られる、白い米粒状の粒のことです。乳歯が生える前に、あごで歯が形成される過程で組織の一部が吸収されずに表にでてきたものです。乳歯が生えてくるころには、自然になくなります。

通常、痛みはなく、治療の必要はありません。同時に複数個の上皮真珠が見られることもあります。上皮真珠は成長につれて自然になくなっていきますが、もしも母乳やミルクを飲むときに邪魔そうだったり、舌を傷つけていたりするようであれば、念のために小児科や歯科を受診すると安心でしょう。

口の中に炎症ができて痛い

口腔内の粘膜に炎症ができます。赤ちゃんによく見られるのは、アフタ性口内炎とヘルペス性歯肉口内炎です。アフタ性は米粒大の白い潰瘍ができます。ヘルペスウイルスによるヘルペス性は高熱のほか、口の中に潰瘍や水疱ができます。

アフタ性もヘルペス性も、通常自然に治ります。ヘルペス性で症状が重い場合は、抗ウイルス剤が処方されることも。こまめな水分補給で細菌を洗い流し、口腔内を清潔に保つことで、回復を促すことができます。口内炎があると乳児は母乳やミルクをいやがるので、栄養不足や脱水症状に注意。

口の中が白くなる

カンジダ菌というカビが口の中に感染し、頬の内側の粘膜や、舌の表面に牛乳かすのような白い斑点ができます。白い斑点はこすると出血しやすく痛みます。傷にしみるので、赤ちゃんは母乳やミルクを飲みたがらなくなります。

病院でカンジダ菌の存在が確認されると、処方された抗真菌薬を口腔内に塗ります。これは赤ちゃんが飲み込んでも問題ない薬です。カンジダ菌は日常に広く存在する菌の一種です。哺乳びんの消毒は、生後3～4カ月くらいまで。おもちゃをなめたり、指しゃぶりが始まったら不要です。

発疹がでる病気

★

発熱　発疹
鼻水　せき
目の充血

麻しんウイルスが原因で起こる感染症です。10～12日程度の潜伏期間を経て、38度前後の発熱、せき、鼻水などのかぜのような症状が現れます。高熱とともにせきもひどくなり、赤い発疹が全身に広がります。

はしかは気管支炎、肺炎、中耳炎を合併しやすく、脳へのウイルスの侵入で麻疹脳炎を引き起こすと後遺症が残ることもあります。数年後に亜急性硬《あきゅうせいこう》化性全脳炎《かせいぜんのうえん》(SSPE)という難病を引き起こすことがあります。進行性で死に至る怖い病気です。

全身の症状が悪化しているときは、医師に入院をすすめられることもあります。自宅療養の場合は、熱が下がり発疹が引くまでは自宅で安静に過ごしましょう。処方された薬は医師の指示通りに飲んでください。熱が下がってからも3日間は外出を控えましょう。

感染を防ぐためには、1歳になったら受けられるMR(麻しん風しん混合)ワクチンが有効です。

の

- せきがひどい
- ぐったりしている
- 発達の後退
- けいれん
- 水分・食事がとれない

★

発熱
発疹

くしゃみやせきの飛沫を通じて風しんウイルスがうつります。14～21日程度の潜伏期間を経て、38度前後の発熱と同時に、赤い発疹が全身にでます。風しんでは首や耳の下のリンパ節も腫れるのが特徴です。熱と発疹は2～3日で治るので「三日ばしか」とも呼ばれます。

気をつけなくてはならないのが母子感染です。抗体を持たない妊婦が妊娠初期に感染すると、赤ちゃんに難聴、白内障、先天性心疾患などが現れる恐れがあります。

高熱がでているときは、脱水症状を防ぐために水分補給を心がけましょう。熱が下がり発疹が引くまでは、自宅で安静に過ごします。風しんウイルスは感染力が強いので、発疹があるうちは、お友達や妊婦さんとの接触を避けます。

定期的に流行が確認される風しん。予防には、1歳の誕生日にMRワクチンを接種することが大切です。また、きょうだいを考えているママも、MRワクチンを接種しておきましょう。

の

- 元気がなく
- ぐったりしている
- 3日以上高熱が続いている

発疹

★

せきやくしゃみ、便などからウイルスに感染して発症します。5歳以下の乳幼児が夏にかかることが多い病気です。

感染すると口の中に加え、手のひら、足の裏などに2〜3ミリの水疱ができます。37〜38度の熱がでることもありますが、3日ほどで下がります。手足の水疱に痛みやかゆみはなく、1週間程度で消えます。口内炎は軽症であれば問題ありません。最近、全身に発疹がでるタイプの手足口病も流行しています。水ぼうそうと間違われることも多く、注意が必要です。

まれに髄膜炎、小脳失調症、脳炎などの合併症を引き起こすことがありますので、注意深く見守り、おかしいと思ったらすぐに受診してください。

手足口病に直接効く薬はありません。高熱のときは解熱剤を使うなど、でている症状を改善させる対症療法となります。口にできた水疱がつぶれて潰瘍になると、食べものや飲みものがしみます。酸味や塩分が少なく、飲み込みやすいゼリーやスープなどを少しずつ与えるようにしましょう。食欲がない場合でも、こまめな水分補給を行います。

手足口病は治ってもしばらくウイルスは体内に残って排泄されます。家族間でのタオルの共用を避ける、ふだんからしっかりとした手洗いをするなど、感染を拡大させないよう注意しましょう。保育園や幼稚園の登園は問題ありません。

の

- 高熱
- 頭痛
- 嘔吐
- おしっこがでない

発熱
発疹

★

水痘・帯状疱疹ウイルスが原因の感染症です。感染力は強く、ウイルスを体内にもつ人のせきやくしゃみ、発疹に触れることなどでうつります。

約2週間の潜伏期間を経て、虫刺されのような赤い発疹が1〜2個ほど現れます。それが水疱に変化して1日ほどで全身に広がり、強いかゆみをもたらします。水疱は1週間程度で自然につぶれて白い膿《うみ》をもち、その後かさぶたになります。水疱と同時に、37〜38度の熱がでることもあります。

ごくまれに水痘脳炎などの合併症を引き起こすことがあります。意識がない、けいれんなど、様子がおかしいと思ったら、すぐにかかりつけ医を受診してください。

受診すると、かゆみを抑える軟膏や、飲み薬が処方されます。水疱をかきこわさせないように心がけましょう。感染したばかりなら、抗ウイルス剤が出されることもあります。

口の中にできた水疱はつぶれて潰瘍になるとしみます。傷に刺激を与える熱いものや酸味のあるものは避けて、のどごしのよい食事を与えてください。

水ぼうそうは感染力が強いため、すべての発疹がかさぶたになるまでは、保育園や幼稚園、学校などを休ませましょう。

水ぼうそうの予防接種は、2014年10月より定期接種となり、3歳までに2回接種できます。地域で流行する前の接種が大切です。1歳になったらすぐに受けましょう。

の

- ぐったりしている
- けいれん

りんご病 ★

○発疹

医学的には伝染性紅斑といい、ヒトパルボウイルスB19が原因の感染症です。りんごのようにほっぺたが赤くなるので「りんご病」と呼ばれています。体内にウイルスをもつ人のせきやくしゃみなどで感染します。2歳以下の乳幼児には少なく、主に5～10歳の子どもに流行し、大人もかかります。

症状としては、左右の頬に赤い発疹が現れ、しだいに羽を広げた蝶のような形に広がっていきます。腕や足の外側にもレースのような発疹がでますが、1～2週間で消えます。発疹はかゆみを伴うことがあるため、かきむしらないよう注意が必要です。発疹がでているときに、長風呂したり直射日光を長く浴びたりすると、赤みが長引きます。

りんご病はとくに治療をしなくても自然に治ります。かゆみが強い場合は、抗ヒスタミン薬が処方されることがあります。発疹をかきこわさないようにつめは短く切りましょう。

原則的に、ふだんと同じ生活で問題ありません。ただし、発疹は熱いお風呂、運動や日光が原因でかゆみが増すことがあります。発疹が消えるまではぬるめのシャワーを浴び、室内で安静に過ごすのがよいでしょう。食事はいつも通りでかまいません。

ウイルスが感染力をもっているのは、発疹がでるまでです。頬が赤くなってからは、人にうつしてしまうことはないので、保育園や幼稚園、学校に行ってもかまいません。

再受診のタイミング

1 高熱
2 強いかゆみがある
3 ぐったりしている

川崎病

○高熱が続く　○イチゴ舌
○目の充血　○発疹
○リンパ節の腫れ

川崎病は、1967年に川崎富作博士が発見しました。生後6カ月～4歳くらいに多く、なかでも1歳前後の赤ちゃんがかかりやすい原因不明の病気です。

急に39度前後の高熱がでて、5日以上続きます。その後、目の充血、手足のむくみ、全身の赤い発疹、舌にイチゴのようなブツブツ、首のリンパ節が腫れる、BCGの接種痕《せっしゅこん》が日を追うごとに現れます。発熱から10～12日経つと手足の指先の皮膚がむけます。全身の血管に炎症が起こるので、心臓の冠動脈にこぶができる合併症の恐れがあります。きちんと治療を受け、医師の経過観察を受ければ命にかかわることはありません。

川崎病は年間1万人以上が発病しています。川崎病と診断されると、入院治療になります。診断がつくまでは、解熱剤を使いすぎないように気をつけ、水分補給を心がけるとともに消化のよい食べ物を与えてください。

病院では、合併症の恐れのある心臓の冠動脈瘤を予防するために、血管の炎症を抑え、血液が固まりにくくなる免疫グロブリンやアスピリンといった薬を使い、心臓の経過を観察します。適切な治療を受けることで、3週間～1カ月ほどで退院できます。川崎病と診断された場合、病気が治って退院した後でも、心臓に異常がでていないか、定期的な検査が必要です。川崎病の再発率は2～3%程度です。

再受診のタイミング

1 医師から指定された日時
2 ぐったりして元気がない

腹部・性器の病気

生後まもなくで器官の未発達によるものは、自然に治っていくこともあります。

おへそが大きくなる

腸の一部がおへそから飛び出す「でべそ」のこと。生後1カ月ごろから3カ月程度の間、泣いておなかに圧力がかかったときなどに、おへそがふくらみます。

腹筋がつくと、ほぼ自然に治癒しますが、近年は「綿球圧迫療法」が注目されています。綿球でおへそを腹腔内に押し込み、テープで留めます（3日に1度程度交換）。生後1～2カ月で開始するといいでしょう。

足のつけ根がふくらむ

おなかの中の腹膜や腸の一部が、足のつけ根であるそけい部の筋膜の間から、皮膚の下に飛びでた状態をいいます。泣いたときなどにそけい部がふくらむことで気づきます。

押しても元に戻らなければ腸が壊死することもあるので大至急病院へ。痛がらなければ様子を見ることもありますが、腸が壊死する心配がある場合には早めに手術をします。

陰嚢が腫れる

赤ちゃんの陰嚢が腫れる病気です。精巣がおなかの中から本来の位置である陰嚢に移動するときに、腹水が陰嚢に入り込んで腫れます。腫れに痛みはありません。

ほとんどの場合、陰嚢の腫れは1歳くらいまでに自然に治っていきます。ただし、痛がったり、大きさが変わってきたりしたらそけいヘルニアの恐れがあるため、受診しましょう。

陰嚢の中に精巣がない

本来、出産前には陰嚢内に収まる精巣（睾丸）が、なんらかの原因で陰嚢に下りてこない状態です。生後6カ月ごろには、自然に陰嚢の中に精巣が下りてきます。

精巣が下りてこないままになると、精子をつくる能力が低下して不妊を引き起こすことがあります。1歳を過ぎても戻らない場合は、手術をします。

皮膚の病気

赤い湿疹

皮脂の分泌が盛んな生後6カ月ごろまでの赤ちゃんにできる湿疹の総称です。皮脂やよだれなどが原因となります。皮脂から体に広がってきたら、早めにスキンケアを学びましょう。

乳児湿疹を防ぐには、皮膚を清潔に保ちましょう。汗や汚れはこまめにふき取ります。お風呂では低刺激の石けんをよく泡立てて、やさしく皮膚を洗います。保湿も忘れずに。

黄色いかさぶた状の湿疹

頭や髪の毛の生え際、まゆ毛の下といった皮脂分泌が多いところに、黄色いかさぶたのような湿疹が現れます。新生児から生後4カ月ごろの赤ちゃんによく見られます。

乳児脂漏性湿疹は、入浴する前に、オリーブオイルなどを塗ってふやかし、軽くなでてあげるケアで徐々によくなります。じゅくじゅくするようなら、かかりつけ医を受診しましょう。

赤い湿疹 かゆみ

汗が乾きにくいところにある汗腺がふさがって炎症を起こし、赤い湿疹がでてかゆくなります。首、手足のくびれた部分、わきの下、背中、おしりなどにできます。

汗をこまめにふいて、皮膚を清潔に保つことで予防できます。吸湿・通気性のよい衣類を選ぶのもおすすめです。あせもが広がる、繰り返す場合はまずはかかりつけ医へ。

発疹 かゆみ

かゆみを伴った赤く、盛り上がった発疹が皮膚に現れます。発疹は数時間で消え、数日間繰り返し出現することも。食物アレルギー、飲み薬、日光など、原因はさまざまです。

発疹は冷やすとかゆみを抑えられます。病院にいくと抗アレルギー剤や抗ヒスタミン剤を処方されます。何度も繰り返すようであれば、かかりつけ医(小児科・皮膚科)に相談を。

かゆみ
腫れ
痛み

虫に刺されたところが、かゆみや痛みを伴って腫れます。かきこわしてできた傷に、細菌が感染するととびひになります。スズメバチなどに刺されると、強いアレルギー反応を起こして、ショック状態になる可能性があるので注意してください。

たいていは市販されている虫刺されの薬で治ります。傷口をひっかいて化膿させないよう注意しましょう。毛虫に刺されて広範囲に発疹が出てしまった場合は、水で洗ってから皮膚科を受診してください。アトピー性皮膚炎などで皮膚が弱い子が屋外で遊ぶときは、虫よけパッチやスプレーで予防しましょう。

艶のあるいぼ

ウイルスが原因のいぼです。できやすいのは首、わきの下、ひじ、ひざの裏などです。痛みやかゆみはありませんが、艶のあるやわらかいいぼの中にはウイルスがつまっています。つぶすとウイルスが飛び散り、新たないぼができます。

感染してから半年〜1年程度で、体に水いぼの抗体ができ、自然に治ります。再びかかることはありません。アトピー性皮膚炎がある場合、かいてしまうと水いぼが広がりやすいので気をつけましょう。治療法には、水いぼを除去する方法のほか、塗り薬を使用、漢方薬などを内服する方法もあります。

ただれ
湿疹

おむつの内側の皮膚に起きる炎症です。おむつの中が蒸れたり、おしっこやうんちに長時間皮膚が接触することが原因です。発疹ができたり、赤くただれたりして、痛みやかゆみを伴います。低月齢は起こりやすいので注意。

おむつはこまめに替えて、おしっこやうんちが皮膚に残らないようにシャワーで汚れをよく洗い流します。タオルで水分をふき取ったらワセリンを塗ってあげましょう。

おしりのケアをしているのにおむつかぶれが続くときは、皮膚カンジダ症の恐れがあるのでまずはかかりつけ医へ。

ただれ
湿疹

粘膜の常在菌であるカンジダ菌というカビの一種が原因です。おむつかぶれ同様、おしりや股の部分に小さな赤い湿疹ができ、周辺の皮膚がむけることがあります。痛みやかゆみはほとんどありません。口の中にできると、口腔カンジダ症と呼ばれます。

医療機関では顕微鏡検査でカンジダ菌の有無を調べます。感染が確認された場合は、抗真菌剤入りの軟膏が処方されます。おしりが汚れたときは、石けんを使わずに、おしりだけ洗ってあげるとよいでしょう。ステロイド剤を塗ると悪化してしまうので注意してください。適切な治療で症状は改善します。

とびひ

主な症状

- 水疱
- びらん（皮むけ）
- かさぶた

つぶれた水疱から広がるので、水疱は触れない、つぶさない

とびひは、正式には「伝染性《でんせんせい》膿痂疹《のうかしん》」といい、主に夏に流行します。虫刺されや湿疹をかきこわした傷などに、黄色ブドウ球菌や連鎖球菌などの細菌が感染し、強いかゆみと水疱を引き起こします。

水疱が破れると、中から細菌を含んだ液体が広がり、さらに新しい水疱ができてしまいます。このとき、まるで火の粉が飛び散るようにあっという間に水疱が広がるため、「とびひ」と呼ばれるようになりました。破れた水疱はかさぶたになり、しばらくするときれいに治ります。

とびひは感染力が強いため、周りの人にうつります。傷跡に水泡ができたら、早めにかかりつけ医を受診しましょう。

治療とケア

かさぶたが落ちるまでプールは控えましょう。タオルの共用も避けて

病院でとびひと診断されると、ステロイド・抗菌薬入りの塗布剤（クリーム、軟膏）が処方されます。かゆみがひどい場合は、抗ヒスタミン剤や抗菌薬入りの飲み薬も使って治療します。

患部に触れると、その手を介して水疱が全身に広がってしまいます。水疱を誤ってつぶさないように、つめは短くしておきましょう。

皮膚を清潔に保つことは大切ですが、きょうだいがいる場合は湯船に浸かることは避け、シャワーだけにしてください。また、かさぶたがきれいに落ちるまでは、プールはやめましょう。家庭内でのタオルの使い回しもしないように気をつけるといいでしょう。

再受診のタイミング

1. 高熱
2. 2〜3日経っても軽快しない
3. 皮膚が真っ赤に腫れる

アトピー性皮膚炎

主な症状

- かゆみ
- 湿疹

よくなったり悪くなったりを繰り返すかゆみの強い発疹

アレルギー体質をもつ赤ちゃんに現れる、かゆみを伴う慢性的な発疹をいいます。生後2〜3カ月ごろからおでこやあご、耳たぶのつけ根などに左右対称の赤い発疹がでます。頭や顔から始まり、発疹は体全体に広がっていきます。乳児湿疹と比べてかゆみが強く、皮膚が乾燥傾向にあり、よくなったり悪くなったりを2カ月以上繰り返しているのが特徴です。

耳のつけ根やひじ、ひざなどには、じゅくじゅくした発疹だけでなく、ごわごわと皮膚が硬くなった状態も見られます。かゆみを我慢できずについ引っかいてしまうと、その部分の皮膚はやがて乾燥してごわごわになります。なるべく触れないように注意しましょう。

治療とケア

保湿剤によるケアを行い処方された塗り薬を指示通りに使います

アトピー性皮膚炎の治療の基本は毎日のスキンケア。家庭では皮膚を刺激しないように、入浴はぬるま湯で行い、体はよく泡立てた石けんで洗い、しっかりすすぐこと。石けんでドライスキンが悪化する場合は、石けんの使用を中止しましょう。朝と入浴後の1日2回、処方された保湿剤やステロイド（副腎皮質ホルモン）が入った軟膏を塗ります。2歳からはプロトピック軟膏やJAK阻害剤も使えます。

ステロイド外用剤はアトピー性皮膚炎の治療の柱となるもので、医師の指示通りに使っていれば危険はありません。症状が改善しても勝手に使用を中止せず、回数を徐々に減らすことが大切。かゆみが強いときは、抗アレルギー剤を併用することも。

食べものがアトピーを悪化させることがありますが、自己判断で食品を除去することはやめてください。塗り薬でよくならなければかかりつけ医に相談を。

皮膚の異変

あざ

あざには自然に消えるもの、消えないものがあります

あざは皮膚の色素細胞、毛細血管の先天的異常や増殖によって発生します。あざの色と形、大きさ、できる場所はさまざまです。遺伝や妊娠時の状況とは関係なく、おなかの中にいるときに、なんらかの異常が発生したと考えられています。生まれたばかりのときはわからなくても、だんだんとあざは日立ってきます。あざには、1歳までに消えてしまうものもありますが、将来的に悪性化するものもあるので注意が必要です。急に数が増えたり、大きくなったりした場合、重大な病気が隠れている恐れがあります。

あざを見つけたら、まずはかかりつけ医に相談してみるとよいでしょう。

消える可能性が低いあざ

太田母斑…青みがかったあざで、額や目の周辺など、顔の片側に多く見られます。レーザー治療が有効といわれます。

扁平母斑…盛り上がりのない茶色のあざ。多くは生まれつきもっていますが、思春期に現れることもあります。

カフェオレ斑…扁平母斑の一種で、子どもの場合1・5センチ以上のものが6個以上あるときの呼び名です。遺伝性の難病であるレックリングハウゼン病の疑いが高いため、受診が必要です。

ポートワイン母斑…平らな赤いあざで、濃淡がなく境目もはっきりしています。顔の片側や、片腕・片足にある場合は病気の可能性があるので、小児科・皮膚科専門医に相談を。

色素性母斑…ほくろのような黒いあざで、形や大きさはさまざまです。生まれつきあるもので、直径5センチ以上のものは悪性化する危険性があるので、早めに皮膚科専門医の診断を受けてください。

消える可能性があるあざ

サーモンパッチ…額や目の周り、上唇など顔の中心付近にできる赤いあざ。ピンク色の平らなあざで、境目ははっきりしません。3～4歳までには自然に消えます。

苺状血管腫…生後数週間で目立ち出す赤いあざで、表面が盛り上がり、イチゴのようにでこぼこしています。跡が残る場合もありますが、5～6歳までに自然に治ります。

ウンナ母斑…平らな赤いあざで、後頭部やうなじに現れます。約半数は成人まで残りますが、髪の毛で隠れるので目立ちません。

蒙古斑…赤ちゃんの腰からおしりにできる青いあざ。多くは5～6歳ごろまでに消えます。

異所性蒙古斑…おしり以外の場所にできる蒙古斑のことを指します。顔や腕、おなか、背中などにでき、面積や色の濃さはさまざま。薄いものであれば自然に消えていきます。目立つ場合はレーザー治療が効果的です。

あざの一部はレーザー治療で薄くしたり、消したりすることができます。レーザー治療では、レーザー光線を当て、あざを作っている色素や血管を破壊します。局所麻酔で実施でき、一回で終了する場合もあります。多少の痛みはあっても、傷跡はほとんど残りません。

顔の目立つ位置にあるあざは、悪性化しないものであっても、美容的な観点からレーザー治療を受けることがあります。髪の毛で隠れる場所にできているものは、そのままにすることも多いようです。

赤ちゃんも生後1カ月ごろからレーザー治療を受けられますが、レーザー治療ができる病院は多くないため、まずはかかりつけ医に相談して。

の

- あざが急に変化した（数、大きさ、色）
- あざから出血した

発熱
出血傾向
関節痛

異常な血液細胞が多数できることで、血液が正常に作られなくなる病気です。皮下出血、鼻血、歯ぐきからの出血などのほかに、リンパ節や関節の腫れなどが現れます。

抗がん剤治療が中心となります。子どもの長期生存率は、現在8割を超えており、大人のがんと比較して、化学療法の効果が高くなっています。

腹部のしこり
嘔吐　発熱
血尿　不機嫌

5歳以下の子どもに多い、腎臓に発生する悪性腫瘍です。腹部のしこりや腹痛、血尿といった症状が現れます。入浴時などに、おなかの腫れで病気がわかることがあります。

悪性腫瘍が見られる腎臓を手術で摘出し、抗がん剤治療を行います。肺やリンパ節などに転移することもあるため、早期発見が大切です。おなかの腫れに気づいたら即受診を。

腹部のしこり
（神経芽細胞腫）
視力障害（網膜芽細胞腫）

神経芽細胞腫は、神経を作る若い細胞ががん化したものです。腎臓の上にある副腎髄質や背骨の両側にある交換神経節に悪性腫瘍ができます。おなかのしこりや張り、貧血、発熱、下痢などが現れます。

一方、網膜芽細胞腫は網膜細胞が悪性腫瘍化したものです。症状としては、視力低下、斜視、充血などが現れます。病状が進行すると、脳や骨に転移します。

どちらも4歳未満の子どもに多く発症する病気です。

神経芽細胞腫は、尿検査や超音波検査で診断されます。がんの摘出手術に加え、化学療法、放射線療法などの治療が基本となります。骨やリンパ節に転移している場合は、造血幹細胞移植などを組み合わせた強力な治療をします。

網膜芽細胞腫は目の検査でわかります。専門医では、超音波、CT検査で診断します。視力があってがんが小さい場合は、抗がん薬で腫瘍を小さくし、その後局所治療をします。がんが大きく視力がない場合は、眼球を手術で摘出することもあります。

双方とも早期発見が重要で、早く治療が行われれば、命にかかわることはありません。

高熱
ひきつけ（けいれん）

38度以上の高熱がでたときに起きるけいれんです。まだ発達途中の乳幼児の脳細胞が、高熱で興奮してけいれんが起こるといわれています。一度起こすとその後起こしやすくなり、発熱のたびに起こることもあります。家族に熱性けいれんを経験した人がいる場合、起こしやすい傾向があります。

熱性けいれんでは、白目になる、歯を食いしばる、体が震えるなどの症状がでます。ほとんどのけいれんは1～3分でおさまります。意識が戻ると何事もなかったかのようにけろっとしています。けいれんがおさまり意識が回復した後に、手足にまひがないか確認するようにしましょう。

横にして衣服をゆるめ、おさまるのを待ちます。5分以内におさまればOK

熱性けいれんを起こしたら、横にして衣服をゆるめましょう。様子をよく観察しながら、けいれんが続く時間を計ります。熱性けいれんは一過性のものなので、5分以内でおさまれば心配ありません。途中、大声で名前を呼んだり体を揺さぶるのは避けましょう。またあわてて口の中に何かを入れて、舌を保護する必要はありません。けいれんがおさまったら、吐いたものがないか、口の中を確認します。初めてけいれんを起こした場合は、病院で経過を報告した上で、脳の病気の有無や、けいれんがおさまっているかを診察してもらいましょう。数日間は別の症状がないか様子を見ます。

受診のタイミング

1. けいれんが5分以上
2. 意識が元に戻らない
3. 1日に2回以上
4. 手足にまひ

SIDS（乳幼児突然死症候群）
突然死

寝ている間に呼吸が止まる原因不明の病気です

SIDS（乳幼児突然死症候群）は、元気な赤ちゃんが眠っている間に突然死する病気です。事故や窒息ではなく、眠っている間に呼吸が止まり、戻らなくなることが原因です。

SIDSは生後2～6カ月に多く発生し、日本ではおよそ6000～7000人に1人と推定され、2021年には全国で81人の乳幼児が亡くなっています。

SIDSのはっきりした原因は不明ですが、睡眠中に無呼吸状態になったときの、呼吸を戻そうとする覚醒反応の低下が原因ではないかと考えられています。現在、SIDSの原因や前兆を見つけることはできていませんが、過度な心配はいりません。

原因は不明ですが、SIDSを防ぐための注意点があります

SIDSを防ぐために、いくつかのポイントがあります。

まず、うつぶせ寝を避けましょう。赤ちゃんが寝ているそばに顔を圧迫するぬいぐるみやビニールなどは置かないでください。両親が喫煙する場合は喫煙しない場合の発症率の約4・7倍。呼吸中枢や覚醒反応に悪影響を及ぼす恐れがあるため、赤ちゃんのそばでの喫煙は避けます。

また、衣類の着せすぎや暖房器具の使いすぎによる「うつ熱」もリスクのひとつです。赤ちゃんを寝かせているときは、靴下などの着用を避けましょう。

そのほか、母乳を飲んでいる赤ちゃんは粉ミルクと比べてSIDSの発症率が低いという報告もあります。粉ミルクがSIDSを引き起こすわけではありませんが、母乳がでて、赤ちゃんも喜んで飲むようであれば、母乳を与えるとよいでしょう。

小児がん・その他

子どもは生まれてから大きくなるまで、いろいろな病気にかかります。ときには病気そのものや、つらい症状をやわらげる薬を使うことがありますが、子どもは病気にかかることで、必要な免疫を自らひとつひとつ身につけていきます。つまり病気を治すのは子ども自身であり、薬は病気を治そうとする子どもの体をサポートする役割なのです。

1日3回の飲み薬は、起きている時間を三等分したタイミング(朝8時、昼14時、夜20時など)に飲ませるのが理想的ではありますが、朝食・昼食・夕食後などでもかまいません。医師の指示に従いましょう。

1回分の粉薬を、水など飲みきれる量の液体に溶かします。スプーンやスポイトなどで、口の奥に少しずつ入れて飲ませます。

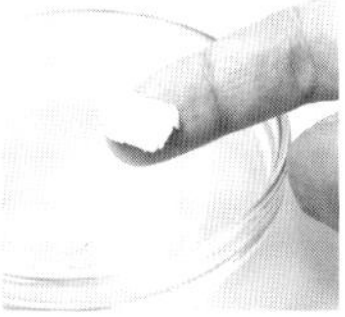

1回分の粉薬を小さな器に入れ、水を数滴たらして指ですばやく混ぜます。耳たぶくらいのかたさになるまで、水の量を調整します。

それでもいやがるようなら

お薬ゼリーを大きめのスプーンですくい、粉薬をくるんでから口に運びます。赤ちゃんの好きな味を選ぶとよいでしょう。

指で薬を味を感じにくいとされる頬の内側や上あごに塗ります。すぐ水などを飲ませます。

水・白湯　お薬ゼリー **ジャム　練乳** **チョコレートシロップ**	**オレンジジュース** **スポーツドリンク** **牛乳　アイスクリーム**	**粉ミルク** **うどん　おかゆ** **豆腐　熱湯**
水のほか、甘くて薬の味に影響しないものがおすすめ。	混ぜると逆に苦みが出る薬もあるので注意。	薬が変質したり、その食品を嫌いになったりすることも。

赤ちゃんをあおむけにし、その肩を大人の両足ではさんで固定し、点眼薬を1滴目頭にたらします。薬でかぶれないように、目の周囲を濡れタオルでふきます。赤ちゃんの目頭を指で押さえて、薬をなじませます。

シロップは成分が沈殿していることがあるので、上下に軽く振ってから使います。平らな場所に容器を置き、1回分を正確にはかります。スポイトで赤ちゃんの口の奥にむせないようにやさしく流し込みます。

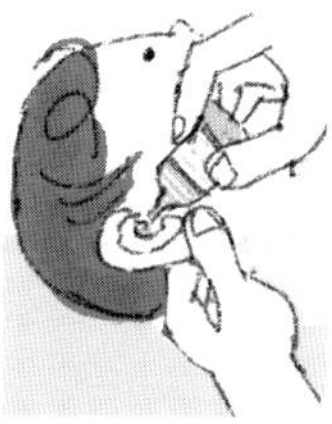

冷蔵保管していた点耳薬を、常温に戻してから使います。横向きに寝かせた赤ちゃんの耳たぶをやさしく引っ張りながら、耳の穴に1滴たらします。薬が奥に入るまで、横向きの姿勢をキープさせます。

ミルク用とは別の乳首に薬を入れて吸わせます。

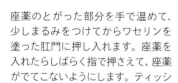

離乳食を食べている子はスプーンも使えます。

コップで飲める子は小さな器で飲ませても。

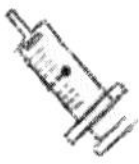

舌の上ではなく、頬の内側に注ぎます。

座薬のとがった部分を手で温めて、少しまるみをつけてからワセリンを塗った肛門に押し入れます。座薬を入れたらしばらく指で押さえて、座薬がでてこないようにします。ティッシュなどで30秒ほど肛門を押さえます。

ドライシロップは粉末になっています。粉薬のように練ることはできません。水などでゆるく溶いて飲ませます。赤ちゃんがどうしてもいやがるときは、お薬ゼリーなどに混ぜて飲ませてもよいでしょう。

入浴などで汚れや汗を落として患部を清潔にした後に、清潔な指で1回分の薬を手の甲に取ります。医師の指示に従い、患部に薬を塗ります。十分な効果を得るためには、指示された使用量を守ることが大切です。

医師からどんな薬が処方されたのかの記録ができる「お薬手帳」を使うと便利です。薬を使って気になることがあれば書き込んでおきましょう。また、薬には「一般名(＝薬の主成分)」と、製薬会社がつけた「商品名」があり、薬を記載する「お薬手帳」にはいずれかが記載されています※。ジェネリック医薬品(後発医薬品)が記載される場合もあります。

※例:「ホクナリンテープ」の場合

ツロブテロール

ホクナリンテープ

一般名+会社名

先発医薬品(新薬)は最初に開発された薬で特許が与えられています。その特許が切れた後に作られたのがジェネリック医薬品(後発医薬品)。新薬と有効成分は同じですが、まったく同じではなく、価格も新薬の3〜4割ほど。なお、近年は有効性、原料、添加物、製法など、すべて新薬と同じ、オーソライズドジェネリック(AG)が活用されています。

抗菌薬（抗生物質）

細菌による病気の治療に使う薬で、細菌の増殖を妨げます。ウイルスには効きません。使いすぎたことで、抗菌薬が効きにくい耐性菌が増えています。そのため安易な使用を避ける傾向にあります。

いつまで飲ませるの？

症状がおさまっても医師の指示どおり薬を飲みます。

飲ませ忘れたら

その時点ですぐに飲ませ、以降は、決められた時間に飲ませます。

副作用

下痢や発疹がでることがあります。

保管

直射日光や高温多湿を避け、室温で保管します。

主な薬

- パセトシン
- サワシリン
- クラリス
- メイアクト
- クラリシッド
- セフゾン
- ジスロマック
- トミロン
- ホスミシン
- フロモックス
- クラバモックス
- オゼックス

抗ウイルス薬

ウイルスの増殖を防ぐ薬です。インフルエンザ（201ページ参照）や水ぼうそう（217ページ参照）など、ウイルスが原因の病気に使います。発症して日が浅いうちに飲むことで、症状が軽くて済むことがあります。

いつまで飲ませるの？

ウイルスにより異なります。医師の指示に従いましょう。

飲ませ忘れたら

その時点ですぐに飲ませ、以降は、決められた時間に飲ませます。

副作用

吐き気や発疹がでることがあります。

保管

直射日光を避け、室温で保管します。

主な薬

インフルエンザの薬

- タミフル
- ゾフルーザ
- ラピアクタ（注射）
- リレンザ
- イナビル

水ぼうそうの薬

- バルトレックス
- ゾビラックス

解熱鎮痛剤

熱を下げると同時に、頭痛、歯痛などの痛みをやわらげます。熱や痛みといった症状だけに作用し、原因を治す薬ではありません。

使い方

38・5度以上あけて、1日2～3回まで。6時間以上のときに、高熱でも元気なら不要です。

すぐ吐いてしまったら

薬を飲んですぐ吐いた場合は、飲み直しはせず、少なくとも1時間は様子を見ます。解熱していなければ、もう1度内服を。

副作用

乳幼児は体温が36度以下になることがあります。

保管

座薬は冷蔵庫。その他は直射日光を避け、室温で保管します。

主な薬

- カロナール
- イブプロフェン
- アンヒバ座薬
- カロナール座薬
- ボルタレン座薬

※ボルタレンはインフルエンザのときには避けるべき薬です。

せき止めの薬

かぜや百日ぜきなど、つらいせきを抑える薬です。かぜのせきは痰などの分泌物を体外に出すための反応なので、咳止めは逆効果。薬ではなくホームケアで治療する傾向にあります。

いつまで飲ませるの？

症状や薬によって異なります。医師の指示に従いましょう。

飲ませ忘れたら

次の薬の時間まで3時間以内であれば、1回飛ばします。

副作用

眠気、便秘、のどの渇きが起こることがあります。

保管

直射日光を避け、室温で保管します。シロップは密栓し、冷所に保存。

主な薬

- アスベリン
- アストミン
- メジコン

★粉薬かシロップで、ほかの薬と混ぜて出されることが多いです。

かぜや気管支炎（206ページ参照）、中耳炎（214ページ参照）などで出るたんの切れをよくする薬です。

症状や薬によって異なります。医師の指示に従いましょう。

気づいたらすぐ飲ませ、その次は決まった時間に服用します。

心配な副作用はありません。

室温で保管します。シロップは密栓し、冷所に保存。

- ムコダイン
- ムコサール

★子どもでも飲みやすいシロップ・ドライシロップがあります。

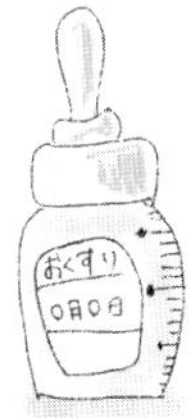

アレルギー反応を起こしにくくする薬です。抗アレルギー薬は症状によってさまざまな種類があります。大きくは、「抗アレルギー作用のある薬」と、「抗ヒスタミン作用のある抗アレルギー薬」に分けられます。また、抗ヒスタミン剤が処方されることもあります。ぜんそくやアトピー性皮膚炎（222ページ参照）、花粉症などのアレルギー性鼻炎による症状をやわらげます。

医師の指示に従って食後に飲ませます。

症状が落ち着くまで、数カ月から数年飲み続ける場合もあります。

けいれんを誘発する恐れのある薬もあるため十分に注意が必要です。処方医と相談を。

直射日光や高温多湿を避け、室温で保管します。

- オノン　キプレス
- シングレア
- インタール吸入液

【安全】
- アレグラ　アレジオン
- ザイザル

【比較的安全】
- ジルテック　アレロック
- クラリチン　ゼスラン
- ニポラジン

- ペリアクチン（※）
- ポララミン（※）

※けいれんを誘発する恐れがあるため2歳未満の子どもには使用できなくなりました。

ビフィズス菌など、腸内の善玉菌を配合し、腸の働きをよくする薬です。

症状や併用している薬の有無によって異なります。医師の指示に従いましょう。

心配な副作用はありません。

整腸剤は便秘や下痢などのおなかの不快な症状をやわらげるだけです。薬に頼ることなく、おなかの働きをよくする食事で、正常な状態に戻しましょう。

湿気を避け、室温で保管します。

- ビオフェルミン
- ビオスリー
- ミヤBM

★抗菌薬を処方されるとき、副作用の下痢をやわらげる目的で一緒に処方されることがあります。

ぜんそくや気管支炎のとき、気管支を広げて呼吸を楽にします。吸入薬、錠剤、貼り薬などがあります。

症状がよくなっても、医師の指示どおり続けます。

気管支拡張剤は、次の薬までの時間の間隔に気をつけて、1回分をすみやかに内服します。

手の震え、動悸、頭痛がでることがあります。

直射日光や高温多湿を避け、室温で保管します。

メチエフ　アトック
ホクナリン　メプチン
ベネトリン　ベラチン

フルタイドエアゾール
キュバールエアゾール
パルミコート吸入液
インタール吸入液

湿疹、アトピー性皮膚炎などの皮膚疾患に使用。ステロイド、非ステロイドの2種類があります。アトピー性皮膚炎には、プロトピック軟膏やJAK阻害剤(コレクチム軟膏)も使えます。

医師に指示された量を、清潔にした患部にのばします。

医師の指示に従います。症状がよくなっても勝手に中止するのは避けましょう。

皮膚の赤みやかぶれがでることがあります。

直射日光や高温多湿を避け、室温で保管します。

キンダベート　ロコイド
リンデロン　アンテベート
オイラックス　スタデルム
ワセリン・プロペト
ヘパリン製剤
(ビーソフテンクリーム、
ヒルドイドソフト)

大小便に触れることで皮膚が炎症を起こすのがおむつかぶれです。症状がひどいときにステロイドを、カンジダなら抗真菌剤入りの軟膏を使います。

医師に指示された回数を塗ります。清潔にした患部に薄くのばします。

医師の指示に従います。症状がよくなっても勝手に中止するのは避けましょう。

皮膚に腫れやかゆみがでることがあります。

直射日光や高温多湿を避け、室温で保管します。

アクアチム
フシジンレオ
フロリードD
オキナゾール
エンペシド
亜鉛華単軟膏
ワセリン　アズノール

目やにやものもらいなどの原因となる、細菌を殺す抗菌薬が入った目薬です。

医師の指示に従って、1日に決まった回数を点眼します。目薬の先端が目に触れないよう注意。

症状がおさまるまで使います。改善したらやめます。

気づいたらすぐ点眼します。次からは今までどおりです。

目の刺激、かゆみ、充血などが起こることがあります。

直射日光や高温多湿を避け、室温で保管します。

パタノール
ザジテン

ガチフロ
タリビット
オゼックス

便が出にくくなる便秘のときに使う薬です。赤ちゃんでも飲みやすい甘い味がついた水あめ状のものや、数滴飲ませるもの、座薬があります。

排便リズムが整い、スムーズに気持ちよい排便になるまで、十分に使用することが大切。おなかの調子を食事で整えるようにしましょう。

腹痛や肛門の違和感を感じることがあります。

直射日光や高温多湿を避け、室温で保管。座薬のみ冷蔵庫。

マルツエキス
ラキソベロン
小建中湯《しょうけんちゅうとう》
大建中湯《だいけんちゅうとう》
テレミンソフト座薬
モビコール（2歳から）
ラクツロース

高熱でひきつけを起こしてしまう熱性けいれんや、てんかんの治療に使います。脳の神経をしずめて、熱性けいれんを予防する効果がある座薬や飲み薬（抗てんかん薬）です。座薬は直腸の粘膜から速やかに血液に吸収されて、脳の神経に届きます。

熱性けいれんは4〜5歳ごろまで繰り返すことが多いので、薬の使い方はかかりつけ医に確認しましょう。

眠気、ふらつきが起こることがあります。

座薬は冷蔵庫。シロップは直射日光を避け、室温で保管します。

ダイアップ坐剤
エスクレ坐薬

デパケン　テグレトール
イーケプラ

★熱性けいれんのケースによっては、ダイアップ坐薬が使用されなくなってきました。

子どもによく出される

西洋医学の治療を行っても症状が改善しないときや、十分な効果がでないときに、医師が漢方薬を処方することも。

1日1〜2回飲ませます。顆粒をそのまま飲む場合は、口に水を含んだところに薬を入れて飲ませます。水あめやチョコレートシロップなどに混ぜてもよいでしょう。

漢方薬はゆっくりと効果が現れる場合が多いですが、症状がよくなったら服用をやめます。

1日1〜2回であれば、忘れたらすぐに飲ませます。

薬によって異なります。医師の指示を仰ぎましょう。

分包はそのままに、高温多湿を避けて保管します。

小児虚弱体質、疲労倦怠、慢性胃腸炎などに使われる漢方薬です。

夜泣き、ひきつけなど、心身の興奮状態をしずめる働きがあります。

葛根湯に鼻づまりや血行改善・鎮痛効果のあるものを加えてあります。

嘔吐や腹痛を伴う水のような下痢や急性胃腸炎などに使われます。

肛門周囲膿瘍や繰り返す中耳炎などによく処方されます。

のどの腫れや痛み、せきの出る扁桃炎、扁桃周囲炎に使われます。

夜泣きのほか、イライラが強い子に用いられる漢方薬です。

鼻づまりを改善する効果があり、慢性鼻炎、蓄膿症などに使われます。

子育てにはどれくらいお金がかかるの？

「子どもを育てるのにお金がかかる」のは常識。いつどれくらいかかるのかを知って賢く対策しましょう。

保育園や幼稚園に通わない未就園児1人あたりの子育て費用総額は年間約84万円。おむつなど消耗品を含む生活用品費や、子どものための預貯金や保険の比重が高くなっています。保育園や幼稚園に通い出すと、保育費が平均約37万円多くかかるようになり、子育て費用全体も年間約122万円にアップします。

小学生になると、子育て費用総額は約115万円に落ち着きを見せます。成長に伴って食費が増し、新たに学校教育費もかかるようになりますが、保育費ほどではありません。中学生に上がると、学校教育費のほか塾などの学校外教育費もかかるようになり、中学3年生では平均約36万円を支出します。

0〜2歳は消耗品

↓

3〜6歳は保育料

↓

小学生は習い事

↓

中学生は学校以外の教育費

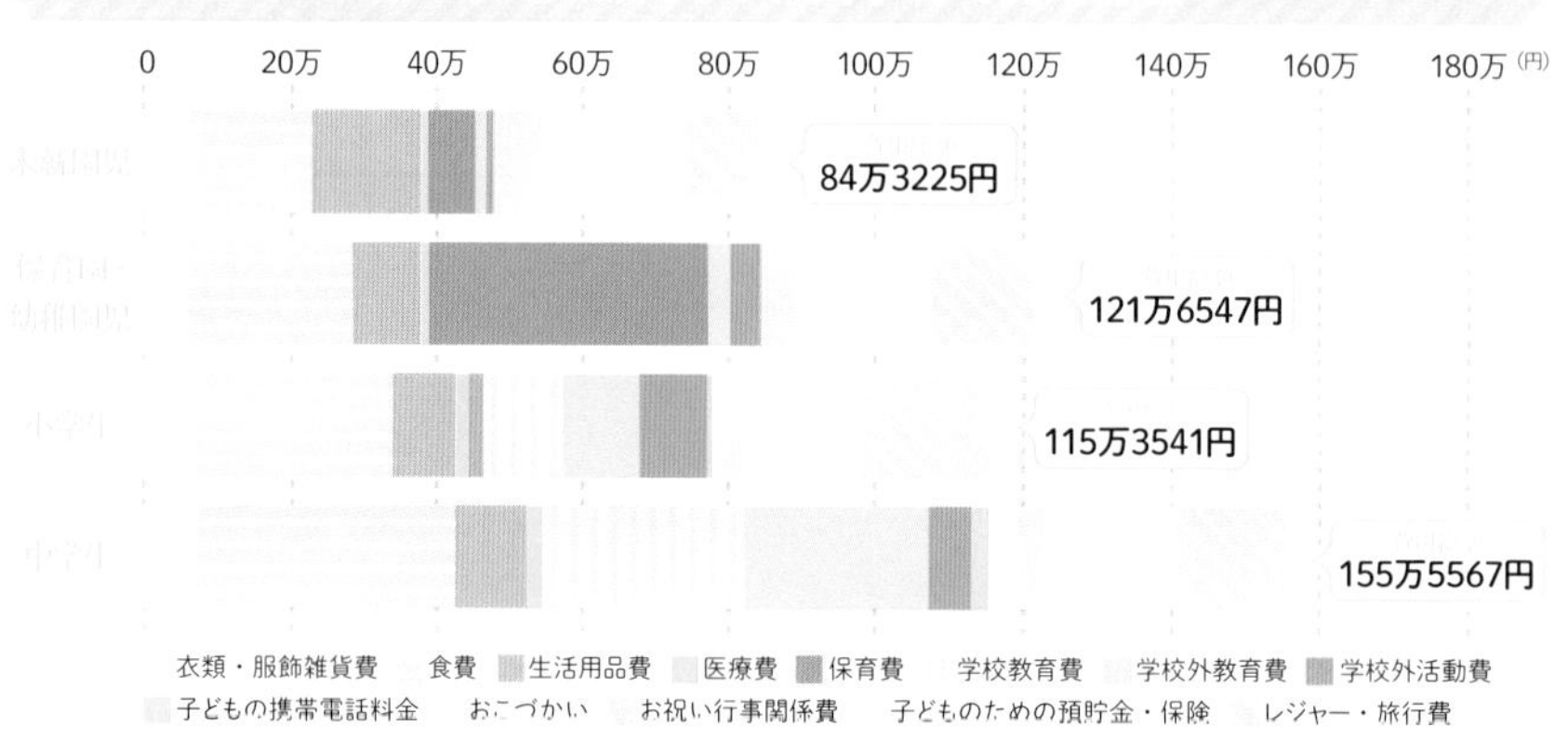

資料：内閣府「インターネットによる子育て費用に関する調査」（平成21年の調査）

幼稚園から大学卒業までに必要な平均的な教育費は、1000万~2000万円。幼稚園から高校までを公立校に通い、国立の大学に進んだ場合の教育費は約811万円ですが、すべて私立の場合は約2362万円に達します。私立の場合、入学金など初年度にかかる費用が高いことも想定に入れる必要があります。例えば、2021年度の私立大学文科系学部の初年度納付金平均額は約118万円。理科系学部は約156万円と極端な差はないものの、医歯系学部の場合は約489万円に跳ね上がります。

1	47万2746円	211万2022円	161万6317円	154万3116円	236万8000円	(平均)	811万2201円
					253万1600円	(自宅)	827万5801円
					191万0400円	(学寮)	765万4601円
					231万6000円	(アパート等)	806万0201円
2	47万2746円	211万2022円	161万6317円	154万3116円	242万0000円	(平均)	816万4201円
					257万1200円	(自宅)	831万5401円
					230万6400円	(学寮)	805万0601円
					230万2800円	(アパート等)	804万7001円
3	92万4636円	211万2022円	161万6317円	154万3116円	524万2800円	(平均)	1143万8891円
					525万1200円	(自宅)	1144万7291円
					498万4000円	(学寮)	1118万0091円
					529万0800円	(アパート等)	1148万6891円
4	92万4636円	211万2022円	161万6317円	315万6401円	524万2800円	(平均)	1305万2176円
					525万1200円	(自宅)	1306万0576円
					498万4000円	(学寮)	1279万3376円
					529万0800円	(アパート等)	1310万0176円
5	92万4636円	211万2022円	430万3805円	315万6401円	524万2800円	(平均)	1573万9664円
					525万1200円	(自宅)	1574万8064円
					498万4000円	(学寮)	1548万0864円
					529万0800円	(アパート等)	1578万7664円
6	92万4636円	999万9660円	430万3805円	315万6401円	524万2800円	(平均)	2362万7302円
					525万1200円	(自宅)	2363万5702円
					498万4000円	(学寮)	2336万8502円
					529万0800円	(アパート等)	2367万5302円

※幼稚園から高等学校の教育費は文部科学省「令和3年度子供の学習費調査結果」に基づいて作成。この学習費等には授業料などの学校教育費や学校給食費、学校外活動費が含まれる。また、大学の教育費については、独立行政法人日本学生支援機構「令和2年度学生生活調査報告」に基づいて作成。学費を基に計算しており、生活費は除く。
※「高等学校等就学支援金制度」により、公立・私立ともに高校の授業料は実質無償化(一定の所得制限あり)。ただし、無償化になるのは授業料のみです。なお、各区自治体によっては、別の支援制度もあります。

国や地方自治体は、育児中の家庭に向けたさまざまな支援制度を設けています。まず、0歳から中学3年生までの子どもの保護者には、国から児童手当が支給されます。また、地方自治体からは、医療費助成が受けられます。自己負担分の一部または全額を支援してもらえる制度で、助成期間や内容は自治体により異なります。自治体によっては、認可外保育施設や私立幼稚園に入園した際、補助金がでるところもあります。いずれも、手続きが必要なので、忘れずに行いましょう。

家庭生活の安定と児童の健やかな成長を目的として、中学校修了まで年3回に分けて支給されます。

すべての都道府県および市区町村で実施されており、中学生まで助成されるところが大半です。

私立幼稚園に在籍する園児の保護者の負担を軽減するために交付されます。
※2015年度施行の子ども・子育て支援新制度に移行する園には適用されません。

自治体によっては、認可外保育園に通う乳幼児の保護者向けの補助金制度を設けている場合があります。

来るべき将来の教育費を貯めるにあたり、まず取り組みたいのは児童手当の貯金です。うっかり使ってしまうことのないよう、貯金専用の口座を作っておくといいでしょう。ただし、一部のネットバンクは取り扱いができないので、事前に確認を。

次に取り組みやすいのは、お年玉やご祝儀などを貯蓄していく方法です。子どもと代理人の本人確認書類、印鑑を用意すれば、子ども名義の口座も作れます。無理せず取り組める方法で、コツコツ貯めていきましょう。

	毎年、2・6・10月に指定口座に振り込まれます。
	1万5000円
	第1子・第2子：1万円 第3子以降：1万5000円
	1万円

※所得制限限度額以上の場合は、特例給付の対象となり、一律5000円となります。

貯金シミュレーション

0歳
1万5000円×12カ月=年間18万円
18万円×3年→
3歳
1万円×12カ月=年間12万円
12万円×12年→
第3子以降の場合は小学校修了まで1万5000円
15歳

教育費の積み立てに人気なのが、貯蓄型保険の学資保険です。最近は、満期時の返戻率（支払った保険料に対する満期保険料の割合）が１２０％を超えるプランも販売されています。ただし、学資保険を途中で解約した場合は、払い込んだ保険料の総額を下回ることがあるので注意してください。小学校高学年以上になると、食費や交際費、習い事の費用が思った以上にかかり、家計をひっ迫する可能性もあるので、無理のないプランを設定しましょう。

死亡保障や医療保障を省き、満期時に受け取れる保険金を大きくした貯蓄型と、保障が充実している代わりに返戻率が劣る保障型に分かれます。満期保険金のほか、途中で祝い金を受け取れるタイプも人気です。万が一契約者が亡くなってしまった場合は、以降の保険料が免除され、育英年金として給付が受けられる保険もあります。

保険料を支払っている間の返戻率を低く抑えることで、保険料が安い保険です。途中で解約してしまった場合は元本割れしてしまいますが、払い込みを終えれば通常の返戻率に戻ることが特徴です。払い込み終了後であればいつでも解約でき教育費として使えるので、学資保険の代わりに加入する人が増えています。

子どもの習い事に関する出費は4歳ごろから徐々に増えていきます。ピークを迎えるのは、小学3～4年生で年間約7万8000円に上ります。小学5年生になると、中学受験を控えた子どもが増えるため、学習塾費が習い事の費用を上回り、年間8万円を突破。高校受験前の中学3年生になると、1人あたり年間20万円程度かかるようになります。この時期、習い事の費用も合わせた合計金額は小学1年生のころの約2・7倍となる年間23万円ほど。習い事は、貯蓄できていることを前提に考えるといいでしょう。

第1子の年齢・学年別にみた

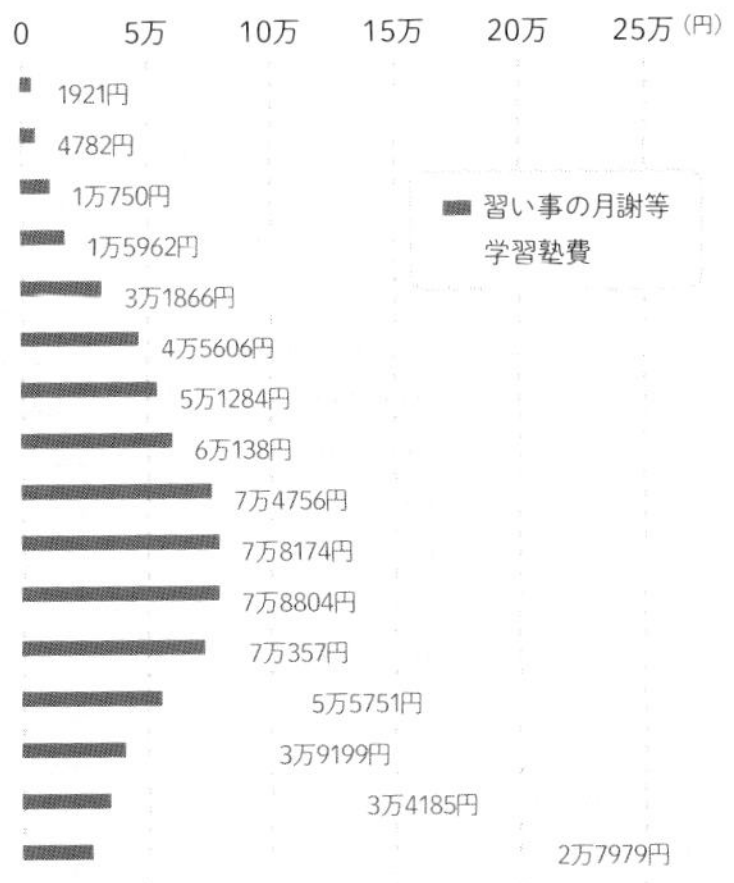

※上記は対象者全体による平均値
資料：内閣府「インターネットによる子育て費用に関する調査（平成21年の調査）」

INDEX

INDEX

総監修

細部小児科クリニック院長
細部千晴先生

日本小児科学会小児科専門医。日本小児科医会子どもの心相談医。名古屋市立大学病院、日本医科大学病院を経て東京都文京区に細部小児科クリニックを開業。自らの子育て、孫育て経験を活かし、地域の子育て支援やペリネイタルビジット(出産前出産後小児保健指導)をライフワークとして診療に携わっている。

監修

白梅学園大学・短期大学非常勤講師、
(株)トランスコウプ総研 取締役
上田玲子先生
(Part3 おっぱい・ミルク、離乳食の基本／離乳食)

スタジオ食代表、管理栄養士、料理研究家
牧野直子先生
(Part3 おっぱい・ミルク、離乳食の基本／幼児食)

レシピ・調理

料理研究家
上田淳子先生
(Part3 おっぱい・ミルク、離乳食の基本／離乳食)

スタジオ食代表、管理栄養士、料理研究家
牧野直子先生
(Part3 おっぱい・ミルク、離乳食の基本／幼児食)

編集制作
金子真理(株式会社アーク・コミュニケーションズ)

取材・文
船木麻里、石徹白未亜、はたけあゆみ、矢作千春、武田純子

カバーデザイン
岸麻里子

カバーイラスト
Kyoko Nemoto

本文デザイン・DTP
岸麻里子、佐藤琴美(ERG)

本文マンガ
HYPかなこ

本文イラスト
西谷 久、はし あさこ、sayasans、池田蔵人

撮影
清水亮一、渡邊裕末(株式会社アーク・コミュニケーションズ)、
森山祐子

スタイリング
八木佳奈(離乳食)、伊藤みき(幼児食)

校正
木串かつこ

企画・編集
端 香里(朝日新聞出版 生活・文化編集部)

※本書は、当社『この1冊であんしん はじめての育児事典』(2015年3月発行)に加筆して再編集したものです。

改訂新版《かいていしんぱん》
この1冊《さつ》であんしん
はじめての育児事典《いくじじてん》

2023年3月30日　第1刷発行
2023年8月30日　第2刷発行

総監修　細部千晴

発行者　片桐圭子

発行所　朝日新聞出版
〒104-8011　東京都中央区築地5-3-2
(お問い合わせ)infojitsuyo@asahi.com

印刷所　図書印刷株式会社

ISBN　978-4-02-334111-1

定価はカバーに表示してあります。

落丁・乱丁の場合は弊社業務部(電話03-5540-7800)へご連絡ください。送料弊社負担にてお取り替えいたします。